災害復興における
ソーシャル・キャピタルの
役割とは何か

地域再建とレジリエンスの構築

D・P・アルドリッチ
[著]

石田 祐／藤澤由和
[訳]

ミネルヴァ書房

BUILDING RESILIENCE
: Social Capital in Post-Disaster Recovery
by
Daniel P. Aldrich
Licensed by The Universtiy of Chicago Press, Chicago, Illinois, U.S.A.
©2012 by The Universtiy of Chicago.
All rights reserved.

Japanese translation rights arranged with The Universtiy of Chicago,
acting through its Press through Tuttle-Mori Agency, Inc., Tokyo

邦訳版刊行にあたって

　本書*Building Resilience*の研究プロジェクトを開始したときの私の動機は，ハリケーン・カトリーナでの自身の体験に基づくものであった。私は，住んでいた地域の堤防が洪水で崩壊したためにニューオーリンズ（Big Easy〔ニューオーリンズの愛称〕）から避難したのであるが，コミュニティを回復させるものは一体何であるかについてどうしても明らかにしたかった。家族をボストンに移してから，私は洪水で破壊されたニューオーリンズの自宅を何度も訪れ，被災した人々とニューオーリンズでの出来事について話し始めるようになった。そこで大災害後に人々がどのように自分たちの生活を元通りにしようとしているかを学んだ。私たちは，友人や家族，知人，そして見ず知らずの他人の親切さの役割について話し合った。その多くの話が，私自身と被災者の心に強く響くものであった。

　安倍フェローシップ・プログラムの支援を受けて，日本とインドの被災地を訪ね歩き，被災者と話をして，また非政府組織（NGO）や官僚に聞き取り調査を行って，レジリエンス（地域の回復力）を理解しようとした。同時にデータを入手して，大きな危機に共通して見られる現象を把握しようとした。この中で，どのようにコミュニティや家族，また個人がショックから立ち直るかに注目した。その結果，災害研究において標準的なアプローチとなっている物的インフラや財産，保険，そして救援といったことに焦点を当てた研究とは違うものになった。同様に，著者が話した官僚らの多くは，仮設住宅や新しい道路の建設，また医療に言及したが，彼らから隣人や仲間の重要さについて話を聞くことはほとんどなかった。多くの地域の災害対応を行った担当者は，被災者を無作為に配置しており，結びつきのある人々を仮設住宅で一緒に生活させるという試みはほとんど見られなかった。私はこの研究を通して，強固なネットワークの中にいる人々が持つ力，ソーシャル・キャピタルの重要性，そして計り知れないレジリエンスを発見した。

この本を書き終えた2011年の春，3.11の巨大災害が日本を襲った。私は恐怖のうちに東北沿岸を壊滅させた津波と，そしてそれを引き起こしたマグニチュード9.0の地震を見た。沿岸部では，場所によっては津波が20mもの高さとなり，1万8,000人にも及ぶ人々の命を奪い，数十万人の人々を家から追いやった。そして研究者が事の重大さを理解するよりも早くに，福島第一原子力発電所の放射能漏れが深刻な問題になっているという報道が始まった。私の最初の本 Site Fights（翻訳版は世界思想社から2012年に刊行されている）を執筆するために，その近隣の双葉や大熊の地域でも研究を行っていた。原子力発電所を受け入れたコミュニティの住民への聞き取り調査を実施することで多くの時間を過ごした者としては，どんなニュースでもそれが表面上のものに過ぎないことを願った。しかし，それはそのようにはならなかった。「自然」災害であったものはすぐに人間が作り出した災害となった。

　ディーゼル発電機と予備のバッテリーがオフラインになると，福島第一原子力発電所は「全交流電源喪失（ステーション・ブラックアウト）」となった。その結果，原子炉は過熱され，核燃料がまさにそのときまで稼働していた7インチ (in.) の原子炉容器鋼を通り，メルトダウンした。水素ガスが爆発していくつかの原子炉の上部が吹き飛ぶ事態となったが，東京電力はどのように対応すればよいのかわからないようであった。政府が20km圏内に住む人々を強制的に避難させたが，南相馬などいくつかの地域は分割されたため，そこに残された人々に支援を提供するのが難しくなった。時が経つにしたがい，地方自治体も東京電力と同じように，この大きさの災害に対する備えができていないことが明白となった。災害の直後に甲状腺がんを防ぐために投薬されたカリウムやヨウ素は，残された地域に住んでいた人々には配られなかった。また，政府と東京電力，そして市民の間で情報の共有がなされなかったため，飯舘村の住民は避難せずにその地に残り，放射能を含む噴煙が降る中を数日間屋外で過ごすこととなった。日本の人々は，放射能レベルに関する情報が信用できないとして，自ら透明性のある情報源に基づくオープンソースを作り上げるために動いた。そのウェブサイトであるSafecastでは，日本中の数百万もの地点の放射能レベル情報を収集し，今日では住民および研究者にとって重要かつ信頼できる情報源としてその役割を果たしている。さらに，原発所に貯められていた数トンも

の汚染水が粗雑に建てられた貯水タンクから漏れてしまい，高レベルの放射線が沖合漁業で検出されたということが繰り返し報道された。福島で私が話をした漁師は，そこでとれた魚を誰かが買うまでには数十年かかるだろうと話した。震災は，2年以上たった今でも，少なくともこの地域ではいまだ進行中なのである。

　3.11の東日本大震災の結果，日本社会には大きな変化が起こり，数万もの人々が彼らの故郷である東北地方から地域外へと移住した。日本の市民社会は震災により変化してきている。数十万以上もの人々が抗議するために集まり，大規模な集会で反核の意思を示したり，今まで政治に関わったことのなかった多くの市民が原子力反対の請願書に署名をしたり，東京電力と政府に対して集団訴訟に踏み切るといった行動を見せている。その他にも，住民投票に参加して，原子力エネルギーの使用を停止させようとしている。しかしその一方で，こうしたことの多くは政治の場において目に見えるほどの大きな影響力をもたず，現在の自民党政権による政府は，災害や事故が起こったにもかかわらず，日本の原子力計画をしきりに推し進めようとしているようである。日本全国にいる市民は共に集結し，自らの生活だけでなく，その子供たちにまで影響が及ぶ政策を変えようと動いている。市民社会を超えて，ソーシャル・キャピタルはそれ自体が決定的に重要な意味をもつものであることが示されている。

　本書は3.11の新しいデータが入手可能になる前に印刷されるが，東京大学の澤田康幸と共に取りかかり始めた研究からは驚くべき結果が示されており，その多くでソーシャル・キャピタルの重要性が強調されている。津波後の死亡率が人口の10％にも及ぶ地域がある一方，犠牲者がいない地域などもあるが，東北沿岸のすべての地域から集めた情報をもとに分析を行っている。もちろん，津波の高さやその地域の人々の年齢といった明示的な要素も死亡率を決める重要な要因となる。それと同時に，私たちが捉えた犯罪率や献血率，また津波前の市民参加の規範といったソーシャル・キャピタル要因も，生存率の高さに対して強い関連を示している。つまり，津波の発生以前からつながりを多くもっている人たちの方が，つながりの少ない人々よりも生存率が高い傾向にある。これは，つながりを多く持っている人は近所の人々が様子を見に来たり，集団で避難したり，また差し迫る災害についての情報を多く得たりすることができ

るからであろう。

　同様に，東京大学の近藤尚己と彼のチームが集めたデータからは，陸前高田からの避難者が他の地域からの避難者に比べて鬱や不安の水準が高いことや，その他のよくない症状を見せていることが指摘されている。同時に，社会的な関係性を多く持っている避難者は，そうした精神症状がある程度改善していることが示されている。つまり，友人や日常的に交流する人の存在が，大きな不幸を和らげる緩衝装置としての役割を果たしていると言える。まさに本書の研究がその一つであるように，人々が災害に見舞われている間，研究者らは重要な援助や支援を提供するのは友人や近所の人々であると強調し続けた。一方，中央政府や赤十字等の公的組織や民間組織からの支援は，信頼やつながり，また協調の観点から長期的な災害復興に役立つ。市民が復興計画に参加せず，一連の策定過程を信頼していなければ，どれほど資金と意図が含まれていたとしても，その計画は役に立たないであろう。結局のところ，レジリエンスは近所の人々や友人，またその他のつながりに基礎を置くのである。

　最後に，この本が日本語に訳されるまでに至ったつながりに感謝する。フルブライトの支援による様々な心遣い，澤田康幸，マンスフィールド財団，Kyle Cleveland, David Slater, 鹿毛利枝子の各位，そして，東北でインタビューさせていただいた人々に感謝するとともに，若く希望に満ちあふれている研究者である石田祐氏と藤澤由和氏の大変な努力に本当に感謝したい。彼らのこの研究の重要さへの信念，そして完成させることへの意欲が本書を刊行に至らせた。

2013年10月3日

インディアナポリスより
Daniel P. Aldrich

序　文

　「復興」を考えるときに，学問の世界ではいくぶん「ドライ」に捉えられるかもしれないが，アイビーリーグの名門私立大学の世界とは一線を画す立場から書かれたこの書は，比喩的に，あるいは文字通りに「ウェット」な視点から捉えたものになっている。2005年の7月中旬，私がテューレーン大学へ助教として新たに赴任することになったため，私と家族は大学のあるニューオーリンズへ引っ越した。そのわずか6週間後の8月28日土曜日の朝4時，ハリケーン・カトリーナが近づいていることによる雨が降り始める中，私と妻は子供たちを車に押し込み，一時避難のためヒューストンを目指し西へと向かった。メキシコ湾岸地域での生活経験のない私たちを心配する近所の人々からの助言を参考に，3日分の衣服をスーツケースに詰め込み，スロークッカー（訳者注：電気鍋）と何枚かの写真を家から持ち出したが，本や衣服，コンピュータやレコード，さらには新たに購入した家具など，多くのものを借家に残したまま，そしてセカンドカー（これは両親がプレゼントしてくれたものだったのだが）も置いていかざるを得なかった。そして月曜日の昼下がり，避難者たちで満杯状態だったヒューストン郊外のモーテルで，私たちの目は部屋のテレビの画面に映し出された堤防が決壊する様子にくぎ付けとなった。17th Street Canal（街中を流れる運河）の決壊した堤防部分から流れ込んだ高さ3mを超す洪水は，私たちの住むニューオーリンズのレイクビュー一帯に押し寄せた。その後ほぼ3週間に渡って水は引かなかった。私たちのすべての財産は破壊され，馴染み始めたコミュニティはずたずたに引き裂かれてしまった。

　私たち家族はすぐに連邦緊急事態管理庁（Federal Emergency Management Agency for Assistance：FEMA）に支援を申請したが，受理されなかった。その後何度にも及んだ申請は2006年3月にようやく受理されたわけだが，それまでの間，実質的には何の支援も得られなかった。ニューオーリンズへと移り住んできてから間も無かったことから，私たちは洪水に備える保険や賃貸者保険に

加入できていなかった。つまり，所有物や財産について補償を受けるすべを まったく持たなかったのである。しかし，この期間に私は個人として，家族と して，そして地域として，災害から復興するための道筋について考える時間を 持つことができた。まずは，過去の危機について防災の専門家が分析した研究 を読み始めたが，どのような条件下で効果的な，また効率的な復旧や復興が促 進されるのかについての合意はなされていないようであった。この合意の欠如 について言えば，「復興のプロセスにおいてどのような要因が影響するのかを 突き止めることは極めて重要である」と主張する専門家ら（Rodriguez et al. 2006, 171）の意見に同感である。私は，人々や地域，あるいは市全体が，実際 にいかにしてハリケーン・カトリーナという自然災害から復興していく（ある いは復興できずにいる）のかを直に目にすることができた。それが，私の経験に おいては，私たちのために最善を尽くしてくれた友人たちであり，友人の友人 たちであり，知人たちであり，そして自分の家族であった。そして，世界の各 地で被災した人々から聞こえてくることが，私たちと非常に似通ったものが多 いことに気が付いた。この書籍の初稿を完成したちょうどその頃，2011年3月 11日に，巨大な地震と津波が日本の東北地方を襲った。日本に住む友人や研究 仲間から，やはり同じような話を耳にしている。

　災害に焦点を当てた学術的な調査研究は数多く行われてきた（Oliver-Smith and Hoffman 1999；Vale and Campanella 2005；Chamlee-Wright 2010；Kage 2011； 摘要については，Valelly 2004；Tierney 2007；Aldrich 2011参照）。そして，人と人 とを互いに結びつける絆としてのソーシャル・キャピタルに焦点を当てた研究 も多数発表されている（Cohen and Arato 1992；Putnam 1993；1995；2000； Castiglione et al. 2008）。また，議論を呼んでいる非暴力による抗議行動におい てさえもソーシャル・キャピタルの果たす役割に関する研究が行われている （Chenoweth and Stephan 2011）。すべての人が仕事でも私生活でもネットワーク や個人間の連携が重要な役割を持っているという認識をしていると言えるが， 災害研究や政府の政策決定においては，考え方の枠組みにこれらの概念を取り 入れようとする動きは鈍いようである。本書では，災害後の復興に社会的資源 がどのように影響を与えるのかを理解するために，これら2つの概念を取り上 げてみたい。20世紀に発生した4つの大災害に関する広範な調査を通じて，

ソーシャル・ネットワークや人々のつながりが，どのように壊滅的な被害から復興するための原動力となるかについて探ることにする。

　政府の減災や復興のための政策の多くは，支援の総額とその災害による被害の大きさを重視するという考え方を基本にしているが，本書では（少なくとも物質的なものと同様に）社会的資源がレジリエンスと復興の基盤になるということを検証し，量的および質的な根拠を示す。社会的資源が復興に重要な意味を持つことを支持する学者もいるが（Nakagawa and Shaw 2004；Dynes 2005），Koh and Cadigan（2008, 283）は，「これらの概念を立証し，拡張させていくべきであり，また，災害対応へ応用されるものとしてソーシャル・キャピタルの定量的な評価を示すべきであるし，さらに厳密な分析を通じてその実効性を証明するべきである」と課題を提起している。他方で，もっと辛辣な指摘もあり，「地域の住民間における社会的な関係性を育むことがその地域のレジリエンスを高めることになるということを検証した実証研究は見られない」という主張がなされている（Chandra et al. 2010, 23）。これらの指摘を受け，本書では，新しいデータに最新の手法を取り入れてこれらの課題に対応する。高い水準のソーシャル・キャピタルを有する地域では，それを必要とする人々に対してより効果的に物資を供給するために，人々が連携することを示す。また，地域外の組織や政策決定者とのつながりを持つ個人は，地域が危機的な状況に遭ってもそれらのネットワークを強固に維持することによって，レジリエンスがより高くなることを証明する。つまり，被災者たちは互いに必要な物を分かち合うし，政府による新規の支援に関する要件や手続きを知るためにつながりを使うし，コミュニティで助け合う組織を形成するために連携する。

　これらの結果は，ソーシャル・キャピタルと災害に関する将来の研究に対してだけでなく，非政府組織（NGO），官僚，そして政治家が資源の配分を判断する際においても大いに意味を持つと考えられる。今日の災害復興のアプローチは，いまだに物的なインフラ整備重視という1950年代のパラダイムにもとづいたままであり，橋，電力網，住宅，道路，店舗などの再建に集中している。物的な支援は重要であり，それが短期的に生活の助けとなるのは確かであるが，過去に危機にさらされた地域や将来さらされるかもしれない地域の長期的なレジリエンスを高めるためには，それだけでは十分でない。ソーシャル・キャピ

タルは他の資源と同様に，地域のイニシアティブと外部からの介入の両方を通じて醸成されるものと考えられる。将来の災害に対する減災のプログラム（例えば，Swaroop 1992の研究によるもの）では，物的インフラ（ハード面）と社会的インフラ（ソフト面）とをうまく融合させていく必要があるだろう。

　数百にも及ぶ災害の事例研究を読んでいて気が付いたのは，その多くが一つの事例だけから結論を導いていることであり，また，被災した地域に一度も足を運ばずに書かれているものも多数あるということであった。これらを教訓にして，私は日本とインドで１年に渡ってフィールドワークを実施し，被災程度はさまざまであるが，災害に遭った225の地区や集落に関する４つのデータセットを作成した。それらには，1920年代の関東大震災に関する東京都の39地区のデータ，1990年代の阪神・淡路大震災に関する神戸市の９区のデータ，21世紀初頭のスマトラ島沖地震に関するインド南東部の60の集落や小村のデータと，加えて1,600名の人々から得た調査回答データ，そしてハリケーン・カトリーナ後のニューオーリンズの115の郵便番号にもとづく地区のデータが含まれている。いくつかの都市部の地域については，その地域が災害にどのように対処してきたかに関して，10年以上に及ぶ時系列データを集めることができた。３カ国での文献調査に加えて，本書をまとめるための資料を集めるために，日本とインドとアメリカで，被災者やNGOのメンバー，地域の活動家，公務員など，合わせて80人近い人々に直接インタビューを行い，それ以外にも数多くの書面での取材を実施した。インドのタミル・ナードゥ州の村々を訪れ，また東京，神戸，そしてニューオーリンズの被災地で多くの時間を費やし，調査を実施した。

　各章ではデータを分析するために，過程追跡法，時系列分析，横断的データを用いた最尤法，傾向スコアマッチングなど，定性的評価と定量的評価を組み合わせて使用している。すべての種類のデータを分析するには一つの手法だけでは不十分であるので，本書では「混合型」あるいは「ハイブリッド型」のアプローチによって，サンプル数の多いデータ分析と詳細な史的研究の両方の強みを生かした分析を行っている。加えて言えば，多くの学者は「有意な」知見が得られたことを示すアスタリスクマークを付けた係数のリストを提供しているが，本書では信頼区間とシミュレーションを用いることによって，この研究

序　文

で得られた知見に関するさらなる解釈を提供することにした。したがって，各章では，実証研究による結果に基づく予測値を示したグラフや図を示している（数値の入った表を必要とする研究者のために付録1を用意しているので，必要に応じて参照されたい）。また，これらの図には，95%信頼区間の領域を示すことによって予測値の不確かさの範囲も示している（Tomz and Wittenberg 1999；King et al. 2000）。

　最後に，学者は提供されるデータの再現性と透明性が重要であると繰り返し強調している。つまり，研究者は自分自身でその結果を再現してみない限り，過去の研究結果に基づいて今後の研究を進めることができないのである（King 1995）。その伝統に則り，社会科学の世界では研究で使用したデータと方法を公開することが求められている（King et al. 1994, 8）。これらの基準を満たすため，ここで分析に使用したデータはすべて私のウェブサイト，またHarvard University Dataverseプロジェクトや Interuniversity Consortium for Political and Social Researchの各サイトから無償でダウンロードすることができる。これらのデータが，将来の災害復興に関する調査研究の基礎資料として活用されることを願っている。

　すべての書籍はネットワークによる成果物であり，著者による単独の産物では決してない。最初に，私が受けたすべての厚意についてBorei Olamさんに感謝したい。アメリカ社会科学研究会議と国際交流基金日米センターによって運営されている安倍フェローシップ・プログラムからは，日本とインドでの実地調査にかかる1年分の費用の提供を受けた。東京大学の法学部と比較法政国際センターは，東京滞在期間の住居の支援を提供してくれた。ムンバイにあるタタ社会科学研究所のジャムシェジー・タタ災害対策センターは，インドで実地調査を行う間の住居を提供してくれた。また，安倍フェローシップと国際交流基金日米センターが，2009年1月の一時帰国の際にスポンサーとなってくれたことにより，このプロジェクトの初期の段階で重要なフィードバックを受けることができた。Paige Cottingham-StreaterさんとSara Seaveyさんが指揮するマンスフィールド財団は，原稿執筆中に，「日米次世代を担うネットワーク」プログラムを通じて，大学関係者や政府関係者と接する機会を提供してくれた。パデュー研究財団とパデュー大学同窓会は，ニューオーリンズでの追

の実地調査の資金を提供してくれた。

　パデュー大学の公共政策・政治理論研究会では同僚たち，特に，Pat Boling, Aaron Hoffman, Jay McCann, Leigh Raymond, Laurel Weldon, Dwayne Woodsの各位からの助言は，議論の内容を高めてくれた。ホノルルにあるハワイ大学のイーストウエストセンターは，2011年の夏にこの書籍の最終稿を校正するための，のどかで，しかし知的好奇心を刺激する環境を提供してくれた。Allen Clark, Carolyn Eguchi, Roland Fuchs, Karl Kim, Nancy Lewisの各位には心から感謝したい。

　Association of Asian StudiesとAmerican Political Science Associationの年次大会で，また，ドイツ日本研究所，日本国際協力システム，東京大学社会科学研究所主催の現代日本研究会で，さらには2008年1月のタタ社会科学研究所の災害に関するカンファレンスにおいて，研究内容について講演する機会をいただいた。2010年の3月に，国際交流基金日米センターとパデュー大学気候変動研究センター，また同大学のディスカバリーパークがスポンサーとなって実施されたブック・カンファレンスでは，国際的な研究者である鹿毛利枝子，Sudarshan Rodriguez, 澤田康幸，立木茂雄，Rick Weilの5人から助言をいただくことができた。彼らからのアイデアや助言に心から感謝している。

　Joie Acosta, Simon Avenell, Gomathy Balasubramanian, Arjen Boin, Anita Chandra, Stephanie Chang, Lane Conaway, Emily Chamlee-Wright, Susan Cutter, Paul Danyi, Charistina Davis, Cindy Fate, Rose Filley, Carolyn Fleisher, Cary Friedman, Mary Alice Haddad, Ken Hartman, Travis Henry, Jacques Hyman, Gary Isaac, Jeff Kingston, Anirudh Krishna, Howard Kunreuther, Jennifer Lind, Irfan Nooruddin, 沼田貞昭，Rob Olshansky, Charles Perrow, Susan Pharr, Barry Rabe, Nicole Restrick, Ian Rinehart, Rafe Sagarin, Paul Scalise, Len Schoppa, Miranda Schreurs, 城山英明，John Sides, Gavin Smith, Pat Steinhoff, Ezra Suleiman, Kathleen Tierney, Rick Valellyの各位に特別な感謝の意を伝えたい。彼らはこの研究全体を通じて私に指導やフィードバック，そしてサポートをしてくれた。Marion Prattは初稿を完成するまでの間ずっとこの研究のために時間を割いてくれた。彼女の助言のおかげで議論の内容が大きく向上

序文

した。Christian Brunelliは特別な紹介をするに値する。彼の助言のおかげで私は東京都の警視庁へと訪れ，そこに保存されていた資料から，ほぼ1世紀も前のデータを掘り下げて調べることができたし，そのことによって，関東大震災後にどのようにこの地域が復興していったのかを深く理解することができた。

　Eric Berndt, Erik Cleven, Kevin Crook, Eric Nguyen, Elli Reuland, Ross Schoofs, Takahiro Yamamoto, Laura Youngは，研究のアシスタントとして素晴らしい貢献をしてくれた。Janki Andharia, Hari Ayyappan, Lokesh Gowda, Jacquleen Joseph, Sunil Santha, V. Vivekanandanの大変な苦労のおかげでインドでの調査が可能になった。この一件ではAnnie GeorgeとNagapattinam Coordination and Resrouce Centreのスタッフの皆さんにもお世話になった。皆さんに感謝したい。シカゴ大学出版局の2人の匿名レビューワーからは，建設的で詳細なコメントを寄せていただき，おかげで原稿の議論の内容が大きく向上した。パデュー大学の私の所属学科の主任であるBert Rockmanは，学部長のIrwin Weiserと共に研究の支援と激励の支柱となってくれた。

　ニューオーリンズに雨が降り降りしきる中，私たち家族がヒューストンへと避難するときには，いくつもの家庭がドアを開けて温かいもてなしをしてくれた。Craig Aldrich, Wesley Ashendorf, Sheldon Bootin, そして正統派ユダヤ教会の皆さんは，本来であれば悲惨な一週間となるところを快適とも言えるような時間に変えてくれた。心から感謝したい。マサチューセッツ州のブライトンではBlumberg, Miller, Moskovitz, Sadetsky, Shanskeの家族が，私たち家族が生活を再スタートするのをわざわざ手伝ってくれた。そしてEllie Leviとニューヨークの彼女のコミュニティの皆さんは，私たちの壊れた図書館の再建を手伝ってくれた。素晴らしいグラフィックの仕事をしてくれたSterling Chen, Asuka Imaizumi, Chana Odem, そして研究を手伝ってくれたシカゴ大学出版局のDavid Pervin, Shenny Wu, 編集を手助けしてくれたAlice Bennett, Deborah Gray, 皆さんに感謝を伝えたい。

　この本を私にあらゆるものを与えてくれた家族と親戚に捧げたい。両親のHowardとPenny Aldrich, 兄のStevenと義姉のAllison Aldrich, 義父のLouisと義母のSun Cha McCoy, 叔母のDalia Carmel, 祖母のDorotha Aldrichは私

xi

に計り知れないほどの愛情と生活の支援，そして助言を与えてくれた。親族の何人かはもうすでに他界しているが，祖父のJack（Yaakov）Daum，祖母のFifi（Freida Yehudis Goldstein）Daum，大叔父のHerb（Dov Ber）Goldstein，そして祖父のHoward Aldrichにはこれからも神の恵がありますように。妻のYaelは，私たち家族の精神的な成長の土台として，また源として，賢者たちの言葉を忠実に実行してきた。私たち家族への彼女の献身と，4人の素晴らしい子供たちGavriel Tzvi, Yaakov, Yehudis, Dov Berと協力して頑張る姿を見ていて私はこう思う。彼女は私の"aishes chayil"（完璧な女性）だ。

目　次

邦訳版刊行にあたって
序　文
第1章　ソーシャル・キャピタル──災害後の復興におけるその役割 …………………… 1
　　1　災害の定義とその被害の大きさ ……………………………… 3
　　2　レジリエンスと復興 ………………………………………… 6
　　3　復興に関するこれまでの理論 ………………………………… 9
　　4　ソーシャル・キャピタル──研究途上の要素 ……………………… 16
　　5　議論の概要 ………………………………………………… 19
　　6　本書で取り上げる災害事例 ………………………………… 22
　　7　各章の概要 ………………………………………………… 27
第2章　ソーシャル・キャピタル──二面性を持つ復興資源 ……………… 35
　　1　ソーシャル・キャピタル研究の歴史の概略 ………………………… 38
　　2　因果のメカニズム──集合行動における問題の克服 ……………… 49
　　3　ソーシャル・キャピタルの測定方法 ………………………………… 56
　　4　ソーシャル・キャピタル──負債として，資産として ……………… 61
　　5　災害復興への応用 …………………………………………… 64
　　6　災害はソーシャル・キャピタルを変えるのか？ ………………… 73
第3章　関東大震災（1923年） ………………………………………… 77
　　1　地震による被害 ……………………………………………… 79
　　2　復興のスピードを決定する要因 ……………………………… 81
　　3　使用するデータ ……………………………………………… 83

4　方法および結果……………………………………………89
　　5　結　論……………………………………………………96

第4章　阪神・淡路大震災（1995年）……………………101
　　1　震災による神戸市の被害………………………………103
　　2　定性的データによる比較………………………………105
　　　　――ソーシャル・キャピタルと復興との関連
　　3　復興と相関する要素……………………………………108
　　4　定量的データ……………………………………………109
　　5　手法と結果………………………………………………113
　　6　結　論……………………………………………………118

第5章　インド洋大津波（2004年）………………………123
　　1　インド洋大津波の被害…………………………………125
　　2　事例検討…………………………………………………128
　　　（1）高い水準の結束型および連結型のソーシャル・キャピタルを持つ村　129
　　　（2）低い水準の結束型および連結型のソーシャル・キャピタルを持つ村　134
　　　（3）考　察　136
　　3　定量的分析(1)――タミル・ナードゥ州の62の村々………137
　　　（1）支援の差を説明する仮説　141
　　　（2）使用するデータと分析手法　145
　　　（3）結　果　147
　　　（4）考　察　154
　　4　定量的分析(2)――1,600人の住民………………………155
　　　（1）援助の入手量を指標として災害復興を説明する仮説　157
　　　（2）使用するデータと分析方法　158
　　　（3）結　果　162
　　5　結　論……………………………………………………165

第6章　ハリケーン・カトリーナ（2005年）……………171

1	ハリケーン・カトリーナの被害………………………………………	174
2	「公共悪」としてのトレーラー…………………………………………	177
3	設置場所の決定に影響を与える要素……………………………………	179
4	使用するデータと分析方法………………………………………………	183
5	結　果………………………………………………………………………	187
6	考　察………………………………………………………………………	190
7	結　論………………………………………………………………………	191

第7章　国家と市場の狭間で——進むべき方向性 ……………………… 195

1	政府による計画は大がかりであるがうまくいかない………………	200
2	現行の政策は社会のつながりを軽視しているか，あるいは損なってしまっている………………………………………………………………	205
3	進むべき方向性……………………………………………………………	208
	——ソーシャル・キャピタルを育む新たな政策と取り組み	

付　録

参考文献

訳者あとがき

索　引

xv

第1章 ソーシャル・キャピタル
―― 災害後の復興におけるその役割

　ハリケーン・カトリーナの直撃から2年も経たないうちに，ニューオーリンズ北東部のビレッジ・デ・レスト地区にあるメアリー・クイーン・ベトナム周辺では，大きな被害を受けた住宅の多くは再建し，店舗もそのほとんどが営業を再開していた。2000年の国勢調査によると，この地域の平均所得は州や国の平均所得と比較して低い。その上，洪水被害後に政府機関からこの地域の住民に対して特別な支援があったというわけでもない（著者によるインタビュー調査より，2010年）。しかし，堤防が決壊してからわずか2年で，市内の他の多くの地域では住人が戻らず空っぽの状態であるにもかかわらず，Big Easy（ニューオーリンズの愛称）のこの地域では，人口が被災以前の90％まで，企業活動も90％まで回復したという調査結果が得られている（LaRose 2006；Faciane 2007）。しかしその一方では，ビレッジ・デ・レストから20kmほど南西にあるロウワー・ナインス・ワード地区の多くが，堤防が決壊して3mを超える洪水が押し寄せた日から5年以上が経過しても，まるで決壊した日の被災直後のままのようである。ビレッジ・デ・レスト地区の貧困率は，ナインス・ワード地区とほとんど同じであるが（Chamlee-Wright 2010），ナインス・ワード地区全体の人口は被災前の35％に満たず，多くの住宅は空き家のままであり，その壁には押し寄せた洪水が到達した高さにくっきりと跡が残っている（*New York Times*, 27 August 2010）。

　カトリーナより1年前の2004年，ニューオーリンズから数千km離れたインドのタミル・ナードゥ州では，スマトラ島沖地震によるインド洋大津波が直撃し，南東部の海岸沿いの数百の村が破壊され，数千人の住民の命が奪われた。この大災害から1年も経たないうちに，いくつかの村では漁が再開し，コミュニティ向けの新しい住居が建設され，そして国内外の支援組織からの援助が投入されていた。一方で，同じように津波によって壊滅的な被害を受けた他の村は，まるで被災地リストから外されているかのようであった（*Hindu*, 17 March

2007)。被災後，いくつかの地域では速やかに生活を立て直したのに対して，他の地域では食料や水，避難所，そして仕事といった生きるために最低限必要な物を確保するのにも苦労していた（Fletcher 2010）。同じ市内でも，ある地域では生存者が戻り，また新たな住民を迎えているのに対して，廃墟と化して人の姿が見えない地域もある。

　本書では，災害後の復興度合いの差を説明するために，ソーシャル・キャピタルが持つ役割，すなわち，人とのつながりを通じて利用できるネットワークや社会的資源が持つ役割に焦点を当てる。高い水準のソーシャル・キャピタルは，経済的資源や，政府や外部機関からの支援，また損害の低さなどの要因よりも，復興を促進する要因になること，そして被災者がより効果的な地域の再建のために協力し合うことを助長するという点を主張したい[(1)]。たとえ甚大な被災地域が低所得で，外部からの支援をほとんど受けなかったとしても，密なソーシャル・ネットワーク，親戚や近隣住民，あるいは地域外の知人との強い結束が大きな力になる。反対に，社会的資源に乏しい地域では，略奪やごみの投棄を防止するために集合的に対応することができないことや，必要な要求について行政に働きかけをすることができないこと，あるいはコミュニティの再建のために互いに協力し合うことができないことに気付くであろう。ソーシャル・キャピタルを潤沢に蓄えると，被災者にとってそれが非公式な形での保険[(2)]や相互扶助として機能したり，集合行動の制約を取り除いたり，被災者がその地域に留まり再建しようとする可能性を高めるのである（Simile 1995）。

　しかしながら，ソーシャル・キャピタルは「諸刃の剣」となる場合もあり，ネットワーク内の人々の災害復興がより効果的に進む一方で，そのネットワークの外側にいて社会的資源をそれほど持たない人々の再建は遅れたり，あるいは止まってしまったりする。社会的資源を多く持たない地域や人々は，不注意によって，そしてある意味では意図的に，負の結果に直面することになる。ソーシャル・キャピタルの欠如は，コミュニティの復興を失速させ，集合行動に関する問題点を克服しようとする試みの妨げとなる（Chamlee-Wright 2010）。さらには，強固で結束的なソーシャル・キャピタルは，既存の排他的な体勢を強めて，市域全体ではなく特定の地域だけが恩恵を受けるようなプログラムを正当化し，社会の辺縁の人々を苦しめることになる。本書では，1923年から

2005年までの間に起こった4つの災害に関する研究を通じて，ソーシャル・キャピタルの「二面性」を持つ性質について検証したい。

1 災害の定義とその被害の大きさ

社会学者は，災害の定義を広く社会システムの不全（Girard and Peacock 2000, 203：Erikson 1976, 154）と捉えたり，「社会的資源が脅威にさらされていると考えられ，それを保護し守ろうとするための通常とは違う対応が取られる場合」（Dynes 1989, 9）として捉えたりしている。ここでは，災害を広範囲に及ぶ被害によって，（少なくとも一時的に，しばしば数年間にも渡って）日常生活が損なわれるような影響を多くの人が集合的に受ける出来事」という意味合いで使っている（Fischer 1998, 3）。広く捉えるならば，災害は様々な形で許容範囲を超えるような出来事と言える（Sawada 2010）[3]。Turner（1976, 755-756）は，災害を「望まれていない重大な結果をもたらすような，ある一つの社会，あるいは社会の比較的自立している地域を脅かすような，一定の時間と場所に集中した出来事」として捉えている。本書では，災害を「平時の活動が損なわれ，コミュニティ一帯に被害をもたらす恐れがあるような，あるいは大きな被害の原因となるような出来事」と定義する。この許容範囲の広い災害の定義には，交通渋滞や航空機の遅れ，自動車の小さな衝突事故などは含まれないが，地震や津波，原子力発電所のメルトダウン，竜巻，火災，洪水などは含まれる。これらの出来事は人の命を奪い，住居や職場を破壊し，財やサービスの日常的な流れを寸断して，通常業務は停止し，生活に不可欠であるインフラに障害を引き起こす。本書で取り上げる4つの災害は，いずれも1,000人以上の命を奪い，数千にも及ぶ家屋や商業施設を破壊した「巨大災害」に分類される。その中には1923年の関東大震災のように都市の半分が壊滅的な被害を受けたものや（Aldrich 2008c），ハリケーン・カトリーナのように市域の8割を洪水によって水没させたものがある。

ハリケーン・カトリーナのような災害が[4]，紛れもなく人の手による自然破壊，あるいは自然を人為的に操作しようとしたことに起因していると考えれば（Steinberg 2000），災害をさらに「自然災害」と「人災」に細分類する試みはま

すます困難になる。少なくともその一部には人間の活動が影響していると考えられることから，結果として生じたこの脆弱性のことを「内因性」と称する学者もいる（Auerswald et al. 2006, 5）。現実社会では，今もなお氾濫原や洪水被害が起こる可能性のある土地に家が建てられ，居住者には損害保険があてがわれている。市街地計画のプランナーは海抜ゼロm以下の土地に街を作り，一方でディベロッパーは，マングローブや沼地，また湿地帯など，それらの地域を洪水から守ってくれるはずの自然界の生態系を構成するものを破壊している（Kolbert 2006）。エネルギーや人口，また経済を狭い地域に一極集中させることによって，我々は非常事態や災害の被害をより大きなものにしてしまっている（Pellow 2007）。

　災害の研究者たちは，惨事がその地域や国に対して長期的に構造的な影響を及ぼすかどうかに関する議論を続けている。すなわち，危機がシュンペーターの提唱する「創造的破壊」というメカニズムとして機能するかどうかということである。危機を経済的機会をもたらすものとして捉える人もいれば，災害が直撃した地域に長期的な影響，あるいは負の影響をもたらすこともないと考える人もいる。例えば，Dacy and Kunreuther（1969, 181）[5]は「災害の被害に遭った地域は，再建のために急激に流れ込む資金によって，経済的な恩恵を受けることになる場合もある」と示唆している。Albala-Bertrand（1993）は，中央アメリカと南アメリカの26の国々における28の災害による影響を調査し，被害の大きさと被災前の経済発展の度合いは様々であるが，最も大きな被害を与えた災害でさえも，長期的に重大な経済的影響を与えているということは認められないことを示した。第二次世界大戦で爆弾を投下された日本の都市の人口推移に関する研究において，Davis and Weinstein（2002, 1283）は，「近代における極めて衝撃的な出来事でさえも，その都市の再建後の規模に対して事実上，長期的な影響を与えることはなかった」と主張している。

　阪神・淡路大震災を研究した萩原・地主（2005）は，震災の6年後にあたる2001年までの時点で，震災による経済的影響は無視できる程度であると結論付けている。同様にBecker（2005）は，「長期に渡る経済的影響は，過去数百年間に起こった大部分の自然災害と同様，小さなものである」と主張している。それとは対照的にChang（2000）は，阪神・淡路大震災を含め，甚大な被害を

もたらした災害では，経済への長期的な構造的影響が確かに存在すると断定している。Cavallo et al. (2010b) は，大きな災害から10年後の時点では，国内生産の国民1人当たりの額が，何もなかった場合に比べて3分の1程度低い状態のままになると試算している。さらに，災害による壊滅的被害によって知識のスピルオーバーの効果が失われ，先進国から発展途上国への技術移転のスピードを鈍らせる可能性のあることが定量的研究によって示されている（Cuaresma et al. 2008, 225）。

　街や地域への経済的影響の大きさにかかわらず，災害が世界中のどこで起きようとも，住民や地域に被害をもたらす最も重大な出来事であることに変わりはない。社会学者は，被災後の個人レベルの復興状態を調査するためには，単に経済的な尺度を調べるだけでは掴みきれないどころか，被災者にとっての復興には，被災者から市民へと戻るための人とのつながりにおける精神面での復興が含まれると強調している（立木ら 2005, 3）。一般に地域の復興と言えば，居住人口の回復と地域の人々の間で行われる交流の回復の両方を指すであろう。実際，調査に対して，被災後に多くの被災者は，社会的なつながりと地域再生が復興には不可欠であると答えている（Tatsuki and Hayashi 2002, 3；立木ら 2004）。どんな要因が復興を加速したり，一方でその妨げとなったりするのかを理解することは，被災者にとっても，また，災害後に稀少な資源を配分しなければならない政策上の意思決定者らにとっても重要な意味を持つであろう。

　緊急事象データベース（Emergency Events Database）によると，過去30年強の間における「自然」災害による犠牲者数は300万人近くに上り，建物などの財産の損害額は数十億ドルに上る。2004年のインド洋大津波はインド南東部のタミル・ナードゥ州の海岸線にある村に壊滅的な被害をもたらし，2005年のハリケーン・カトリーナは洪水でニューオーリンズの町を水浸しにし，2010年のハイチの地震は30万の人々の命を奪った。2011年3月11日に日本の東北地方を襲ったマグニチュード9.0の地震は巨大な津波を引き起こし，宮城県，岩手県，福島県などで2万人以上の人々が犠牲となっただけでなく，原子力発電所からの放射能漏れという重大な危機の引き金ともなった。[6] 大規模な災害，例えば1991年のバングラデシュのサイクロンや，ミャンマーで発生した2008年のサイクロン・ナルギス，マルマラ地震，2009年のイタリアの地震などはメディアの

関心を集めるが，数えきれないほどの比較的小さな規模の洪水や台風，地震，地滑りによっても，世界中で数十万人もの犠牲者が出ており，被災者の数で言えばさらにその数は桁違いに大きくなる。研究者によると，災害の発生数，それに伴う被災者の数，そして損失額は過去20年強の間，増える傾向にあるという（Hoyois et al. 2007）。被災による犠牲者および建物などの被害を含む災害による損失は，気候変動の進展と共に，今後も世界的に増加の一途を辿ると科学者は予測している。

　災害による負の影響は，貧困層，マイノリティ，女性，高齢者など社会の中の最も脆弱な人々へと集中することを多くの研究者が認めているところであり（Steinberg 2000, 194；Morrow 2005；Cutter and Emrich 2006；Gill 2007；Cutter and Finch 2008），[7] さらに災害対応が一般的にどのように展開されているかといったこともよく知られている。例えば，通信手段が寸断されそうな時にどう対処するのか（Kweit and Kweit 2006），政府間の関係性が効果的な協調行動をいかに妨げるか（Rubin and Barbee 1985；Schneider 1990），そして，災害対策の立案者が作成した言葉の羅列に過ぎず，「空想の文書」である災害マニュアルが実際の災害の場面ではほとんど機能しないことなどである（Clarke 1999）。しかしながら，研究者は災害時にうまく機能したのは何であるかについてはあまり理解していない（Valelly 2004）。特に，被災した地域全体の内，ある地区や街では他の地区や街よりも大災害からの復興が早く進んでいるという事実を，研究者や災害対策担当者は見過ごしているのである（Edgington 2010, xv）。ある地域では被災後に顕著なレジリエンスを示しているのに，一方で別の地域では復興が全く進みそうに見えない（*Gulf Times*, 25 June 2006）。つまり，復興を促進する要因を解明すると共に，災害後の復興についてさらに明確な理解をすることは，政策決定者と被災者の双方に，正確で，かつ政治的に実行しやすい知識や情報，すなわち「有用な知識」を提供することになる（Haas 2004, 572）。

2　レジリエンスと復興

　本書全体を通して焦点を当てているのは，災害が直撃した地域の復興であり，また潜在能力の存在（あるいは欠如）を指すレジリエンスである。大災害から

の復興を定義する尺度には数多くの考え方があり、例えば、経済的尺度（Bertrand 1993）、人口動態、インフラ、そして物流に焦点を絞った尺度（Liu et al. 2006；Karatani et al. 2000）などがある。復興に関する最も単純な定義は（おそらく最も実現が難しいが）、コミュニティや都市が被災前と同じ状態に戻ることである（Albala-Bertrand 1993, 173）。しかし、復興とは静的な状態でもなければ、特定の一時点を指すものでもなく、それは長く続くプロセスである。過去の研究に基づいて、私は地域の復興を「移住、もしくは一時避難していた被災者と新たに移り住んでくる人々によって、徐々に日常生活を取り戻していくことを通じて、人口が被災前の水準まで回復していくプロセス」と定義する。この考え方にもとづいて復興を捉えるためのさまざまな尺度、例えば、1年ごとの人口変動、世帯や集落の援助へのアクセスと受援、仮設住宅の建設と利用状況などをケーススタディの中で用いている。これらの尺度の中で、例えば仮設住宅や援助へのアクセスなどは、復興の初期段階の状況を示す指標であるのに対し、人口回復や人口移入、あるいは人口増加などの状況については、被災から何年間も、場合によっては数十年にも渡って捉えられる指標である。メディアなどは、被災から数週間や数カ月のうちに成果を求めたがるが、実際の復興にはそれよりもずっと長い時間が必要であるし、被災地の人口は元の水準までは戻らないかもしれない。例えば、ニューオーリンズは今後もハリケーン・カトリーナ以前よりも小さな都市のままになってしまいそうである。

　1923年の関東大震災と1995年の阪神・淡路大震災について調査するにあたって、人口変動のデータに着目することにした。それは先行研究で「人口という人数でみるレジリエンスは、復興の程度を測定する合理的尺度であるだろう。被災したことによって大きな人口減少となった都市にとっては、居住地としての街の再生そのものが復興の兆候を示すものである」ことが指摘されているからである（Vale and Campanella 2005, 12）。人口増加は、被災した住民がその地域で再び居住を始め、また新しく移り住んでくる人が現れ始めていることを示すものであり、もしそうでなければゴーストタウンとなりかねない。被災後にそれらの人々がどれだけ多くその地域に入ってきているかを追跡調査することの重要性は、アメリカ政府がハリケーン・カトリーナ後のこの数字を重視し、データ収集に努めていることからもわかるであろう（Russell 2006）。政府は、

ハリケーン後のニューオーリンズの人口回復を測定するために，郵便局に申請された住所変更申請をモニターするなど，独創的な手法を用いている（Lang 2006；Warner 2006）。Weil（2010）は，ハリケーン・カトリーナ後のニューオーリンズの研究において，人口回復の水準とともに，ソーシャル・キャピタルや市民参加の水準を測定するさまざまな指標を組み合わせている。同様に，1925年から1965年の日本の都市のレジリエンスに関する研究で（研究の対象となった都市の多くはこの期間に連合国軍の爆弾攻撃を受けている），Davis and Weinstein（2002）は，発展の全体傾向を捉えるために指標として人口動向を使用している。1972年のニカラグアに惨事をもたらしたマナグア地震の発生後には，内戦と汚職によって毒された故郷へ戻り生活を再建する道ではなく，多くの住民が近隣の国へと移住する道を選択していることが指摘されている（Gaevin 2010）。Edgington（2010, 206）は，1995年の阪神・淡路大震災後の10年以上に渡って人口の回復状況を追跡調査し，都市の復興パターンを捉えようとしている。Yasui（2007, 319）は，人口回復が災害復興における一つの必要不可欠なものであることが明白になっていると主張している。

　近年，学者や政策立案者は復興プロセスを超えて，レジリエンスに注目するようになってきた（Smith 2011）。アメリカ大統領Barack Obamaは2010年の秋，街中を覆い尽くした洪水から5年で人々や企業が戻ってきていることを受けて，ニューオーリンズのことを「レジリエンスの象徴」として称賛した（Bowman 2010）。2005年の国連防災世界会議で災害対策の計画担当官は，「災害に対する国やコミュニティのレジリエンスを築いていくこと」に焦点を当てた兵庫行動枠組を採択すると宣言した（UNISDR 2005）。[11] Galster et al.（2007, 169）は，市街の地区が，彼らが安定性と呼ぶものを実現するための取り組みに関する研究を行い，「仮にもし，一時的な外力によって復興が損なわれることがあったとしても，復興を表す指標が被災前の水準に戻る傾向を示しているのであれば安定的である」と論じている。レジリエンスという言葉は，「飛び戻る」や「反動で跳ね返る」という意味を持つラテン語の*Resilire*を語源としており，一般的には「一旦取り除かれた後に物体やシステムが元と同じ均衡状態に戻る能力」という意味合いで使われている（Norris et al. 2008, 127；Adger et al. 2005）。社会科学や生物科学の研究では，レジリエンスは「妨害やストレス，あるいは

逆境に直面したときにうまく適応する能力」を指している（Norris et al. 2008, 129）。

　概して言えば，被災後のレジリエンスには少なくとも5つの側面がある。それらは，「①個人そして家族の社会心理的な幸福感の回復」「②組織や制度の再稼働」「③経済的・商業的なサービスおよび生産の再開」「④インフラの完全な状態までの回復」「⑤公的安寧と政府の運営上の秩序」である（McCreight 2010, 4-5）。本書では，レジリエンスを個人ではなく共同社会レベルでのネットワーク化によって積極的な適応を達成しようとする，その地域が保有している能力に焦点を当てて定義する。すなわち，レジリエンスとは「連携した働きかけと協力し合って行う活動を通じて，災害などの危機を切り抜け，効果的で効率的な復興に取り組むための地域が持つ潜在能力」である。レジリエンスを十分に持たない地域では集合的な力を結集することができずに，民間部門や公的部門による復興のための指導や援助を待たなければならないことも多いであろう（Chamlee-Wright 2010）。本書の中で何度も取り上げるが，レジリエンスを高めるために公共政策によるプログラムや地域のイニシアティブを活用して，地域が効果的に復興していくための能力を高めていくことは可能である。それらを踏まえた具体的な政策提言については第7章で詳述する。

3　復興に関するこれまでの理論

　研究者は，地域や地区が有する復興のための能力と，さまざまな他の要因とを関連づけた仮説を数多く提起しているが，それらを検証するための再現性のある実証分析はほとんど行われていない。復興の進み具合を検証するために使われる最も重要な要因の中で，標準的な分析を行う際に頭に浮かぶのは，統治の質，支援の量，災害による被害，社会経済的・人口動態的な状態，人口密度などであろう。ごく最近のいくつかの研究では，潜在的な要因のリストに社会的資源が加えられている。

　結果として，多くの研究者が想定しているのは，地域の単位はともかく，統治の良し悪しが災害の直撃した地域の回復力を決定する最も大きな要因になるということである。災害発生後には，被災者やテレビのコメンテーターがこ

ぞって政府の対応の有効性を批評する。例えば，ハリケーン・カトリーナの発生後に，ブッシュ政権は堤防が決壊した場合の被害の大きさを過小評価し，この規模の洪水による大惨事に備えてこなかったと学者が主張している（Murray 2006）。連邦緊急事態管理庁（FEMA）のMichael Brown長官は，被災した人々がニューオーリンズのスーパードームに避難していることを知らなかったし，災害対応の経験もほとんどないと批評された。また，官僚やFEMA職員の復興体制への関与の仕方が弱いと人々が苦言を呈した。他にも，ニューオーリンズ市長のRay Naginが災害発生直後から非難の矢面に立たされたし，ルイジアナ州知事のKathleen Blancoが州兵を現地に送り込むのがあまりにも遅すぎたと言う人々もいた。ニューオーリンズ市そのものが「独裁的であり，無能であり，そして腐敗している」という主張や（Baum 2006, 63），警察は道徳心に欠けているといった批判の声も住民の中にあった（Maggi 2006）。非難合戦をしたがるのは北米人だけではない（Boin et al. 2008；他の観点についてはRoberts 2007参照）。

　例えば阪神・淡路大震災後，住民や新聞の社説は，消防活動や不明者の捜索，救援活動や復興活動などの支援のために，すぐに自衛隊に派遣を要請しなかった政府の対応を批判した（Edgington 2010, 51）。地震後，村山富市首相（訳者注：当時）は神戸市を訪れ，ひとまず「頑張って，そして困難と闘ってください」と被災者に声をかけたが，その後すぐに議会で「政府の地震への初動対応に『混乱』があっただろう」ことを発言した（Begley and McKillop 1995）。さらに，政府がとった仮設住宅の高齢者への優先配分の政策が思わぬ結果を招くことになった。阪神・淡路大震災後，速やかに高齢者を仮設住宅へと入居させたことによって，高齢者を友人や生活支援者のネットワークから引き離すことになり，それが数多くの「孤独死」の原因になったとも言われている（『毎日新聞』1997年1月17日付；菅 2007）。インドの活動家は，インド政府がインド洋大津波を利用して，代々住んでいた海岸沿いの住居跡へと戻ろうとしていた漁師たちを追い出す機会として使ったこと，そして一方では，観光用ホテルなどの商業施設に対して元と同じ場所に再建することを許可したことを，怒りと共に指摘した（Menon et al. 2007）。2010年3月のチリ地震の発生後には，政府の対応が遅いことに評論家が非難の声を上げた（*Economist*, 4 March 2010）。

思うように進まない不安定な復興の状況を憂い，政治家や官僚，あるいは腐敗文化へと非難の矛先を向けるのは簡単なことであるが，災害に関する実証データが示しているのは，政府の良し悪しにかかわらず，中長期的には同じリーダーシップの元でも地区によって復興のスピードが大きく異なることである。大惨事の直後における政府の不十分な決定が，食料，水，医療支援，また生活用品などの到着の遅れにつながることはあるだろうが，長期的に見れば他の要因の方がもっと大きな影響を持っている。もし，無能な市長や対応の遅い知事という要因だけが復興の速さを決定するのであれば，被災した地域のすべての地区で復興の進み具合が同じになるはずである。地区レベルでの実証分析では，この考え方を支持する結果は得られていない。そういったことから，地元の市長や州知事，または全体の統治といったものが，被災地の復興の進捗の差を説明する最大の要因であるという仮説は棄却できる。

　また，人々の常識としてよく考えられるのは，被災地域への支援額の大きさが復興に必ず影響するというものである。この考えに賛同する人々は，お金が多ければ多いほど，より早くその地域が再建されると主張する。ルイジアナ州でカトリーナの災害対応に携わったある役人は，「まず必要なのは現金であり，そして被災した人々にそれを渡すことである。つまり，被災地に一刻も早く金を投入することが必要である」と明言している（Caputo 2010）。学者たちも「都市のレジリエンスは，外部から行使される政治的また財務的な影響に大きく左右される」と主張している（Vale and Campanella 2005, 342）。Jimmy Carter大統領（訳者注：当時）がセント・ヘレンズ山の噴火を受けて，ワシントン州のDixie Lee Ray知事に何が必要かを尋ねたときに，彼女は「M-O-N-E-Y（現金）」とスペルで答えた（May 1985, 71）。専門家の中には，もし，災害発生後に速やかに政府の支援が用意されない場合には，「復興への期待は急速にしぼんでしまい，企業活動は再開せず，住民はその地域を去っていく」と主張する人もいる（Zandi et al. 2006, 107）。ハリケーン・アンドリュー後の復興状況の追跡調査からは，家計の復興が民間資金と連邦や州政府による公的な支援プログラムの両方に依存していたと論じられている（Dash et al. 2000, 221）。被災直後に金銭的支援が助けとなるのは当然のことであり，また医療支援や食料供給によって命を救うことができるのは確かではあるが，「富

裕国からの巨額の援助資金の投入でさえも非常に短期的な復興の助けにしかならない」(Becker 2005)。

　外部からの支援額と政府の支出額が復興に与える効果についての調査では，支援の額が大きいことと復興が促進されることの間の因果関係を証明することができていない。ニカラグアで発生した1972年のマナグア地震後，投入された巨額の支援金によって生じたものは，急速な復興ではなく，大規模な贈収賄とそれが引き金となった革命であり，さらに続いて勃発した反革命であった (Garvin 2010)。ヨーロッパの第二次世界大戦後の復興に関する研究では，マーシャル・プランのような支援プログラムを通じて提供されたアメリカからの大規模な経済支援と，工業生産や電力生産の分野における復興との間には関係性が認められていない (Kage 2010b)。萩原・地主 (2005) は，阪神・淡路大震災後の30の町村や集落において417サンプルの観測値を用いた分析から，求人倍率や運輸量などの復興を表すさまざまな尺度と支援額との間には統計的に有意な関係が見られないこと，また，支援額と生産の付加価値との間に相関が認められないことを示している。Webb et al. (2002, 55) は，ロマ・プリータ地震とハリケーン・アンドリューにおける調査データを用いて，外部資源の支援などの要因が，被災地域の企業の長期的な存続に有意な影響を与えていないことを論じている。同様に，第3章で取り上げる1923年の関東大震災の被害後の復興に関する調査結果からは，被災した各区が同じ額の支援を受けたにもかかわらず，復興の軌跡は地区によってまちまちであったことが示されている。投入される金額が復興の成否を決定する最も主要な要因であるならば，東京のすべての地域が同じスピードで復興を遂げたはずである。

　支援の額が大きいほど長期的により良好な復興が実現するということを証明するような，系統立った論拠となるものはほとんど示されていない。それどころか，巨額の支援が逆効果となりうるという研究結果が多く存在する（これがどのように起こりうるかというモデルについてはCohen and Werker 2008, 810参照）。2004年の大津波後のインドでは，巨額の財政的支援が漁村の人々の間に存在していた社会関係を引き裂いたことによって，村の多くの若い就学年齢の女の子たちの婚期を早めさせる結果となったし（なぜなら，彼女たちは孤児であり，NGOや政府から巨額の補償パッケージが支給されたことによって，「結婚市場」におけ

る彼女らの魅力が増したのである)，漁獲量の減少を招くことになった(漁船の過剰供給によって水産資源の減少を招いた)(Alexander 2006)[17]。さらには，沿岸部における国家の復興政策が核家族化を推進したために，それまでの大家族での生活にあった地域の伝統的な社会慣行が損なわれる結果となった(Rodrigues et al. 2008)[18]。

　復興の速さを決定すると考えられる別の要因として，大災害による被害の大きさが挙げられる。Kates and Pijawka (1977, 12) は「復興のスピードは災害による被害の大きさと直接的な関係を持つ」と断言し，Dacy and Kunreuther (1969, 72) は「被災後の復興スピードは，主に物的な損害の大きさによって決まると想定するのが合理的であるだろう」と論じている。ニューオーリンズのハリケーン・カトリーナ後の復興に関する書物の中で，ある研究者は「カトリーナによってニューオーリンズの中でも最も甚大な洪水被害を受けた地区では，(中略)住民に占める死者の比率が昨年までの10年間に起きた災害の中で最大となった」としている(Krupa 2011)。同様に，Haas et al. (1977) やYasui (2007, 29) は，被害のより大きい地域では復興により多くの時間がかかるのに対し，避難して難を逃れた人々や比較的被害の少なかった地域の復興にはそれほど多くの時間を要さないと主張している。つまり，より大きな被害のあった地域ではその分だけ多くの改修が必要であり，住宅供給も不足し，負傷者や被害者数も多いことから，復興にはより多くの時間を必要とすることになる。

　しかし，反対の主張をする研究者もいる。そこで主張されていることはすなわち，被害が大きければ大きいほど，その復興の速度は高まるというものである。例えば，第二次世界大戦後，台湾や日本，ギリシアなどの戦争によって甚大な被害を受けた国が，最も早く復興を遂げる傾向があることが示されている(Kage 2010b)。この理由はおそらく，製造業者が通常の資産形成過程を一足飛びにして，最新の製造機械や技術を手に入れることができる，いわゆる後発ゆえの経済的優位性が働いたことであろう。しかしながら，被害程度と復興速度の関連性についての実証的知見は，必ずしも一貫してはいない。室崎(1973, 55)やTatsuki (2008, 24) などは，この論理とは異なる立場を取っており，被害や損失の規模は復興速度にそれほど関係しないと主張している。ここで挙げたケーススタディはすべて，犠牲者や負傷者の数とあわせて，災害によって負

の影響を受けたコミュニティにおける人口割合などの数値を調査することによって，災害の被害の大きさを考慮に入れている。

　また他の研究者は，ガバナンスや支援，また被害の程度といった外因的な特性ではなく，むしろ被害に遭った地区の持つ内因的な特性とその地域の復興速度との関連性に着目している。地域の持つ社会経済的な環境や人口動態と，復興速度との間の関連を見つけようとする研究が数多く行われている（Donner and Rodrigues 2008）。1906年に起きたサンフランシスコ地震に関する研究の一つでは，「社会的分布の一端の上流階級に分類される，富裕層の居住区やそこに住む人々は比較的早く安定した生活を取り戻すのに対して，分布のもう一端である専門技術を持たない労働者層は，災害から5年が経過した時点でもまだその復興は途上である。（中略）豊かなホワイトカラー層では92％と高い定着率を示しており，被災から2年目を迎えた頃にはすでに高所得層の居住区では復興が完了していることを示している」（Bowden et al. 1997, 79）と指摘している。この研究結果が示しているのは，低所得者層である専門技術を持たない労働者は，富裕層と比較して，より頻繁に，またより遠くへ職を求めて移り住むということであり，この半ば強いられた移住は被災から数年が経過しても終わることがなかったということである。似たような議論としてHaas et al.（1977, 30）は，「社会経済的な状態が悪い人々ほど，被災後の移住の頻度は高まる傾向があり，居住地の安定にはより長い期間を要し，住まいの選択肢が限られ，そして，被災前に住んでいた町を離れざるを得なくなる可能性が高くなる」と述べている。

　復興における社会経済的な状態の影響についての議論はいまだに続いている。Sawada and Shimizutani（2008, 465）は，阪神・淡路大震災後の家計調査データを分析し，家財や貯蓄，また貴金属などの「担保となるような資産」を被災で失わなかった世帯では，それらの資産を多く持たない世帯と比べて，被災前の消費パターンを維持できていたことを示している。これらの研究結果を地域レベルでまとめると，災害によって壊滅的な被害を受けたコミュニティでは，しばしば起こる予期せぬ打撃に対する緩衝（バッファー）として，つなぎ融資や助成金が必要になる（USSBA 2006）。そのようなときに，それらの資金へアクセスする経路を持たない地域では，個人の貯蓄から引き出すことを強いられ

るかもしれない。また，大規模な復興プロセスを賄えるほどの十分な民間資金を保有するコミュニティはそうないであろう。1995年の阪神・淡路大震災後のレジリエンスに関してTatsuki and Hayashi（2002）は，調査データを用いて，企業経営者が震災によって被害を受けた自宅と会社の再建のための資金調達に苦労していることを示している。阪神・淡路大震災に関する最近の研究の一つでは，「地域の相対的な貧富の程度は復興能力を予測する指標となる」ことが主張されている（Edgington 2010, 225）。Katz（2006）は，ニューオーリンズの社会経済的な環境に注目して，「2000年現在に市にいた13万1,000人の貧困者のうち，38％にあたる5万人近くが最貧困居住区に住んでいる」ことを重要視している。「ニューオーリンズの主要都市統計対象地域内に居住する子どもの貧困率は2005年現在，アメリカ国内で最も高い」と研究者は強調している（Webb 2009, 141）。津波後の復興に関する概要として，「富裕者層の人々は，より充実した地域インフラ，避難所，設備，知識，技術，そして保険などの代替手段を持っているため，災害に対処する上でより備えができていることは明白な事実である」と論じられている（Siromony 2006, 184）。

　災害後の対応においてアフリカン・アメリカンやその他のマイノリティの人々が，アメリカやカナダの政府から意図的に軽視される「取捨選択的な政治」が行われていると考察する研究者がいるのに対して（Giroux 2006, 184），別の研究者らは，政府機関が富裕者と貧困者との間で違った対応をしていると主張している。特に「被災後，ニューオーリンズの黒人労働者は，他の条件を同じであるとしたとき，白人労働者に比べて4倍職を失う傾向にある」という論文が発表されて以降，災害復興において人種が問題であるという議論を支持する研究はいくつも行われている（Elliott and Pais 2006, 317）。結果として，「マイノリティや貧困者層は，彼らの復興にはその関与が不可欠である政府機関から無気力な対応しか受けられないため，ゆっくりとしか進まない復興に苦しめられている」（Bullard and Wright 2009, xx）。同様にBrinkley（2007, 617）は，より多くの資源を持っているであろうことから，カトリーナ後のニューオーリンズでは「富裕層の多く住む地区が一番早く回復している」と主張している。しかしながら，カトリーナ後の実証研究からは，物的な豊かさだけが災害後の復興速度を予見する重要な指標でないことが立証されている（Chamlee-Wright

2010)。また，ハリケーン・アンドリューに関する研究においても，約1,000人の被災者に対してのアンケート調査データによって，所得が生活再建に影響していないことが示唆されている（Morrow 2000, 146）。北アメリカで起きた大規模洪水の被害に遭ったカウンティ（郡）を単位とした研究では，復興にかかった期間と社会経済的な状態との間に関係性は見られなかったことが論じられている（Eoh 1998）。本書では，復興における社会経済的な環境の関わりを検証し，また可能な範囲で人種（およびカースト）に関する統計データを使用する。

加えて，災害復興の速さに関わる研究では，もう一つの内因的な特性として人口密度を取り上げている。例えばHaque（2003）は，災害による死者や負傷者数と人口密度との関連を調査している。人口密度の高い地域は大都市にある場合が多く，仮にもしそういった地域が被災したときには，復興により多くの時間を要することになる（Donner and Rodriguez 2008）。人口密度の高い地域ほど，被災後に一時的な住宅や永続的な住宅を提供することが困難になることから，復興がなかなか進まないと言える（Tobin and Montz 1997, 14）。インドの人口が密集しているスラム街では，被災によって移住させられている人々に向けた住宅を用意する政策を政府が実行する上で，その密集による困難さが浮き彫りとなった（Tandon and Mohanty 2000）。また，ハリケーン・カトリーナ後のニューオーリンズでは，洪水によって破壊された高密集型の住宅地開発プロジェクトが国内外からの強烈な批判の引き金となっている（Nossiter and Eaton 2007 ; UN News Service, 28 February 2008）。本書では，他の潜在的な要因とともに，被災地域の人口密度も考慮に入れて分析することにする。

4　ソーシャル・キャピタル——研究途上の要素

災害復興とは別の分野において，ソーシャル・キャピタルに関する社会科学的研究が，Bourdieu（1986），Coleman（1988 ; 1990），Putnam（1993 ; 1995 ; 2000）といった初期の研究に続いて活発に行われている。Lin（2008, 51）によるとソーシャル・キャピタルは，その個人が保持するソーシャル・ネットワークに埋め込まれた資源から成るとされる。ソーシャル・ネットワークと社会的資源のメカニズムについては第2章で詳述するが，簡潔に言うと，より強い

ソーシャル・キャピタルはネットワークのメンバー間にコンプライアンスや社会参加についての新しい規範を醸成したり，グループ内の人々へと情報や知識を提供したり，信頼を築く[20](本書全体を通して，ソーシャル・キャピタルとソーシャル・ネットワークをほぼ同義語として使用している)。結果として，より高水準のソーシャル・キャピタルを有する地域ほど，地域で掲げる目標の達成を阻みうる集団という障壁を打ち破ることができる (Olson 1965；Chamlee-Wright 2010)。他に，より高い水準のソーシャル・キャピタルが寄与するものとして，より優れた健康状態，より強固なガバナンス，より高い経済成長などが研究から示されている。これらの基礎的な研究を土台として，数多くの災害研究の学者が，ソーシャル・キャピタルは災害後のレジリエンスにおいても作用する可能性を示唆するようになっている (Buckland and Rahman 1999；Nakagawa and Shaw 2004；Dynes 2005；Kage 2010a)。[21]他の実証研究では，被災後の人々の生活の復興と，自己評価による信頼性の程度や市民活動への参加頻度との間の関係を検討している (Tatsuki and Hayashi 2002)。例えば阪神・淡路大震災後には，豊富なソーシャル・キャピタル，市民参加，そして積極的な市民性が，被災者自身が悲惨な出来事から立ち直っていると考えられるようになるための触媒として作用した (Tatsuki 2008)。また，ハリケーン・カトリーナ後のレジリエンスに関する研究では，組織やクラブへの参加といった市民の関与と，地域の人口回復との間に強い関係があることが示されている (Weil 2010, 5)。

地域レベルでの災害復興研究において，人種構成や社会経済的な状態などの地域の内在的な特性については，多くの研究者が災害復興の速度を予測するものとして検討を行ってきたが，ソーシャル・キャピタルに対する指標は明示的にほとんど盛り込まれていない (Rovai 1994；Kamel and Loukaitou-Sideris 2004；Cutter and Finch 2008；Pais and Elliott 2008)。そこで本書では，理論的にソーシャル・キャピタルがどのように危機後に機能するのかを特定することと，いくつかの環境や時期におけるミクロレベルでの定量的な測定を行うことによって，災害復興についての新たな知見を提供する。最も利用可能性が高く，かつ歴史的・文化的な背景を考慮することのできる代理変数を用いてソーシャル・キャピタルを定量化することで，[22]社会的資源が，災害後のインフォーマルな保険として，あるいは復興や再建を困難にしてしまう集合行動の問題を克服する

ものとして，さらには「声」を強めて「退出」の可能性を低下させるものとして，災害復興を支える力となりうることを論じたい。[23]

　この研究を開始する当初には予期していなかったことで，新たに判明した知見は，ソーシャル・キャピタルが常に公共財として機能し，すべての人々に恩恵を与えるものではないということである (Berman 1997 ; Chambers and Kopstein 2001)。それどころか，災害分野以外の研究で明らかとされているように，それは諸刃の剣として (Aldrich and Crook 2008)，あるいは二面性を持つ資源として捉えることができる (Szreter 2002)。すなわち，一定の条件下においてそれは多くの被災者に恩恵をもたらすが，しかし全員に対してではない。事実，より強固なソーシャル・ネットワークは被災者の大多数にとって恩恵となるが，それが社会に存在する偏見の上に重ねられたときには，特定のグループ内における社会的な関係によってグループ外の人々の生活再建を遅くしてしまう可能性がある (Nager and Rethemeyer 2007)。さらに言えば，ソーシャル・キャピタルをあまり多く持たない，社会の周縁部あるいは末端に取り残された人々は，被災後にその恩恵に授かれないばかりか，強固なソーシャル・キャピタルを持つ人々のグループによって害されることすらある。[24]例えばインドのタミル・ナードゥ州では，「パンチャヤット」[25]という形態で定型化したソーシャル・キャピタルを持つ村では，効果的に外部の支援に結びつくことができたが，それらの村の住民であってもその組織のメンバーでなく，何のつながりも持たない被災者は，支援を期待することがほとんどできなかった (Gill 2007)。多くのダリット（しばしば「アンタッチャブル」あるいは「アウトカースト」と呼称されるカースト制度の外側の最下層の人々）や女性，またイスラム教徒は，組織化され連携を持つ民族グループによって進展が阻まれるなど，復興の過程で強い差別を受けていることが報告されている (Louis 2005 ; Mercks 2007)。

　日本の首都の半分近くを破壊した関東大震災後の1923年の東京では，日本に住む外集団である数千人の在日朝鮮人が，誤った噂に駆り立てられた暴徒によって標的とされ，殺害された。ハリケーン・カトリーナ後には，被災者のための仮設住宅やFEMAのトレーラーハウスが必要であることをニューオーリンズの多くのコミュニティが認識していたにもかかわらず，これらの施設を非難して，地域から締め出そうとする動きが見られた (Davis and Bali 2008)。最

表1 災害復興のスピードを説明する6つの要因

要因	仮説と想定	調査での適用
統治	よりよい情報を持ち、より優れた意思決定者は、復興を速める	・リーダーの能力 ・レントシーキングや汚職の有無
外部支援	支援の量が大きいほど、復興は速まる	・政府やNGOから地域へ提供される支援金、物資、専門家の量
被害の大きさ	被害が大きいほど、復興にかかる時間は長くなる	・死者、負傷者、家を失った人の数 ・インフラの状況や財政的損失
人口密度	人口密集地域では、住宅ストックの置き換えが困難であることから、復興が遅れる	・1 km^{2}当たりの人口
人口動態・社会経済的な状況	富裕層が多く、平均年齢が若く、多数派の民族が多くを占め、高学歴者の多いコミュニティであるほど、復興がより速い	・所得、学歴、人種、平均年齢、持ち家、経済的格差
ソーシャル・キャピタル	ボランティア意識やボランティアグループのメンバーシップが高く、信頼関係がより強い地域では、集合行動の問題が克服され、復興がより速い。同時に、社会の周縁部にいるアウトグループの人々の復興を遅らせる	・地域のボランティア組織の数 ・投票率 ・信頼とボランティア意識の水準 ・uur Panchayats（長老会議）のメンバーシップ ・地域のイベントや祭への参加

後には、よく組織されたコミュニティからは移動住宅が押しのけられ、多くの場合、計画担当者が社会的資源の乏しい地区において代替地を探さなければならなくなり、復興が遅れることになった（Aldrich and Crook 2008）。本書では、強固なソーシャル・キャピタルはパラドックスを含んでいるという理解が活かされている。それはすなわち、便益と費用の両方をもたらしうるということである（Foley and Edwards 1996）。表1は、これら災害復興のスピードを説明する6つの要因を示したものである。

5 議論の概要

洪水、ハリケーン、地震、またはそれに類する出来事の後に、どのような要素が復興を促進し、あるいはその妨げとなるのかという基本的な問題については、いまだその多くについて解答が得られていない。本書では、「社会経済的状況、人口密度、被害の大きさ、支援量といった一般的によく取り上げられる要因よりも、高い水準のソーシャル・キャピタルが復興の原動力としてより大

きな影響を与える」ことを主張する。強固なソーシャル・ネットワークを持つ被災者は，必要な情報や道具，また支援への入手経路を有し，より速い復興を実現する。ソーシャル・キャピタルを十分に持たないコミュニティや地区では，これらの幅広いネットワークを持つ地域の復興スピードについていけないことがわかる。そしてもっと致命的なのは，地域外の支援組織に強いつながりを持たない，災害前の時点ですでに社会の辺縁に位置する人々は，強いソーシャル・キャピタルを持つ他のグループによってさらに社会から取り残され，再建の輪から外されることによって，その復興が遅らされてしまうということである（Elliott et al. 2010）。それは，例えばFEMAのトレーラーハウスなどの望んでいない施設を押し付けられるという形で現れることもあれば，ときにはさらに悪いイメージのレッテルを張られたり，最悪の場合には排除や暴動，あるいは他の暴力といったものの標的にされることもある。

　最近の災害復興の研究では，ソーシャル・キャピタルを課題として含めるようになってきたが，社会的資源と災害について調査した研究の多くは，少ない事例調査から得た定性的で感覚的な根拠（Buckland and Rahman 1999；Nakagawa and Shaw 2004；Dynes 2005），もしくは個人レベルのアンケート調査による定量的分析から得た根拠（Tatsuki and Hayashi 2002；Tatsuki 2008）に依拠してきた。つい最近になって，ソーシャル・キャピタル水準の測定結果と復興に関する定量的調査を組み合わせた研究が行われるようになった（Kage 2010a；2011）。多くの研究者にとって，ソーシャル・キャピタルが公共財として機能するということ（Coleman 1988；Cohen and Arato 1992；Putnum 1993；Cohen and Rogers 1995），つまり，例外なく恩恵をもたらす資源であり，高い水準のソーシャル・キャピタルを有する地域のすべての人々が正の影響を享受するということ（Adger et al. 2005）はもはや自明の理となっている（Ostrom 2000）。本書ではこれらの見方に異論を投じて，ソーシャル・キャピタルは意図的に，ときには意図せずに，負の影響を同時にもたらすことを示したい。

　災害に関する研究の多くは，都市や行政区域を分析の単位として扱っている。すなわち，調査者はしばしば，都市や社会が危機的な状況からの復興のためにどれくらいの時間をかけていくのかを確かめようとする。しかしながら，災害後の復興は市内のすべての地区において同じペースで進まないことが，根拠を

もって示されている（Rovai 1994；Kamel and Loukaitou-Sideris 2004；Aldrich and Crook 2008；Pais and Elliott 2008；Wood et al. 2010）。ゆえに，マクロレベルのデータ（国，州や都道府県，あるいは市町村）は，メゾレベルやミクロレベルでの傾向を覆い隠してしまう可能性がある。よって，本書では，区や地区レベルの分析において，復興スピードに影響を与えると考えられるソーシャル・キャピタルの役割を，他の要因と共に解き明かしていく。複合的な解析手法によって，社会経済的状況や被害の大きさ，また人口密度などの交絡因子の作用を紐解き，ソーシャル・キャピタルの効果を解明することにする。

　災害後の復興について理解することは，被災者や支援活動団体，また政府機関だけでなく，社会科学の研究者にとっても不可欠である。大災害は，被災者の参加の場を変え（Siclair et al. 2009），立法の優先順位を変化させ（Birkland 2006），また，発展途上国では政権交代の可能性を高めるし（Albala-Bertrand 1993），そして社会政策や福祉政策というより広範な議論における焦点となる。津波のような自然災害であっても，あるいはテロリズムのような人災であっても，危機は，高い支持を集めていた政権を転覆させることもあれば（Boin et al. 2008），政治家の中に政治的犠牲者を生むこともあり（Waugh 2006），政権が不安定な国家では内紛を勃発させる引き金となることもある（Enia 2008；Nel and Righarts 2008）。広く捉えれば，災害からの復興を理解することが重要である理由は，「避けられうる大惨事の発生機序を解明する研究が，政策決定者や政府の役人にとって間違いなく役立つからである」（Valelly 2004, B6）。

　これまでの研究によって，ソーシャル・キャピタルの持つ重要な役割，例えば，民族間の暴力行為の低下（Varshney 2001），経済成長の促進（Knack 2002），ガバナンスの向上（Putnam 1993），そして政府への重要な政策上のフィードバックの提供（Aldrich 2008b）といったことが示されてきている。本書では，災害後の生活再建を模索する人々に対して，ソーシャル・ネットワークがどのようにして恩恵をもたらし，同時に害を及ぼすことになるのかを解明することで，市民社会に関する研究に一石を投じたい。もし，社会的資源が復興にとって重大であるならば，政策決定者は影響を受けやすい社会的弱者の間にあるソーシャル・ネットワークを深めるとまではいかないまでも，少なくとも維持していくために社会的資源を再配分するべきであろう。ここで「社会的弱者」

として著者が頭に浮かべているのは，年齢や所得に関することだけでなく（Cutter and Emrich 2006；Cutter and Finch 2008），ソーシャル・ネットワーク内での関係性や組み込みの欠如に関することもある。既存の災害対応が実際にソーシャル・キャピタルを毀損しているのであれば，本書は政府の役人や研究者が復興プロセスを再構想するための手助けとなるであろう。

6 本書で取り上げる災害事例

　研究者は，ある特定の現象に対する複数の事例を検証することによって，また，時間と空間を超えて類似の条件下で起きた出来事を調査することによって，強固な結論を導き出している。歴史学者やジャーナリストが「真実を語る」ことや人の心を掴むような話を提供することによってしばしば満足する傍ら，社会科学の掲げる大きな目標は因果関係の推察である（King et al. 1994）。すなわち，社会科学の研究者は，どのような要因や条件が特定の測定可能な結果を生じさせるのかを理解しようと試みる。ただし，一事例または典型例を一般化して結果を導いた場合には，私たちは誤った結論やあまりにも一般化しすぎた予測を行ってしまう危険性がある。もしアメリカのデータだけを見て市場システムを研究したらどうなるかを想像してみてほしい。政府と市場がどのように相互に影響を与え合っているかについて，北アメリカの経験だけをもとに結論を導き出したとしたならば，世界のその他の途方もないほど数多く存在するシステムを無視してしまうことになるであろう。資本主義に関する様々な比較研究のおかげで，完全市場から調整された自由経済に至るまで，私たちはシステムを広い視点でもっと明確に捉えていくことができるのである。社会科学における最も権威ある研究の多くは，明示的にあるいは必然的に，研究対象に対して比較分析によるアプローチを採用している（Tocqueville [1835] 2000；Weber [1904] 1958；Skocpol 1979；Vogel 1996；Putnam 2000）。

　災害分野の研究者も，比較分析の重要性に気付き始めている（Özerdem and Jacoby 2006）。例えばDynes（1989）は，政府の形態や様々な部署の要員の能力などに関する「国家間の違いによる結果を理解する機会を提供してくれる」ことから，「国家間の比較研究の利点」について明確に主張している。彼はまた，

「『災害』という言葉から喚起される特殊性や不規則性を社会生活から読み取りすぎてしまう」危険性についても指摘している。Vale and Campanella（2005）が編集した*The Resilient City*も比較分析の流れを汲んでいる。彼らは1985年のメキシコ地震からの復興に関する研究において，1976年の中国の唐山地震，東京の複数回に及ぶ（自然災害および戦後からの）復興，そしてオクラホマシティ連邦政府ビル爆破事件や9.11のテロ事件のような人災までを比較分析し，時空を超える事例において本質的な一致点を立証している。それぞれの危機において被災地の文化や時代背景が違うものの，復興や再建，また減災のプロセスに関して重要な類似点が認められるとした上で，さらなる検証や分析が必要であるとしている。

　本書で取り上げる災害は，すべて数千人に上る犠牲者と，建物やインフラの大規模な損壊を伴ったものであることから，復興のプロセスにおけるソーシャル・キャピタルの役割の検証という観点から見ると，これらはすべて「容易ならざる事例」と言えるであろう（George and Bennett 2004, 120）。自動車事故や，コンピュータの不具合，迷子の捜索などのような小さな危機の事例において，ソーシャル・キャピタルが重要な役割を果たすことを説明するのは容易なことである。私たちはこれらの出来事に対処するときに，家族や友人，また知人のネットワーク内の人々がその問題の解決に協力してくれると自然と考えるであろう。しかし大災害においては，多くの犠牲者が出る上に，住居や企業施設にも（数十億とは言わないまでも）数百万ドルにも及ぶような損害を伴うため，そこに社会的資源が同じように重要な役割を持つということを単純に想定することはできない。被災したことによって住人は散り散りにされ，互いに連絡を取り合う手段を奪われ，ゆえにソーシャル・キャピタルに頼ることはほとんど不可能になることから，災害そのものが既存のソーシャル・キャピタルに大きなダメージを与えると研究者は推論するかもしれない。もし，ソーシャル・キャピタルは実際重要であるということが（その災害による被害の大きさや地域の貧富の程度などの要因を考慮に入れて分析し，さらに既存のネットワークが災害によってダメージを受けていることを加味した上で），これらの災害に関する定量的分析および定性的分析によって論証されるならば，災害からの復興プロセスの評価手法と新たな災害対策や災害復興計画の作成の双方に関して，もっと強固な枠組み

を作ることができるであろう。

　本書で取り上げる4つの巨大災害は，いくつもの要素において異なっていることから，さまざまな状況下において社会的資源の持つ力が働く可能性についてのより強固で包括的な結論を導き出すことができる。時代背景の異なる事例を選択するのは，現代の技術やそれに伴う人々の災害対策への期待の高さを背景に持つ，近年の災害だけを取り上げて分析することによって導くかもしれない誤った結論となるのを避けたいという思いがある。異なる文化や規範，また地域の状況を有する異なる国の事例を通じて，特定の国や都市，もしくは地域の「独自の社会背景」が復興に特有の方法で作用したという考え方から起こる反論をはねのけたい。Lesbirel (1998, 20) は，日本の発電所の建設地の選定に関する研究から，日本特有の文化的背景と共によく話題に上る「日本流の」交渉スタイルに起因するという考え方に異論を投じている。発電所建設の立地を巡る議論において，あるところでは他よりも長い時間を要するかという理由を検証するとき，「地域レベルでの文化的な多様性を想定するとしても，選定にかかる時間の差を文化の違いによって説明することは必ずしもできない」と指摘している。災害研究の分野においても，例えばニューオーリンズのベトナム人とベトナム系アメリカ人が多く住むビレッジ・デ・レスト地区の復興に関する研究だけでなく，1920年代の東京や21世紀初頭のインド南東部の災害事例研究においても，「文化特有の反応」とする誤った捉え方がなされることもある (Weil, 発表年不明)。

　復興の研究を行う上でのもう一つの軸は時間である。過去の研究の中には，被災したコミュニティや都市を災害発生後からの数週間について調査したものもあれば，被災後の状況を数年あるいは数十年にも渡って調査し続けたものもある。災害の専門家は復興のプロセスをいくつかのフェーズに区分している。例えば，捜索と救助，生活再建，長期的復興というものもあれば，緊急対応，復旧，再建というフェーズに区分する専門家もいる (May 1985)。災害後の復興段階の区分の定番とされるモデルの一つでは，緊急対応，復旧，復旧的再建，発展的再建の各ステージに分類していることに加えて，各ステージでどの程度の時間がかかるかも予測している (Kate and Pijawka 1977)。緊急対応期（医療関係者や警察，その他の救助支援者が現地にいて被災者への援助を行っている期間）と

復興期（状況が安定し，救助の専門家の手を必要としなくなっている期間）とを区分することは簡単なことかもしれないが，復旧と再建，そして復興という言葉は重複した意味で使われることが多いことが指摘されている（Dynes and Quarantelli 2008）。さらには，「同じ地域の住民であっても，異なる社会集団によって全く違う帰結を経験する可能性がある」（Kates et al. 2006, 14655）。復興過程をフェーズに分類することよりも重要なのは，災害復興のすべての段階において，社会科学の研究者がソーシャル・キャピタルに注目すべきであるということである。特にその理由として，その時々の状況によって異なる利害関係者が異なる影響を受けるということが挙げられる。

　例えば，インド洋大津波の発生直後には，海岸沿いに住む漁船の所有者や漁師，そしてその親族らといった直接の利害関係者が命を落とし，また財産を失った。しかし1カ月も経たないうちに，漁船所有者や漁師と取引のあった，製塩作業者やエビ養殖作業員，船の清掃作業員，ディーゼル燃料供給業者といった直接の利害関係者ではない人々も，津波の影響によって収入面での金銭的損害を受けることとなった（Rodriguez pers. Comm., 25 March 2010）。別の研究者らは，彼らが言うところの「極端な出来事の連鎖的影響」として，橋やインフラ，また病院などの崩壊といった災害直後の機能不全が，その後の顧客激減による事業の再開不能や，被災せずに残った病院の患者数急増などの過剰な負担による乏しい医療サービスなどといった問題を生じさせることを立証している（Alesch et al. 2009, chap. 3）。カトリーナ被害後のニューオーリンズで調査を行った研究者の記録から，元住民らが地域の商業施設の再開を待って以前住んでいた場所に戻ろうと考えていたのに対して，一方の商業施設の経営者は店の再開のためには顧客である住民がある程度戻ってきていることを確認する必要があると考えていたという，復興の持つジレンマの存在が見て取れる（Chamlee-Wright 2010）。時間の経過と共に，被災したコミュニティ間で，調整と結集の問題が異なってくる。そこでこの研究では，被災後の時間の経過ごとのソーシャル・キャピタルの役割への理解をより深めるために，4つの事例を取り上げて，短期的，中期的，そして長期的な復興に着目する。関東大震災と阪神・淡路大震災の事例では，震災発生後から10年以上の間の人口の回復状況を追いかけている。これら2つの事例では，中長期的な視点からソーシャル・

キャピタルの役割を解き明かしていく。ニューオーリンズとインドの事例では中短期的な復興に焦点を当てているのであるが，それらではハリケーン・カトリーナとインド洋大津波の被災直後に，仮設住宅や支援へのアクセスをすぐにできたかという問題に着眼している。これら4つの事例において，ソーシャル・キャピタルがどのようにして災害復興の力となっているかを解明することにより，危機後のすべてのフェーズにおけるその役割を強調したい。

　比較する他の変数に政府の強さ（および能力）がある。本書で取り上げる事例の中では，国家政府で言えば，インド洋大津波の事例でその力が最も弱く，1995年の阪神・淡路大震災では最も効果的に機能した。これら2つの両極の中間程度と考えられるのが，ハリケーン・カトリーナでのアメリカ連邦政府とニューオーリンズ市政府の対応と，1923年の関東大震災での日本政府の対応である。政府は，有能なメンバーで組織され，誠実に機能する場合もあれば，無秩序で腐敗している場合もありうるが，中央政府から自治体に至るまでの各政府組織の対応能力に対し，市民社会の果たす役割が不可欠であることは依然として変わりがない。インドのタミル・ナードゥ州の村々のように，災害復興が田舎の地域で必要となることもあれば，神戸や東京，またニューオーリンズのように都市部で求められる場合もある。神戸や東京のように，被災者が中央政府から特別な資金を全く受け取っていないこともあれば（このことは日本政府の「個人補償はしない」という方針によるが，兵庫県は1995年の阪神・淡路大震災の際に被災者のために復興基金を創設した[27]），FEMAがニューオーリンズのハリケーン被災者に対して総額160億ドル以上の支援をしていたり，インド政府が津波の被災者に総額21億ドルもの支援を行っていたりする。また，これら事例の明確な違いは災害の種類であり，地震，津波，そして洪水の災害事例が含まれているが，そのことに加えて，それぞれの被災地域の民族多様性も大きく異なっている[28]。21世紀初頭のタミル・ナードゥ州とニューオーリンズ，そして20世紀初頭の東京はすべて複数の民族グループと多くのマイノリティを抱えていたが，20世紀末の神戸はおそらく最も同質的であった。

　もっと言えば，それぞれの事例における都市の中でも，地区によって復興のスピードが異なる。例えば1920年代の東京では，被災後にいくつかの区では人口が急速に増加しているのに対して，その他の区では関東大震災によって退避

した人々の何割かは再びその地に戻ってくることはなかった。カトリーナ後のニューオーリンズでは，ビレッジ・デ・レストをはじめとする特定の地区では急速に復興が進んだのに対して，ロウワー・ナインス・ワードなど他の多くの地区の復興は停滞していた（Weil 2010）。インドの海岸線の村では，受け取りの基準を満たしているすべての家族が政府からの支援（支援金を含む）を受け取っているのに対して，別の地域では4分の1近い家族が受け取っていないところもあった。さらには，被害の大きさや学校教育年数，その他の交絡因子の条件を揃えて比較したときに，津波による被災者の中には他の人々の2倍近い支援金を受け取っている人もいた。本書では，これらのミクロレベルの視点から見たレジリエンスの差異を着手点として（Green 2009, 235），強固な社会的資源がいかにして被災後の復興を支えているのか（あるいは弱い結びつきがその妨げとなるのか）を解明したい。

7　各章の概要

　本書はまず，ソーシャル・キャピタルの資源について探究するところからスタートする。第2章では，どのようなソーシャル・キャピタルが信頼を作り出し，情報を伝播し，そして新しい協調行動と市民規範の形成を促進するかという議論を通じて，メカニズムを詳述する。本書で主に取り上げる4つの災害での調査結果に加えて，その他の様々なタイプの災害事例を参照することによって，ソーシャル・ネットワークがどのように危機後の復興に影響を与えるのかを示していく。また，ソーシャル・ネットワークが恩恵をもたらす正の効果と，一方で意図的にあるいは偶発的に起こる負の作用についても明らかにしたい。人々がお互いの強い絆を持ち，また政府やNGOの意思決定者とのつながりを有するコミュニティでは，社会的資源に乏しく，水平方向の強い関係しか持たないコミュニティに比べて，復興がより速く進んでいくことを示す。

　災害復興における必要不可欠な資源としてのソーシャル・キャピタルの可能性を明確にした後に，実際の災害後の状況下での役割を示す根拠について詳述する。第3章では，1923年に発生した，マグニチュード7.9，地震による揺れとそれに続く火災によって日本の首都の半分近くが完全に破壊された関東大震

災からの復興に焦点を当てる。東京都の警視庁が保存する詳細な地区レベルのデータを元にして，各地域の人口が被災後の10年間にどのように回復され，維持されたか，あるいは減少したのかを追跡する。東京都内の年間人口増加率は地域によって大きな差があり，一つの行政区では人口が半減しているのに対して，100％近くまで増加している区域もあった。震災後，40程度ある地区の大部分では，その人口増加率は0％のあたりで推移している。これが意味しているのは，新たな入植者を獲得できていないが，他の地域への人口流出もないということである。しかしながら，いくつかの行政区では調査対象となった復興期間にも堅調な人口増加を示している。自治体での選挙の投票率と（調査した2つの選挙が行われる直前に男性全員への選挙権の付与が行われた），1年間に行われた政治的デモ活動の回数という，地域レベルでのソーシャル・キャピタルを測定するこれら2つの指標が高い数値を示した地区では，人口増加率が高いという傾向があった。第3章ではまた，被災直後に起きた日本人以外のマイノリティへの暴行と殺害という出来事を通して，結束度の非常に高いソーシャル・キャピタル，ここでは結束型ソーシャル・キャピタルと呼ぶものがもたらした悲劇的な側面についても強調したい。

　第4章では，やはり日本で起きた震災である1995年の阪神・淡路大震災を取り上げる。この震災により，人口が密集する都市部で6,000人以上が犠牲となり，10万棟を超える建物が崩壊した。神戸市の9つすべての区の15年以上にわたる量的データと共に，2組の地区におけるケーススタディをもとに比較分析した結果を用いて，高い水準のソーシャル・キャピタルが，震災後の人口増加にどのような影響を与えたかを示す。ここでは，ソーシャル・キャピタルの指標として区ごとの人口当たりのNPO数を適用し，分析にあたっては，被害の大きさや社会経済的な資源，また人口密度や社会経済的な格差などの交絡因子をコントロール変数として用いている。予測通り，生活保護受給世帯の多い地域では人口回復が順調に進んでいないという結果が示された。繰り返しになるがソーシャル・キャピタルを表す指標は人口増加に統計的に有意な影響を与えているだけでなく，大きな影響を与えていることが示唆された。また，独自のコミュニティを支援する組織を作る試みを実施している区では，復興が他の区よりも順調に進んでいることがわかった。

第5章では，2004年のインド洋大津波における複数のデータを使用して，危機後に強固なソーシャル・キャピタルがもたらす正の便益と負の外部性の両方の影響を示す。この章は，保有するソーシャル・キャピタルに差のあるタミル・ナードゥ州の6つの村に関する質的調査による検証からスタートする。そのいくつかの村では，結束型と橋渡し型（互いの強い結束と外部の組織とのつながり）の両方のソーシャル・キャピタルを持つのに対して，結束型のソーシャル・キャピタルだけを持つ村や，その両方ともを十分に持たない村もあった。両方のタイプのネットワークを高い水準で持つ村では，ダリット（指定カースト民）や女性，また他のマイノリティを除けば，最も復興が早かった。次に，この地域の60の村に関する定量的分析を行い，津波による被災後により多くの支援を受けることになった地域では，どのような要因が影響したのかを明らかにした。3つの被説明変数（避難場所で過ごした日数，被災直後の支援物資を受け取る基準を満たした世帯数比率，被災支援金の4,000ルピーの受給資格のある世帯数比率）を使用して分析を行ったところ，支援を十分に受けられず復興を遅らせることになった最も影響の大きな説明変数となっているのはカーストであった。第5章の最後には，1,600人の津波の被災者から回答を得た大標本データによる分析を行い，結束型と橋渡し型のソーシャル・キャピタル（前者としては葬儀や結婚式などの地域行事への参加状況を，後者としては地域外の組織とのつながりの有無を測定）を豊富に持つ人々の方が，外部とのつながりを持たない人よりも，政府やNGOから多くの支援を受け取っていることが明らかになった。

第6章ではアメリカで最近起きた災害に目を向け，仮設住宅の設置にソーシャル・キャピタルがどのように影響したかについて動きを追った。2005年のハリケーン・カトリーナ後のニューオーリンズで，ZIPコード（郵便番号）単位地区でのFEMAのトレーラーハウスや仮設住宅の設置状況を調査した結果から示されたことは，強固なソーシャル・キャピタル（投票率で測定）を持つ地域では，彼らの目には「公共悪」として映るそれらの住居を，自分たちの住む地域から締め出すための働きかけに素早く動き出すということである。政策決定者は，これらの結束の強い地域にトレーラーハウスや低所得者向け住宅を置くのを避け，その地域住民を喜ばせている。その代わりに，FEMAとニューオーリンズ市にさらに多くの資源を使わせて，仮設住居が設置可能な場所を探

させるのである。端的に言えば，強固なソーシャル・キャピタルは，それを持ち結束したグループには恩恵をもたらすが，結束力の弱いネットワークの住民の住む地域にはありがたくない施設を押し付けるのである。

最終章となる第7章では，将来の災害復興のための政策提言と，本書で用いた理論やデータを実際の場面に適用するための具体例を示す。4つの大災害に関する調査結果を活用し，ソーシャル・キャピタルが地域の自助努力と外部からの介入の両方によって作られるという実地調査で得られた新しい根拠を土台として，レジリエンスを高め，将来の災害被害を軽減する一連の政策ツールを提供する。災害による被害を軽減するための最も効果的な方法であり，そしておそらく最も費用のかからない方法は，社会的弱者である人々同士の間により強い絆を作ることである。第2章では，レジリエンスを築き上げることを目標にして，ソーシャル・キャピタルの資源について考えてみたい。

注
(1) 「集合効力感」という言葉を使い，Alesch et al.（2009, 50）は災害復興における住民動員，協働，集合行動の重要性を指摘している。
(2) 保険に関して地区レベルで得られる一貫したデータが欠落しているため，本書は復興における民間保険の役割を検証していない。しかし，本書で取り上げた4つの災害に関する利用可能な情報から示されていることは，多くの被災者がそもそも保険を持っておらず，保険そのものが復興における重大な推進力として機能していないということである。例えば阪神・淡路大震災では，「神戸地域の財産の3％だけしか地震保険でカバーされていなかった。」（Edgington 2010, 10）アメリカでは，市場をベースとした復興アプローチによって，個人々が民間保険から個人的に補償を受けると政府当局は想定している。しかし，ロウワー・ナインス・ワード地区のたった3分の1の家庭が全米洪水保険制度による補償を受けたと指摘する研究もあれば（Bates and Green 2009），ハリケーン・カトリーナによって影響を受けた半数以下の家屋が全米洪水保険による補償を受けたと研究者は推計している（Taylor 2006, 26）。他の調査研究は，ルイジアナ州のかなり多くの人々が保険に未加入であったことを示している（New Orleans Health Disparities Initiative 2007, 2）。概して，北アメリカの住宅所有者たちは似通ったリスク戦略を示している。洪水保険加入が法律に定められているのにもかかわらず，1998年のバーモントでの洪水で被災した1,500名以上の中で，洪水地域の80％以上の住宅所有者が保険に加入しておらず（Kunreuther 2010, 243），それは氾濫原に住む西バージニアの住宅所有者のうちの保険未加入者比率の水準と似ている（*State Journal*, 18 June 2009）。

タミル・ナードゥ州の沿岸にある村のインド人居住者のほとんどが，ボートや網，家に保険をかけていなかった（著者のインタビュー調査より，2008年）。費用対効果が高く損失低減となる方策の適用が欠落していることを自然災害症候群と呼ぶ人もある（Kunreuther 2007）。危機を体験した後で，災害の被災者がリスク低減策を怠ることが，経験的に立証されている（Lin et al. 2008）。

(3) Albala-Bertand（2000）は，市民暴動や内戦のような「複雑な人道的緊急事態」と自然災害を区別し，複雑な緊急事態の影響は主として組織的で内因的である一方，自然災害については確率的で一部内因的であると主張する。

(4) 「ニューオーリンズの沈滞が人為による大災害である」という多くの指摘がある（Brinkley 2007, 426）。

(5) Dacy and Kunreutherによる最新の研究については，Okuyama（2003）を参照のこと。

(6) ドイツの首相Angela Merkelがこの災害を産業世界の歴史におけるターニングポイントであると呼んだが（*Economist*, 15 March 2011），その一方でチェルノブイリ以来最悪の事態であるとする考察もある（*ABC News*, 15 March 2011）。

(7) インド洋大津波の後のタミル・ナードゥ州の村人に関する研究では，女性が男性よりも心的外傷後ストレス障害にかかりやすいことを示している（Kumar et al. 2007）。ソーシャル・キャピタルが災害後ストレスに関連するかについての研究はWeil et al.（2006），災害復興の心理的視点は，Golec（1980），Silberbauer（2003），Capewell（2004），そしてKilmer et al.（2009）を参照のこと。

(8) 高島・林（1999）が1995年の阪神・淡路大震災後の復興度合いを測るために電力消費を用いているように，おそらく多岐にわたるアプローチによって読み取ることができる。研究者たちは復興の指針について一般化することの困難さについて警鐘を鳴らしている（Bates and Peacock 1989）。

(9) Peacock and Ragsdale（2000, 25）は，災害地域の地元団体が「日常のルーティンを実行するためにソーシャル・ネットワークを構築しようと試みる」ときにコミュニティの復興は起こると指摘する。同じように，他の研究者たちは「災害と混乱は単独の出来事ではなく，徐々に展開するプロセスである」と強調している（Elliott et al. 2010, 628）。

(10) 大規模災害前の状態を復活させるのは難しく，Alesch et al.（2009, 36）は，新しい文脈においてコミュニティを機能させる社会的，政治的，そして経済的なプロセス，また体制および関係性をコミュニティが修復し発展させるときにコミュニティの復興が生じると定義している。

(11) UNISDR（2005, 4n7）は，レジリエンスを「機能や構造の受容できる水準に達し，それを維持するために順応し，変化する，ハザードにさらされる可能性の高いシステム，コミュニティ，社会の能力」と定義している。これは将来のよりよい防災のために過去の災害から学ぶ能力を高め，リスク削減の方策を改善させるために社会

システムがそれをどれくらい実行できる能力を有するかによって決定付けられる。
⑿　FEMAへのさらなる批判は，Perrow（2007, chap. 3 and 4）参照。Brinkley（2007）はFEMAに厳しい言葉を向け，また当時のニューオーリンズ市長であるRay Naginを批判している。他の研究者は，公的扶助のプログラムのもと修復費を支払うFEMAのプロセスの欠陥を挙げている（Eaton 2007b）。
⒀　日本政府は，仮設住宅の経験から学び，中越地震が2004年に新潟県を襲ったとき，近隣住民は無作為に移住させられずに，コミュニティ単位で仮設住宅に集められた（Sawada, pers. comm., 25 March 2010）。
⒁　連邦政府の災害プログラムの詳細な全体像は，Syzerhans（2006）を参照のこと。
⒂　類似の外国援助の量的研究は，受益者の所得増加を改善させるこのような金銭的支援の非常に限られた状況を明らかにし（Burnside and Dollar 2000），のちの経済学的研究は実際の進歩に関して見つけられた証拠はわずかであった（Roodman 2007）。
⒃　専門家によれば，インドの農村地域で農業に携わる少女に提供される平均の教育期間はたった2年である（Ramakumar 2008）。
⒄　タミル・ナードゥの漁村へのモーター化した漁船の初期の導入による困難についての議論はBavinck（1997）参照のこと。津波の後，漁船数が倍になり，人手不足やその産業に従事する父親たちを手伝うため子どもが学校に行けない集落がみられた。漁船の過支給に伴う問題を知るには，Daniel（2005）を参照のこと。
⒅　Jane Jacobsは彼女の古典的な研究の中で似たような議論を行っており，都市開発のために支出された何十億ドルが街を再建せず，逆に破壊していると指摘している（Jacobs [1961] 1992, 4）。
⒆　手ごろな価格の住宅の必要性に関する比較展望については，Daniels and Steinberg（2006）を参照のこと。
⒇　Putnam（2000, 136）が指摘したように，一人の他人を信頼するだけでは，コミュニティや社会で相互依存の一般化した期待を構築し，より広い社会的行動に影響を与えるためには十分でない。むしろ，住民はまったく知らない他人を信頼することができるより広い能力を持たなければならない。この規範はコミュニティレベルで広がったときに特に有効である。
㉑　阪神・淡路大震災後の再建に関する最新の研究では，「地域コミュニティの姿勢と政府との関係」が強調されている（Edgington 2010, 22）。
㉒　社会科学の研究者は，ソーシャル・キャピタルのような概念においては測定の問題は常に起こることであると認識している。また，私は全ての読者がここで使っている指標が信頼という規範や情報の交換を正確に捉えていると確信することはないと理解している。大衆動員やトランスローカルNGOとのつながり，投票率などの私が用いているコミュニティや個人の代理指標は過去の研究者らに信頼され用いられてきたものの，他の専門家たちはその解釈に反対するかもしれない。しかし，

ソーシャル・キャピタルの異なる指標を採用した量的分析でも，密につながったコミュニティは災害後より効果的に復興すると示している。測定に関しては第2章で再度述べる。

⑵ カトリーナ後のニューオーリンズに関する一つの調査研究は，人々が他のところに居住するためBig Easyを出た理由を次のように説明した。「古くからの家はなくなってしまった。近所もからっぽだ。友人も行方不明だ」（Nossiter 2007)。インタビューの中で，日本人のコミュニティオーガナイザーが「人々は近所の人と関係を維持したいからダメージを受けた地域に戻った」と説明する（著者のインタビューより，2008年2月15日)。

⑷ これは高い水準のソーシャル・キャピタルから利益を受ける強く結びついた個人や集団に存在する「合成の誤謬」（Fafchamps 2006）に関する経済学的議論に似ているが，他の集団や社会全体はそうではない。この状態を「個人的利益，社会的非生産」と呼ぶこともある（Sawada, pers. comm., 25 March 2010)。

⒂ Kruks-Wisner (2011) はこれらの慣習を「伝統的な村議会」と呼ぶ。

⒃ 災害後の市民の期待についての議論は，Chamlee-Wright and Storr (2010) を参照のこと。

⒄ 「日本中どこでも同じであるが，阪神・淡路大震災のときは，全般的に世帯に対する災害後の復興を補償する制度がなかった」（Edgington 2010, 214)。日本では，災害対策基本法および災害救助法の2つの法律が生存者に関係する最初のものである。どちらも個人資産の損失に対しての補償はしていない。神戸での地震の3年後の1998年，政府は被災者生活再建支援法を可決し，2004年に同法をさらに改正した。この法律が災害の犠牲者を補償する基金を創設した一方で，初期の被災者へは遡及して支払われなかった（Sawada et al. 2008)。

⒅ Putnamは近隣における大きな多様性は，少ない協力と信頼を示すものであると議論している（Putnam 2007)。

第2章 ソーシャル・キャピタル
——二面性を持つ復興資源

　2010年1月12日の夕方,時計の針がちょうど5時を指そうとした頃,マグニチュード7.0の地震がハイチを襲い,首都ポルトープランスおよび周辺地域の家屋や商業ビル,そして病院を倒壊させた (Taft-Morales and Margesson 2010)。この地震による被害額は80億ドル以上に達するとみられ (Cavallo et al. 2010a),被災から1年が経過してもなお100万人以上の人々がテント生活を強いられた。30万人以上が犠牲となるほどの壊滅的な被害をもたらしたこの地震の直後には,商業活動や生産活動が停止状態となるだけでなく,刑務所から受刑者が逃げ出している。そのような中,地域の住民たちは自発的に治安対策の集会を立ち上げて,就寝中の地域住民の安全を見守り,人々の持ち物が窃盗にあうのを防いでいた。

　首都郊外のルー・クレルヴューとペシオンヴィルの街中の通りでは,被災者のために簡単に調理された食事が用意され,人々は世間話をしたり歌を歌ったりしながら時間を過ごしていた (Burnett 2010)。被災から間もない厳しい状況下で,余震が続く中にあっても,多くの人々が地域の中で互いに結束し,協力し合って生活していた。国際援助による物資の到着は不定期で途切れることもあり,仮に食料を分かち合うことがなければ何日も食べ物を口にできない人が出てしまうことから,食料を分け合うことが被災者にとって強い規範となっていた。ポルトープランス市内の各地区では,被災者のために仮設の炊き出し場が設けられたり,地震で家を失った被災者のために多くの人が自宅の空き部屋や食事を提供したりしていた (Cave 2010)。ハイチの地震後に自発的にできあがった地域ネットワークに関して行われた調査からは,信頼,仲間内の規範,そして相互関係の各水準が対応に要する時間や成果の良し悪しへ影響を与えることが示されている (Nolte and Boenigk 2011)。しかしながら,このような生存や復興に向けて協力することへの強い意識が,法律や震災後に共有された規範を破った人に対して厳しい結末をもたらすこともある。この問題の深刻さが伺

える一つの残酷な例としては，窃盗を働いた者に対して群衆が襲いかかって殴り殺した上に，世界中から集まっていたテレビカメラやメディア関係者の目の前を引きずって運んで行くという事件があった（*Daily Mail*, 17 January 2010）。大災害下の被災者たちを結ぶ社会的結束は，法律や規範を破った人を復興の輪から除外したり，従わない人々を罰したりするなど，ときに社会全体の復興の障壁となる。

　本章では，ガバナンス，経済成長，開発，そして特に強調したい災害復興において不可欠の要素であるソーシャル・キャピタルについて詳述する。最初に，学問上の経緯を参照しながらこの用語を定義し，ソーシャル・キャピタルがどのように政策アウトカムに影響しうるかについて明確な説明を行いたい。その後に，曖昧で捉えにくいこの概念をどのように測定するかについて検討し，ソーシャル・キャピタルが正と負の両面の影響を及ぼすものであることを立証する。そして最後に，災害復興におけるソーシャル・キャピタルの果たす役割について議論し，本章をまとめることにする。

　私たちの多くは，自分の周りに知人のネットワークが存在していることを認識しているし，自分の日々の生活に強い影響を与えているのが誰であるかを知っている。本来ならば個人的な事柄であっても，一旦その詳細が外に出ればあっという間にネットワークを駆け巡り，自分の決断へと影響を与えることになる。不動産取引における新しい物件の情報は，公開される前に関係する限られた友人の輪の中で共有されるかもしれないし（Pittman 2008），不動産業者は最新のIT技術を駆使して顧客の裾野を広げ，購入の可能性のありそうな潜在的顧客に辿り着くかもしれない（Wigand et al. 2001）。求職活動は通常，仲間との間でやり取りされる企業リストや知人から送られてくる電子メールなど，知人間のインフォーマルな情報交換からスタートすることが多い。就職や購買行動に限らず，健康的な食生活，トレーニングジムへ行くかどうかの判断，もっと広い観点では幸福感や生活満足度といったことまでが，もっぱら個人の意思決定だけというよりも，友人や知人の判断によっても影響されている。もし，ある人の友人の体重が増加したときには，その人も太る可能性が高まり（Christakis and Fowler 2007），もし，あなたの友人が選挙投票日に投票に行ったとしたなら，あなたもやはり投票に行く可能性が高い（Liu et al. 2009）という

研究結果もある。新たなワクチン治療プログラムの導入を準備する担当者は，ワクチン接種を受けに来る人々に最近接触した周りの人について尋ねて，感染を媒介している可能性のある人を見つけ，その人々にもワクチン接種をしたいと考えるであろう（Curtis et al. 2010）。

　何人かが集団となって働きかけた方が，1人で働きかけるよりも大きな影響を与えるということは直感的に理解できるであろう。例えば，政治家に手紙を書いて世の中を変えようとするのと，異議を伝えたい組織の建物の前に行って大勢で抗議活動をするのでは大きな違いがある。日本では，反対意見が多くてどこも引き受けたがらないような施設の候補地を検討する際，地元の結束が強く，強い抵抗が予測される町村が選ばれる可能性は低い（Aldrich 2008b）。フィジーの農村部では，非公式的なリスクシェアリングが浸透しており，儀礼での物品の贈与や信用貸し付け，互助のための寄付，荷物の運搬など，地域の人々が病気や災害から立ち直るのを互いに助け合っている（Takasaki 2010）。私たちは，PTAやボウリング同好会，社交クラブ，教会，党員集会，市民団体などでの活動を通じて，親睦のためや共通の目的のために仲間や知人と交流している（Putnam 2000）。また，MySpaceやFacebook，Plaxo，LinkedIn，そしてTwitterのようなソーシャル・ネットワーキング・サービス（SNS）が提供する技術によって，同じような関心を持つ個人が互いにそれらを共有したり，気に入った本や映画の購入を勧めたり，興味を持つかもしれない情報を紹介したりすることができる（*Economist*, 28 January 2010）。社会科学の分野では，過去20年以上に渡って人々のつながりによるこれらのネットワーク，すなわち「ソーシャル・キャピタル」をこれまでよりも真剣に捉えて研究するようになってきた。Stiglitz（2000, 59）はソーシャル・キャピタルを「研究の歴史の浅い，しかしもう既に混乱を招いている概念」と論じ，Kumar（1993, 376）は「複雑で込み入った歴史」があると指摘している。しかしながら，200年近くにも及ぶソーシャル・キャピタルの研究の歴史の中でいくつかのテーマについて明らかにされてきたこともあり，それらは災害後の状況を分析するツールとして利用価値が大きいことを強調している。

1　ソーシャル・キャピタル研究の歴史の概略

　19世紀の初め頃から学者らは，ソーシャル・ネットワークや人々の集団，互酬性や信頼という規範が，政治的成果や経済的成果とどのように関連するかという点に注目してきた。その中で，Alexis de Tocquevilleが初期の研究者として挙げられる。彼はフランスの哲学者であり，政治家であり，そして作家でもあった。1831年と1832年に2回アメリカに渡っており，1835年に出版された紀行の第1巻である*Democracy in America*の中で，その若い国の持てる情熱と，市民の「恒久的な形でのアソシエーション」を称賛した。やがて古典として学生や歴代大統領にも読まれ，ソーシャル・キャピタルの研究者から数多く引用されるようになった著書（第1巻と第2巻）の中で，彼は協力して活動するアメリカ市民が集団になることによって，多数派による暴政の可能性を低め，意思決定者がおかしな政策を実行しようとするのを防ぐことができると評価している（Tocqueville［1835］2000, 183）。現代の社会科学の研究者たちは，これらの集団のことをボランタリー・アソシエーションと呼ぶ。同一の関心を持つ人々からなる集団は，共有された価値観と目標の達成に専念する。Tocquevilleはまた，協力して活動する人々がもつネットワークの重要性についても理解しており，同じ本の中で，「もし彼らが互いに気兼ねなく助け合うということを学ばなければ，全員が無気力な状態となってしまうだろう」と警告している（490）。社会科学分野での彼の功績は大きいが，最も重要なのは，200年も前に1人の研究者が人間の本質を熱心に観察し続けた結果，集団として活動する個人はより効果的に目標を達成でき，また全体としてのガバナンスに対してより優れた政策的成果を上げるということを理解していたことである。

　「ソーシャル・キャピタル」という言葉を最初に使った研究者の一人に，今から50年以上も前，ウエストバージニアの学校で校長を務めていたLyda J. Hanifanがいる。1916年，彼はそれを「人々の日々の生活の中で最も価値が認められる疑いのないものであり，それはすなわち，思いやり，親交，共感であり，そして社会の1つの構成単位を形成する個人や家族間における社会的な関わり合いである」と表現した（Woolcock and Narayan 2000, 228；Farr 2004）。

Hanifanの記述は，親族間の絆と緊密な友人関係に焦点を絞ったものであり，これらの関係性を資本の形態として捉えることのできるものと認識している。つまりここで言う資本とは，凝集させることができるものである一方で散り散りになることもできるものであり，日々の生活の中で使われる何かしらのものとされている。特にウエストバージニアの田舎町という，自治体の行政施設からも遠く離れた環境にあっては，友人や家族，そして近隣住民とのつながりが，単に物的な資源ではなしえない，地域社会の生活水準の向上に寄与していたのであろう。しかし，その後の社会学の研究で，ちょっとした知り合いという程度のつながりでさえも，情報や資源の入手経路としての機能を発揮することが強く示唆されてきている。

　Granovetter（1973）による人々の間の弱いつながりに関する研究は，専門職や管理職，また技術職への転職に対して新しい洞察となる情報が，毎日どころか定期的にすら会わないような人との関係，すなわち「弱い紐帯」を通じて伝わってくることが多いことを強調している。Hanifanが指摘するような，親族や家族，友人との緊密なつながりに注目するよりも，Mark Granovetterは，むしろ時々かつインフォーマルなつながりこそが，異なる種類の人たちとのつながりをもたらすことを強調している。人々は互いによく知り合えていない同僚よりも，仲の良い友人と多く連絡をとる傾向があるが，その緊密な関係の間ではいつも同じような情報ばかりが交わされる。新しい観点や資源を与えてくれるという面では，仲間同士のグループの外側にいる人々の方が適していると言える。彼の弱い紐帯に関する研究は（彼はそれを「理論のほんの一端」と称しているが），後にソーシャル・ネットワーク分析として知られるようになる新しい分野の研究を活気づけることになった（概要はBreiger 2004参照）。

　1980年代の半ばには，ソーシャル・キャピタルや市民の社会参加への規範を取り上げた書籍や論文が発表されている。Bellah et al.（1985, vii）は，彼らのベストセラー書籍である*Habits of the Heart*の研究ルーツをTocquevilleまで辿って取り上げて，個人とコミュニティとの間のバランスと，「市民の公領域への参加と不参加のあり方」を研究の焦点とした。彼らはアメリカ国内全域から200名の白人・中間所得者層へインタビューを行い，人々が物質的な面での成功を感じている一方で，感情面や精神面で不満を感じているという調査結果

を得ている。このことを踏まえて，非常に多くのアメリカ人が「共通の価値よりも，個人や集団，または国家としての自分たちの価値を優先している」と主張している (285)。そして，それに対する一つの方策は，「絶え間ない競争や不安からの自己防衛よりも仲間意識を醸成するような市民的な友好関係の方が望ましい」ということを認識することとしている (295)。また，Bellahと彼の研究チームは，個人の社会的地位向上こそが成功の最も適切な尺度とされた時代においても，集産主義や集団活動の重要性を強調している。また，同様の考え方は1990年代のRobert Putnamの研究の中でも取り上げられている。

　Pierre Bourdieuの1986年の論文である"Forms of Capital"では，先行研究で議論された数多くの論点を取り上げている。Bourdieuは，子供たちの間に学業成績の差を作る要因について，彼が言うところのソーシャル・キャピタルという世代間で受け継がれる資源が教育効果を増幅する可能性を論じている。また，グループの一員であるということが，メンバー間のやり取りにおいて必要となる正当性と「信任」を与えると考えている。つまり，人々がよく知る仲間と交友を深めようとするのは，彼らを信任でき，かつ正当性をもつからであるという。Bourdieuは，個々人が持つソーシャル・キャピタルの量は社会秩序におけるその個人の位置づけ（軍や官僚の階級や，家系，支配階級の一員であるかどうかなど）に依存すると見ている。彼はまた，富が社会的な成功と名声に重要な役割を持つことから，ソーシャル・キャピタルそのものも経済資本によって影響を受けると確信している (DeFilippis 2001)。すなわちBourdieuのソーシャル・キャピタルへの見解は，すでに名声と財産を手にしている人々が他のエリートと結びつくことを通して社会を占有し続けるため，逆にそれを持たない人々がそこに「割って入る」チャンスはほぼ皆無である社会を表現したものであると言える (Field 2003)。

　James Colemanの1988年の論文でも似たような議論がなされており，金融資本，物的資本，人的資本，そしてソーシャル・キャピタル（社会関係資本）の類似性が挙げられている。彼はソーシャル・キャピタルを多様なものの本質として捉えて，「それは社会構造の何らかの側面から構成される。（中略）かつその社会構造内のアクター（それが人であっても組織であっても）の特定の行動を促進する」ものとして定義した (1988, S98)。またColemanはこの概念を表現す

るために，ダイヤモンドの仲買業者がともすれば盗まれたり偽物とすり替えられたりする可能性もある中で，互いを信頼し合って数万ドルもするような商品の取引を行っているという事例を挙げている。ブルックリンにある正統派ユダヤ教施設周辺のコミュニティでは，「こうしたつながりの強さが取引を可能にしており，そこでは互いに信頼できることが当然であり，容易に商売を行いうる」(S99)。また将来的な取引への期待が，仮にこうした状況を理解しないことはリスクを伴う行動であるとして，そのような行動を抑制するとされる。BourdieuとColemanの2人がソーシャル・キャピタルと他の形態の資本（金融資本や人的資本などの）との間の強い類似性を指摘する一方で，Arrow (1999, 4) は，他の形態の資本が有している，認知された経済的特質を欠いたものに対して資本という言葉を当てはめるのは適切でないと考え，ソーシャル・キャピタルという用語を用いることを止めるように主張している。Fine (2001) も，すべての形態の資本は，例えば金融資本や人的資本でさえ，元来社会的（ソーシャル）なものであるとし，この言葉を批判している。

　このような警鐘が鳴らされても，Putnamが1993年に出版した*Making Democracy Work*という1冊の書籍によって，ソーシャル・キャピタルという概念は普及し続けている。Putnamは，イタリアの北部と南部で，なぜガバナンス構造の質に違いが生じ，経済発展の水準に差ができてしまったのかを説明しようとした。彼の実証的な分析によって得られた結果によると，イタリア北部が「強い力を持ち，迅速に対応できる有能な政府」を持っていたのに対して (Putnam 1993, 6)，南部はうまく機能していない政府を抱えていた。なぜこれら2つの地方の政府の間に測定可能なほどの違いが生じてしまったのかを解明するために，Putnamは「市民的美徳」に着目した。これはTocquevilleの考え方にまで遡るものであり，個人を超えたより広い市民的な意識を伴った自己利益といった考え方である。この考え方に基づけば，理想的には個人は地域および国家の一員としての義務を果たしながら，同時に自分自身の目標に向かって前進するということになる (88)。Putnamは現在のイタリアの市民社会の起源を西暦1100年頃の中世の社会に見出している。北部では社会の互恵的な規範が早くから発展しており，それが政府のリーダーシップやガバナンス構造によってさらに強められていたのに対して，南部では日和見主義的な規範と信頼関係

の欠如が蔓延していたと主張している。例えば，12世紀にすでに協同組合や互助組合，ギルド（同業者組合）が存在していた地域は，19世紀には相互扶助の社会や文化組織を持ち，20世紀に入ると高い水準の市民の社会参加を達成している（162）。Putnamはソーシャル・キャピタルについての自らの定義をさらに前進させて，ソーシャル・キャピタルとは「人々の協調行動を促進することによって社会の効率性を高めることができる信頼，規範，そしてネットワーク」であると主張している（167）。

　Putnamの定義にはソーシャル・キャピタルの3つの側面が含まれている。それは，信頼（同じ社会にいる周りの人々が将来どう行動するのかについての予見），規範（取引や日常生活のルールとなるインフォーマルな規律），そしてネットワーク（個人間のつながり）である。信頼とネットワークが規範の源泉となっているように，研究者らはこの定義の各側面の間に因果関係があると考え，この概念をもっと限定して定義しようとする取り組みも行っている。Putnamはイタリアの市民文化に関する書籍の出版に引き続いて，アメリカ社会におけるソーシャル・キャピタルの衰退をテーマにした"Bowling Alone"というタイトルの論文を1995年に，また同じタイトルの書籍を2000年に発表している。Putnamはこの本の中で，アメリカ国内では各種団体の参加人数や地域活動への参加状況，社会の人々への信頼度といったソーシャル・キャピタルを表す指標を調査した結果，それらが低下していることを指摘している。またその原因として，世代交代，女性の社会進出，テレビやインターネットへの依存の増大，郊外への人口の広がり，など様々な項目を挙げている。彼の研究に対する批判が数多くの研究者からなされているのは事実であるが（Foley and Edwards 1996；Tarrow 1996；Jackman and Miller 1998；DeFilippis 2001；Sobel 2002；McLaren and Baird 2006；Portes and Vickstrom 2011），それでもこのテーマにおいて最もよく知られる研究であり，多くの人に読まれている研究である。

　ソーシャル・キャピタルの研究が盛んに行われるようになって以降，グループ内のメンバー間でやり取りされる評判や情報といったデータで構成されるものがソーシャル・キャピタルであるのか，それとも人々の間の関係やつながりであるネットワークそれ自体のことを指しているのか，という疑問を解明することに研究者の関心が集まった。Szreter and Woolcock（2004, 654）は

Putnamらの研究に基づき，ソーシャル・キャピタルを情報や資源が伝達される「導線（ワイヤー）」と定義し，人と人をつなぐネットワークや関係こそが中心的な構成要素であるとした。他方で，別の研究者はソーシャル・キャピタルをその導線を流れる「電流」と捉えて，そこを行き来する情報や資源こそがソーシャル・キャピタルであると考えた。例えば，Lin（2008, 51）はソーシャル・キャピタルを「個人のネットワークに組み込まれた資源であり，ネットワークのつながりを通じて入手したり伝達したりすることのできる資源である」と定義しており，後者の分類に位置づけられる。Linは社会の関係性を3つの層に分けており，個人間のやり取りが最も少ない関係性を最上層とし，メンバーシップとアイデンティティをそこに含めている。また，中間層は共有された情報と資源によって成り立ち，最下層は活発な関わり合いと互酬性によって構成されるとしている（2008, 59）。Szreter and Woolcock（2004, 655）は，「仮にソーシャル・キャピタルとは個人のもつ特性ではないにせよ，個人の関係から生じる特性であって，そうした個人間の非具象的な社会文化的空間を占めているものである」としている。

また，ソーシャル・キャピタルの定義を過去の基礎的研究に関連させて検討しているものもある。例えば，Robisonらは，1916年のHanifanの評論にまで遡り，ソーシャル・キャピタルを「個人や集団が他の人々や集団に対してもつ共感として，単なる1回限りの交換関係で得られると期待できる以上の優遇的な扱いや優位性，または潜在的な恩恵を生み出しうる」ものと定義している（Robison et al. 2002）。Krishna（2008, 442）は，Putnamの考え方を基礎として，「Putnamの言うように，コミュニティ単位でのソーシャル・キャピタルは，互恵的かつ集合的な活動へと働く傾向を持つ資産としてみなされ，その水準はコミュニティごとに異なる」と明確に主張している。Woolcock and Narayan（2000, 226）は，「ソーシャル・キャピタルとは人々の集合的な活動を可能とさせる規範とネットワークである」とし，Putnamの3つの概念のうち信頼を除外した。

Putnamや他の研究者がソーシャル・キャピタルを政府の意思決定者へ影響を与える1つの要素として捉えているが，その一方で多くの研究者は，そもそもソーシャル・キャピタルを政府機関やフォーマルな機関と密接な結びつきを

持ったものとして捉えている。例えばMaloney et al. (2000) は，イギリスのバーミンガムでの調査データを用いた分析から，政府機関が団体活動の下地やソーシャル・キャピタルの醸成に影響を与えることを主張している。同様にRahn and Rudolph (2005) は，市の行政機関のような市レベルの要素が地方政府の信頼性の水準に影響を与えるとしている。Schneider et al. (1997) は，学校などの地域の公共財を供給する行政機関が，子供たちの親のソーシャル・キャピタルを増加させるインセンティブを作り出しうると主張している。またSmall (2009, 122) は，ソーシャル・キャピタルの「制度に埋め込まれた」側面を取り上げ，デイケアなどの施設が，たとえそれが貧しい地域に立地していたとしても，感情面や情報面でのサポート，物的な支援，そして仲間意識といったものを施設利用者に提供すると主張している。つまり，子供を地域の幼稚園や遊び仲間のところへ連れて行くだけでも，保護者は新しいつながりや必要な情報を得ることができると言える。

　ソーシャル・キャピタルに関する数多くの研究を整理する有用な方法として，Woolcock and Narayan (2000) によるコミュニタリアン的視点，ネットワーク的視点，制度的視点，そして共同作用的視点という分類を使用することが挙げられる。例えばPutnam (1993, 1995, 2000) やTocqueville ([1835] 2000)，そしてBellah et al. (1985) のようなコミュニタリアン的な視点は，水平的な連携や市民グループに焦点を当てたものであり，公領域への市民の関与を支持している。Granovetter (1973) やLin (2008)，Siegel (2009) の研究に見られるようなネットワーク的視点は，社会の関係性を水平的側面や垂直的側面に焦点を当てている。制度的視点においては，地域のネットワークを形成する政府組織や民間組織に焦点が当たっており，Szreter (2002) やMaloney et al. (2000)，Newton (2001)，Rahn and Rudolph (2005)，Small (2009) の研究にこの視点を見出すことができる。共同作用的視点は，Woolcock and Narayan (2000) やBirner and Wittmer (2003) の研究で採用されている。この視点では，経済発展には政府と市民社会との協力が必要であるという考え方を前提として，その2つの部門を橋渡しするつながりの必要性が認識されている。

　コミュニタリアン的，ネットワーク的，制度的，そして共同作用的という視点の違いを超えて描かれるものとして，結束型，橋渡し型，そして連結型の

ソーシャル・キャピタルという3つの形がある。ウエストバージニア州のアパラチア一帯で起こった洪水の被害調査として行われた被災者への聞き取り調査の中に，とても印象的なものがある（Erikson 1976, 187-188）。彼がその地域の住人に各人の「隣人」についての定義を尋ねたところ，住人の一人は「隣人が何かだって（中略）まあ，私が土曜か日曜に近所の家に行ったとして，そのときにコーヒーを飲みたいと思ったらその家の奥さんが尋ねてくれるまで待ったりしない。自分の家にいるときと同じように台所に行ってコーヒーかジュースを持ってくるだけの話だよ。逆に彼らが私の家に来たときには，やはり全く同じことをする。わかるかな（後略）」と答えたという。社会における微妙な問題を飛び越えてしまう，コミュニティのメンバー内あるいはメンバー間のまるで同じ家族のような結束は，「結束型ソーシャル・キャピタル」という言葉に集約できる。このような関係性を，過度に親密な関係が当然のこととされ，ある程度のプライバシーが損なわれてもやむを得ないという考え方を含む，押しつけがましい「前近代的な」関係と考える人も多いであろう。この結束型ソーシャル・キャピタルは，Putnam（2000, 22）が同質的な人々の間において「特定の互酬性を補強して連帯を生むもの」として捉え，Woolcock（2002, 26）はこれを「家族や親しい友人，近隣住人」との間の関係と定義している。このネットワークの形においては，互いによく似た考え方を持っていて，ときには歩いていけるほどの距離に住んでいるような，個人間の水平的な結びつきが中心となる。結束型ソーシャル・キャピタルは，本書の中で取り上げる災害復興の事例にも見られるように，ときに負の影響を及ぼすことがある。例えば特定のグループや民族，あるいは国家への強い帰属意識は，そこに属さない人々に対する無関心や，ときに敵対心さえも生むことがある。また所属グループにおける同一性に対して強い意識を持つ人々は，国家主義や愛国主義へと傾倒したり，外国人嫌いになってしまったりする可能性すらある（アフリカでのこれら力に関する文献レビューについてはKohnert 2009参照）。自分の所属グループへ強いつながりを感じている人たちは，そこに属さないアウトグループの人々を社会の端に追いやり孤立させてしまうことがあり，ときにはそれが暴力へと発展することもある。

　さらに，結束型ソーシャル・キャピタルそれ自体は，社会的問題や経済的問

題に対する万能薬となりえない。Szreter（2002, 577）は，貧困層におけるソーシャル・キャピタルが「結束型ソーシャル・キャピタルという形でしか存在しない」と主張する。仮にそうであるならば，彼らは一体何を持たないのであろうか。その答えとして，Ohlemacher（1996）が説明する「社会の中継者」として活動する人々の存在がある。彼らは複数の集団とのつながりをもち，またそのつながりでの交流があるため，つながりを持たない集団間の橋渡し役や連結役としての役割を果たすことができる。(1) つまり，これらの人々はソーシャル・キャピタルの他の2つの形において重大な働きをする。

その一つである「橋渡し型ソーシャル・キャピタル」は，民族や人種，宗教といった垣根を越えて，ある集団やネットワークのメンバーとその外部にあるネットワークに属するメンバーとの間に関係を築く。結束型ソーシャル・キャピタルが家族や近隣住民の協力を促進するのに対して，橋渡し型ソーシャル・キャピタルは「外部の資源とのつながり」を有することによって，「より広範囲にわたるアイデンティティ」を生むとされる（Putnam 2000, 23）。活動や組織の間の橋渡しを行うことによって，異なる地域の人々や異なるアイデンティティをもつ人々，また異なる言語を使う人々を結び付けることができる（Schuller et al. 2000）。Varshney（2001）のインドの民族紛争に関する研究によると，1950年から1995年の間に起きたヒンズーとイスラムの両教徒間の民族紛争の発生頻度は，民族間を越えた団体を持つ村において最も低かった。またVarshneyは，ビジネス協会や貿易協会連盟，平和委員会，読書室での集いなど，イスラムとヒンズーの両方の民族が参加する集団の存在が暴動発生の抑止力になっていると主張している（アフリカ研究で明らかにされているもっと理解しがたい結果についてはBhavnani and Backer 2007参照）。1992年から1993年にかけてムンバイで発生した暴動では1,000人以上の人々が殺害された。その後，多くの人々が「平和委員会」や「地域委員会」に参加して他のメンバーとの意見交換を頻繁に行うようになった。人々はそれらの活動を通して，将来的な緊張状態を和らげる方法を模索しているのである（Kaur 2003）。またこれらの活動を行うグループは，月例の会合を通じて悪い影響を与えるような噂や緊張を一掃したり，普段ほとんど顔を合わすことのない民族グループや個人との対話を絶やさないようにしたりするなど，前向きに活動へ取り組んでいる（Thakkar

2004)。シンガポールでは，特定の民族へと公営住宅を割り当てることが義務づけられており，政府が地域ごとに一定の比率を指定している。つまり，政府が社会のつながりを形成することに介入しているのである (Simon Avenell, pers. Comm., March 2008)。このようなネットワークや生活空間は，橋渡し型ソーシャル・キャピタルの典型であると言えるであろう。

　ソーシャル・キャピタルの3つ目の形態は「連結型ソーシャル・キャピタル」である。これは，「社会における明確な権力や形式的な権力，また制度的な権力，もしくは権威勾配を超えて交流する人々の間の信頼関係によるネットワーク」によって成り立っている (Szreter and Woolcock 2004, 655)。結束型ソーシャル・キャピタルによってつながる近隣住民や親族の関係や，橋渡し型ソーシャル・キャピタルによってつながる別の地域に住む別の民族グループの知人との関係のように，結束型ソーシャル・キャピタルおよび橋渡し型ソーシャル・キャピタルが主に同じ程度の社会的立場の人々同士の関係であるのに対して，連結型ソーシャル・キャピタルは垂直方向の関係を考慮に入れる。この関係は，「そこに関わる人々が互いの尊敬と信頼を土台として，仮にそれぞれの立場に明らかな不釣合いがあったとしても平等性を保ち，互いに合意した互恵的な目標（あるいは目標の設定）を達成するために努力するという，民主的で権限付託的な性質を持つ交流によって成立する」(Szreter 202, 579)。DaCosta and Turner (2007, 195) は，発展途上のコミュニティにとっては連結型ネットワークが資源や情報を地域へと与えてくれるので，経済発展において特に重要であると主張している。もしそのネットワークをもたなければ，例えば電力供給網から外れたり，誰からも気付かれさえしなかったりする。例えばインド南東部の農村地帯では，政府関係者やNGOのメンバーと直接の接点を持つ村民はほとんどいないが，仮に彼らに連結型ソーシャル・キャピタルがあれば，外部の資源や情報を入手する経路を持つことができる。図1は，これら3つのタイプのソーシャル・キャピタルを水平方向と垂直方向の関係軸で示したものである。

　図1のそれぞれの円は個人を表しており，その個人が友人や親族や近隣住民とつながっていること（結束型ソーシャル・キャピタル）を示している。また他の民族や違う土地の人々，あるいは別の宗教を信仰するグループとつながりを

政府の関係者
NGO，または権力を持つ人物

連結型ソーシャル・キャピタル
（垂直方向にかけて）

結束型ソーシャル・キャピタル
（ネットワーク内）

橋渡し型ソーシャル・キャピタル
（ネットワーク間）

ネットワークA　　　　　　　　　　　　　　　　　　　ネットワークB

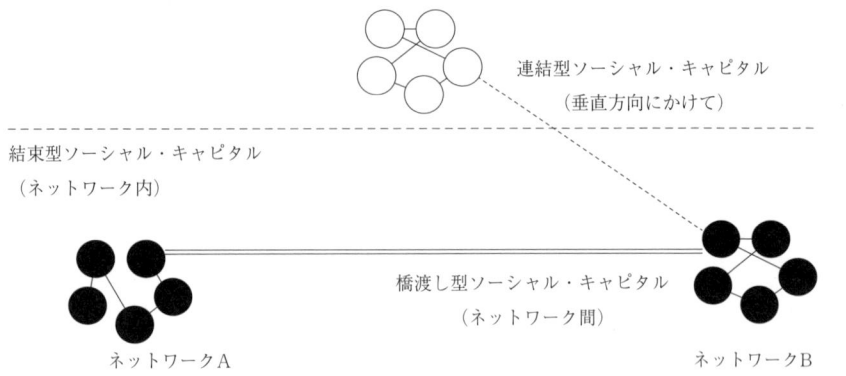

図1　結束型，橋渡し型，連結型のソーシャル・キャピタル

持ち（橋渡し型ソーシャル・キャピタル），図の垂直方向は，距離のある，権限を行使できる地位にいる権力者や意思決定者らとつながっていること（連結型ソーシャル・キャピタル）を示している。

　ソーシャル・キャピタルを定義するために，著者はLin（2008）のネットワーク的視点を加味して，ソーシャル・キャピタルを結束型や橋渡し型，また連結型といったソーシャル・ネットワークを通して伝えられていく規範や情報に加えて利用することのできる資源として見ることにする（Chamlee-Wright 2010, 21-22）。このアプローチでは，人々の間やコミュニティでのつながりを通じて行き来する情報やデータ，期待，評判，またその他の財が議論の対象となる。本書では，ソーシャル・ネットワークに属する人々の水平方向と垂直方向のつながりが，危機的な状況下の人々に情報を伝達したり，資源の入手経路を提供したりするという点に注目したい。また政府の施策がソーシャル・ネットワークにどのように影響を与えるかを強調するよりも，むしろソーシャル・キャピタルがどのように公共政策へ関わるかということや，公共政策を変化させるかということに焦点を当てたい。Bourdieuをはじめ，研究者の中にはソーシャル・キャピタルを「個人が持つ特質ではなく社会が持つ特質であり，その研究は社会的あるいは集合的な現象として捉えて研究されるべきである」とする考え方もある（Newton 2001, 207）。また一方では，ソーシャル・キャピ

タルはプロセスであり、「一時点だけの分析から捉えることはできない」という主張もある（Bankston and Zhou 2002, 285）。本書では、ソーシャル・キャピタルを個人とコミュニティの両方が持つ資産として捉えて議論を進めていく。個人は、自分の持つソーシャル・ネットワークからも恩恵を受けることができるし、地域内外に豊富なつながりを持つコミュニティに居住することでコミュニティから恩恵を受けることもできる（Poortinga 2006）。電子メールやFacebookで毎日数多くの人と交流し、大きなソーシャル・ネットワークを持つ人もいれば、一方では孤立していて、周りの人と関係を持たない人もいる。同様に、ある地区では住人同士が互いに強い結びつきを持つと同時に、地域外の組織や政策決定者とのつながりも強く持つのに対して、別の地区ではつながりが断片的であったり、つながりを持っていなかったりする。

　地震のあった東京、神戸、そしてカトリーナの被害に遭ったニューオーリンズという本書で取り上げる事例研究では、ソーシャル・キャピタルを地域レベルで測定している。またインド洋大津波によって被災したインドの村々については、社会的資源の量を個人レベルと村レベルの両方で測定している。そして本書では、ソーシャル・キャピタルを永続的な市民文化や政治風土としての機能のように国家レベルの外生変数として捉えるのではなく（Almond and Verba 1963；Putnam 1993）、地域レベルの内生的な変数として捉えている。ソーシャル・キャピタルは、州や県などの地方レベルと市レベルで大きく変わるものであり（Aldrich 2008b；Aldrich and Crook 2008）、もっと重要であるのは、さらに小さな地区レベルで比較したときにも大きな差が見られるということである（Jackman and Miller 1998）。

2　因果のメカニズム——集合行動における問題の克服

　ソーシャル・キャピタルの形態を理解したとして、ではソーシャル・キャピタルは一体どのように機能するであろうか。1651年にThomas Hobbesが人生とは「孤独であり、惨めで、不愉快で、野蛮で、そして短い」と語っているように、人々を集団としての行動に駆り立てることは難しい。Olson（1965）は、人々の協調（とその欠如）に関する研究の中でこの悲観的な見方を論じている。

49

仮に人々が問題の存在に同意してその解決策についての考えを共有することができたとしても，大人数の集団においてはほとんどの場合，多くの人の参加という最後の重要な段階でつまずいてしまうと主張している。彼はこの難題を「集合行動問題」と名付け，「合理的で利己的な人々は，公共の利益や集団の利益を達成するための行動をとらないであろう」と主張した (Olson 1965, 2)。たとえそれが大学のクラブやローラースケート連盟，自動車産業の労働組合，またはPTAであったとしても，グループに所属する人々は，自分が活動に参加しなくても誰も気付かないであろうことを認識している。その上で，それでも他のメンバーの働きによって得られる最終的成果からの恩恵を受けられることを知っている。それゆえに人々は時間や労力，もしくは金銭を浪費してまで，そのグループの活動に参加するインセンティブをほとんど持たないのである。そのようにグループのために行動することを避けて，他のメンバーの働きに任せてしまいたいという衝動は，フリーライド（ただ乗り）という言葉で表現され，数多くの場面で見られる。テレビやラジオの公共放送を視聴している人々と，放送局に対して金銭的な寄付を行っている人々との相違点は，この問題の典型例と言えるであろう。

　他にも協調的な活動を妨げる2つの問題が指摘されている。それらは，コモンズ（共有地）の悲劇と囚人のジレンマである。共有地の悲劇の原型となる状況設定は次のようなものである。村によって管理されている公共の牧草地があり，それを自由に利用できる牧畜農民たちがいる（つまり，牧草地は個人によって所有されているのではなく，公共の土地である）。それぞれの農民にとっては，草を食べる牛たちが食べるのを途中で止めさせて連れ帰る理由はほとんどない。たとえ牧草が減り続け，やがてすべて無くなるとしても牧草地を利用していたすべての農民にとってそれは変わらないのである。また，（仮に農民たちに牧草のコストに対する支払いの意思があったとしても）1頭ごとの牛が食べる牧草の対価を算出することも難しいために，牧草は徐々に減り続けることになる（よって良心的な農民でさえもそれに気付きにくい）。加えて，共有の土地であることから，そこに入ることに対する制約（例えば1頭当たりの利用料や利用するためのライセンス契約など）は何もない。Hardin (1968) や他の研究においては，行動を変化させるための強制的な働きかけをしない限り，人々は公共資源（例えばき

れいな空気や海）を過剰に使用する傾向があるという悲観的推測が示されている。ゆえに地球温暖化や大気汚染といった問題は，共有地の悲劇に関する私たちがよく知る典型例と言えるであろう。また企業は，政府が既存の規制を企業に遵守させたり，企業活動による環境へのダメージを遡って調べたりすることは困難であると認識しているため，企業にとっては自然環境を汚染することへインセンティブが強く働くことになる。これは，「エージェンシー・スラック（企業怠慢）」として知られている。

　囚人のジレンマの問題では，2人の架空の犯罪者が逮捕されて警官による尋問が行われる場面を想定するが，ここでも似たような問題が起こる。逮捕された2人の囚人は別室にいる。それぞれ警官から仲間の囚人を裏切って自白すれば，本人の刑期を大幅に短縮すると伝えられる（仲間には通常よりもかなり長い刑期が言い渡される）。2人とも黙秘し続けた場合には，証拠不十分により2人とも刑期が比較的短く済む。ところが，2人とも仲間を裏切って自白した場合には，2人とも比較的長い刑期を言い渡されることになる（2人からの証言を得たことによって検事は伝えていた刑期の短縮を行う必要がなくなる）。なお，2人とも自分が黙秘し続けた上で仲間が自白したとき，自分の刑務所暮らしが長くなることを知っている。合理的選択の理論家は，囚人は自白すれば，2人が共に黙秘した場合よりも刑期が長くなるものの，「ドミナント戦略」を用いて双方ともに自白することを予測している（Ordeshook 1995, 207）。つまり，「個人の合理的思考が，結果として双方にとって悪い方の結果へと導く」ことになる（Axelrod 1984, 9）。結果として，2人の囚人は仲間が黙秘することを互いに信じることができず，どちらも仲間を裏切ることになる。

　経済学者はこれら3つのシナリオすべてにおいて，近視眼的な視点，信頼の欠如，あるいは協力し合うことへの低いモチベーションが原因となり，人々が自分たち自身や社会にとって悪い結果となるような行動を取ってしまうことを想定している。これに対処するために経済学者は，人々の集団が選択的に働くインセンティブ（報酬）や社会的圧力（批判や追放），また監査（メンバーへの明らかな監視）といったものを取り入れていく必要があると主張するであろう。これらの社会を制御する仕掛けは，大きな集団において広くメンバーの参加を促す影響力をもちうる。あるいはOlson（1965）が示唆しているように，小さ

い集団を形成することよってメンバーの監視や管理が大きな集団よりも容易になれば，これらの多くの問題の少なくとも一部分は解決するかもしれない。例えば，政府の立法議会や街の協議会は出席者（欠席者）の氏名を公開し，プロスポーツチームはチームの方針に従わないアスリートたちに罰金を科し，そしてフラタニティ（大学の社交クラブ）はクラブの社会活動に参加しないメンバーの名前を皆の前で読み上げることができる。同じように公共ラジオ局や大学は，労力面や金銭面での貢献をしてくれた視聴者や大学出身者を公共の場で褒め称えることができる。ここに挙げたような取り組みを一例として，すべての集団や組織が，規範の遵守や活動への参加に対しては報酬を与え，不当な違反や不参加に対しては罰を与えようとしている。

　これらの集合行動問題を解決するための方法とは別に，高い水準のソーシャル・キャピタルを活用するという方法を採ることができる。例えば，日本の剣道教室の参加者たちが練習や試合への遠征，食事，そして運営資金の調達などを協力して行っているように，そのような集団のメンバー間における強い社会的関係は，共同で活動する機会が少なくかつ共有するものがほとんどない集団での関係よりも，集団行動を容易にする。そのような強い絆で結ばれた集団で助けを求める声が上がれば，時々集まる程度の結束の薄い集団においてよりも，多くの熱心なメンバーによる自発的な支援を受けられるであろう。同様に，ブロックパーティ（地域のお祝いの会）やガレージセール，あるいは道端での世間話といった，持ち家世帯の多い地域で行われる近隣住民同士の日常的な交流は，強い信頼関係を作り出す。そしてそれは，短期の賃貸契約で廻っているマンションや学生寮の入居者同士がばったり出くわす程度の環境では決して得られない。しかし，ソーシャル・キャピタルを引き合いに出す研究者がたびたび批判を受ける「因果関係を明確に示していない」という指摘があることを考えれば（Farrell and Knight 2003），本節ではこの関係を明確に示す努力をするべきであろう。すなわち，ソーシャル・キャピタルが，集合行動の問題，コモンズの悲劇，そして囚人のジレンマといった問題を克服するのに役立つであろう3つの主要な機能をもっていることを示さなければならない。なおそれらの機能は，ネットワークのメンバー間に規律遵守と活動参加についての新たな規範を作り出すこと，集団内の人々に情報や知識を提供すること，そして信頼関係を

醸成することである。以下順に説明していく。

　第1に，ソーシャル・キャピタルは人々の他者の行動に関する期待を形作ることができる（Boix and Posner 1998, 691）。つまり，ソーシャル・キャピタルは人々の集団やネットワークにおいて，課題や責任についての期待水準を確立したり，それを広めたり，またメンバーの行動や嗜好を変化させたりすることもできる。仮に近所に住むすべての家族が社会に感応されて，地域の巡回パトロールを手伝ったり，それについて話し合う地域の集会に参加したり，また怪しい人物を見かけたときには警察へ連絡する義務が自分たちにはあると考えるようになったとする。そうであれば，彼らはそれまでよりもずっと頻繁にそうした活動に参加するようになり，近所の治安パトロールにおける不均衡がかなり解消されるであろう。

　対照的に，地域住民が地域で起こる犯罪を他人事と考えたり，犯罪が発生したときには誰かが警察に連絡してくれると考えたりするような地域では，安全が脅かされる可能性は高いと考えられる。Coleman（1988, S104）は，「効果的に機能する規範が犯罪を防ぎ，それによって夜間に安心して歩くことができる」と語っている。定量的な調査研究によると，高い水準のソーシャル・キャピタルをもつ地域では，殺人事件やその他の犯罪が少なく，また日和見主義的な行動も少ないことが示されている（Lee and Bartkowski 2004）。さらに，強い社会的結束の存在は，期待される行動から逸脱した場合に人々が負う代償を高くするため，その存在が抑止力となることも示唆されている。Haddad（2007, 2010）は日本の消防団に関する研究から，消防団員間の関係性がいかに強い期待水準を作り出すかを強調した上で，その期待が社会統制の仕組みの中で培われていることを示している。

　責任と規律の遵守に関する規範を社会で共有することについての議論の結論として，それらの資源を多く持たない場合には，細部に及ぶ契約や政府による強制，あるいは第三者による介入を通じて作られる規則や法律に基づいて合意形成を行わなければならないということが指摘される。つまり，高い水準のソーシャル・キャピタルを持つ地域の行政には，社会を機能させるための「費用のかかる複雑な仕組み」にそれほど多くの資源を充てる必要がない（Boix and Posner 1998, 691）。なぜなら，共有された規範や期待水準のおかげで，「契

約，縦割りの政府機関，あるいは官僚機構などの公式の調整メカニズムを使うことによってかかる取引コストを下げる」ことができるからである (Fukuyama 1999)。また社会の強い結束が生む別の成果として挙げられるものには，政府や地域の活動に参加しようとする市民の意識が重要であるという市民の市民的美徳の向上と，透明性のある迅速な対応を活動的な市民が政府に求めるという市民の要請活動という好循環の形成があるであろう。政府が市民のニーズに関心を持っていると感じれば，市民は地域の市民フォーラムに参加して自分の意見を発言するようになり，投票日には投票所に並び，そして国勢調査にも応じるであろう。ひとたび政府が迅速な対応を市民へ示せば，自分たちの活動の有効性を確信した市民から力強くより優れた統治への更なる期待が生まれる（Putnam 1995）。一方で，ともすれば政府が，既存のソーシャル・ネットワークを巧みに操作して協調を作り出し，政府と社会が着手している難解で議論を呼びそうな社会問題を解決してしまおうとするかもしれないのである (Nordlinger 1981 ; Aldrich 2008b)。

　2番目の因果のメカニズムとして，ソーシャル・ネットワークはネットワークや集団の中にいる人々に対して，取り巻く環境や景気の動向，流行，またその他の様々な重要な事柄に関する情報や知識を提供する。ソーシャル・ネットワークは情報を蓄積し広げる機能を持っているが，中央政府や地方政府がその代役を務めることはできない。ただし実際には，新しい情報も有用な情報も含んでいない公式声明が，ネットワークのメンバーから「発信された情報」をかき消してしまうこともある (Chamlee-Wright and Rothschild 2007)。知識を獲得するには費用と時間を要するが (Coleman 1988, S103)，ネットワークは重要な情報を無償もしくは極めて小さな費用で提供することができる。Granovetter (1973) は，アメリカの多くのブルーカラー労働者が就職口を探すときに，他の手段（新聞の求人欄，製造業企業の会報，ラジオから流れる求人案内など）よりも，人とのつながりを利用している点を強調している。またこのことは，専門職や経営管理職においても同様であることを確認している。人々は情報を得ようとするときに，自分で労力や時間をかけて過去の記録や資料を調べるよりも，他の人に聞く方が「最も信頼性の高い印刷された情報源に頼るよりも圧倒的に簡単で，しかも早い」ため，むしろネットワークの仲間の中にそれを知っている

人を探そうとすることがいくつかの研究で示されている（Case 2002, 142）。例えば、鮮魚のような消費期間の短い商品の最安値販売店や、役所での煩雑な手続きといったことに関する噂や評判あるいは最新情報をやり取りすることを通して、それらの情報の価値を認識したネットワーク内のメンバーは、互いに結び付き合うようになる（*Economist*, 10 May 2007）。さらには、ネットワーク内の人々と何度も繰り返し交流することによって、高い水準のソーシャル・キャピタルを持つメンバーは、単発のゲームの関係（前述の囚人のジレンマのような1回限りの判断）を超えて、長期的に続くような関係づくりへと移行していく。長期間に渡り接点を持ち続けることによって、その相手と将来的に付き合いが続くことを認識し、理由もなく活動に参加しなかったりさぼったりすれば責められるのは免れないことを理解する。その中で人々は徐々に信頼関係を築き上げ、協力関係を強めるのである（Axelrod 1984）。

　そして最後に、3番目の因果のメカニズムとして挙げられるのは、ソーシャル・キャピタルが信頼性の程度に関する情報をやり取りすることによって人々の間に信頼関係を築くというものである。このメカニズムでは、2番目のメカニズムで説明したような就職口や商品の値段などの情報に加えて、評判や信頼に関する情報についても伝達される。Coleman（1988, S102）は、東南アジアに見られるローテーティング・クレジット・アソシエーション（回転型信用講）を例に挙げている。メンバーは月に1度集まり、全員が壺の中に決められた一定額のお金を入れる。その日に集めたお金は、1人のメンバーにその全額が渡されるが、毎回異なるメンバーに渡される。そしてそのローテーションは、メンバー全員がお金を受け取るまで続けられる。決して良心的とは言えないメンバーがローテーションの最初の方で金を受け取り、その後2度と金を入れないということもあり得るが、将来的に続く関係性に対する期待と高い水準の信頼が、この仕組みを機能させていると考えられる。似たようなところでは、Farrell and Knight（2003, 541-542）がイタリア、ボローニャの工業地帯を対象に、様々な企業がその地域における他の企業をどのように信頼しているかという情報を用いてデータ分析を行い、相手企業が誠実であるという評判を事前に知ることによって、その企業との取引や商談を進めていこうという判断を下す可能性が高くなることを指摘している。その結果、ソーシャル・キャピタルを

それほど多く持たない地域の同業者よりも生産性が高くなる。仮に友人から，Aさんが過去の取引で債務不履行の前歴があるとか，借りたものを返すのが遅れているというような情報を得たとしたら，私たちはAさんとリスクを伴うような取引をしようとは思わないであろう。

　高い水準のソーシャル・キャピタルは，これら3つの因果のメカニズムによって取引費用を下げ，人々の集合行動への参加確率を高め，そして個人間の協力をより一層促すことになる。経済用語で言えば，ソーシャル・キャピタルは職務怠慢（自分の責務を十分に果たさないこと）やフリーライド（全員でやらなければならないことを人任せにすること），あるいは組織怠慢（企業活動に十分な監視の目がないことに乗じて適切な対応を怠ること）といったことの発生を減少させる。これをもっと分かりやすく表現しているのがPutnam（2000）であり，ソーシャル・キャピタルは「車輪に潤滑油を差して，コミュニティが滑らかに前進していけるようにする」ものであるとしている。ネットワーク内の強い結びつきは，法令遵守や市民の社会貢献意識，将来の関係性に対する期待など，必要不可欠であるが複雑でもあるこれらの概念に対しての共通認識を作り出す。これらのメカニズムについて確認したところで，ソーシャル・キャピタルを表す指標によってソーシャル・キャピタルを測定するという難解な課題へと移ることにしよう。

3　ソーシャル・キャピタルの測定方法

　社会科学の分野においては，ソーシャル・キャピタルを正確に捉える測定手法の確立が求められてはいるものの困難な課題のままとなっている。研究者たちはこの概念が「弾力的」で「曖昧」なものであると批判しているが（Portes 1998），その原因にはソーシャル・キャピタルとその効果が概念的に混同して使われていることがある（Robison et al. 2002）。ソーシャル・キャピタルの測定が国家単位などのマクロレベルのデータに頼り過ぎていることや，市民の団体への参加状況を国家間で比較することの難しさを多くの研究者が指摘している（Diez de Ulzurrun 2002）。社会経済的な条件が都市の間で異なるように，さらには同じ都市の中でも地区によって異なるように（Wood et al. 2010），ソーシャ

ル・キャピタルの水準も都市間や地区間で異なるため，ソーシャル・キャピタルをそのように大きな単位で捉えることは困難である。さらにソーシャル・キャピタルには，構造的な側面（例えば，市民社会団体などへの参加）と認知的な側面（近隣住民などへの信頼の水準）がある（Brune and Bossert 2009）。したがって研究者の間で唯一合意できるのは，ソーシャル・キャピタルを一つの尺度だけで的確に測れるような絶対的な測定方法は存在しないということである。Grootaert and van Bastelaer（2002, 11）は，「人的資本と同様，ソーシャル・キャピタルを直接的に測定することは不可能ではないにせよ非常に困難であり，実証的に研究をするためにはそれを表す代理的な指標を用いる必要がある」と主張している。

　大まかに言えば，ソーシャル・キャピタルを定量的に捉える方法は4つある。1つ目のアプローチは，人々の「感じ方」に焦点を当てるものである。例えば，北アメリカにおける総合的社会調査（GSS），世界価値観調査，ヨーロッパのユーロバロメーター，またアフリカにおけるアフロバロメーターなど，大規模な調査データを使用して，個人が有する主観的な信頼の水準を測定しようというものである。例えばそれらの調査では，「一般的に言って，ほとんどの人は信頼できると思いますか，それとも人と関わるときには用心するに越したことはないと思いますか」といった質問がなされる。このような質問は，回答者が持っている他者の行動に対する期待水準を調べるためのものである。専門家らは，こうした他者への信頼に関する認識が，個人やコミュニティが高い水準のソーシャル・キャピタルを持っているかどうかを表す指標の一つになると確信している。

　ソーシャル・キャピタルを捉えるための2つ目のアプローチは，やはり調査データを使用するものであるが，人々の行動に焦点を当てるものである。調査での行動に関する質問は，「出かけるときに家の鍵を開けっ放しにしているか」，「よく友人にお金を貸すか」，あるいは「新たにやってきた人をよく自宅へと食事に招待するか」といったものである。カードゲームをする場所として自宅を提供したり，献血をしたり，あるいはお金が必要な人に無利子でそれを貸したりといった，他者中心的な行動を普段からしている人々は，高い水準のソーシャル・キャピタルを持っていると考えられている。インドの地域単位での

ソーシャル・キャピタルと政治腐敗の関連を調査した興味深い研究では，社会紛争（1年当たりの暴動の発生数で測定）を信頼やソーシャル・キャピタルの水準を測る指標として用いている（Kingston 2005）。

3つ目のアプローチは活動への参加に注目したものであり，投票，ボランティア団体，結婚式や葬儀のような地域イベント，そして政治的な抗議活動といった活動への参加が含まれる。このアプローチは，市民的規範（ZIPコードなどの単位で区切ったある地域に住む市民が，地域のボランティア活動へと時間と労力を使ったり，自分たちの意見を訴えたりしているか）や，地域の人々との結束（地域のお祭りや自治会・町内会，PTAなどへ参加しているか）を捉えようとするものである。

4つ目のアプローチは，信頼ゲーム(3)などの実験によって社会の選好を捉えようとするものである。このような実験では多くの場合，観察される行動は予測されるナッシュ均衡（相手の取り得る選択を元に，自分が持つ選択肢から自己の利益を最大にする選択肢を取る場合に，それが均衡状態となる選択肢の組み合わせ）の結果から逸脱する（自分の利益を最大にしようとはしない）ことが認識された上で，ソーシャル・キャピタルあるいは互酬性や規範がこれらのゲーム戦略において強く影響を与える要素になると考えられている（Karlan 2005 ; Cardinas and Carpenter 2008 ; Levitt and List 2009）。

これら4つの分類だけでも，ソーシャル・キャピタルを測る尺度はかなり多岐に渡っている。Coffé and Geys（2005）が投票率，犯罪発生率，市民団体の活動を取り上げている一方で，Aldrich（2008b）は水平的組織のメンバーシップを指標としている。Hamilton（1993），Putnam（2000），そしてAldrich and Crook（2008）はソーシャル・キャピタルを測る指標として投票率を用いている。投票率を指標とすることによって，その社会で形成された規範（市民の社会参加への規範）を測定しうると思われるが，共同的社会生活におけるそれ以外の活動への参加状況を捉えていない。Weil（2010）は，市民活動のリーダーシップ，集会への参加，奉仕活動の，近隣住民組織への参加などによって，多面的に市民の社会への関与を取り上げている。Van Deth（2008, 162）は「ネットワーク／交流」，「信頼／確信」，そして「市民の規範／価値」という観点から，ソーシャル・キャピタルを個人に関するものと集団に関するものとに

分けた上で，ソーシャル・キャピタルを測定する40以上の指標を列挙している。それらには，「犯罪発生率，投票率，一人当たり市民団体数，献血量，さらには弁護士数」まで含まれている。他にde Hart and Dekker（2003, 166）は，観察研究，詳細なインタビュー調査，フォーカスグループなどによって得られたデータと同様に，自治体や警察などが持っている地域の市民社会に関する統計データの重要性を主張している。

　ソーシャル・キャピタルは，時と場所によっていつも同じ形で存在するわけではないことから，測定には調査対象の時代背景や文化的背景などを考慮に入れるといった細心の注意が必要である（Krishna 2007, 944-945）。例えばSerra（2001）は，Putnamが1993年に行ったイタリアの北部と南部の研究で使った，識字率，投票率，市民団体への参加率といった欧米で一般的に使われているソーシャル・キャピタルの測定指標は，インドにおける現実にうまく当てはめることができないと主張している。Krishna（2003, 9）は同様に，「フォーマルな組織の数」を尺度とすることは「（インドの）ラージャスターン州の村には特に不適当である」と主張している。そういった尺度を使用する代わりに，インドでの研究では「人々の大きな支えとなっている，親族間の結束，（中略）あるいはカーストや宗教」が最も適切な社会的資源を表す尺度となるとSarra（2001, 699）は断言している。インドでの研究において，Krishnaなどの研究者は（フォーマルな組織ではなく），インフォーマルなネットワークやその組織に注目して研究を行っている。第5章で紹介するインドの事例研究では，「村の外部の組織とのつながりの有無」「結婚式や葬儀のような村のイベントへの参加」，そして「村のパンチャヤットのメンバーであるかどうか」[(4)]を調査することによって，この地域のソーシャル・ネットワークを捉えている。

　ソーシャル・キャピタルを実証的にどのように測定して捉えるかについては，社会科学分野において大きく意見が分かれているという実態がある上，本書で取り上げる事例が歴史的にも文化的にも様々な背景を持つことから，時間と空間を超えてソーシャル・キャピタルを測定するために最適かつ利用可能なデータを模索してきた。その結果として本研究では，投票率，政治的活動への参加，地域の祭事への関与，地域外の組織とのつながりといった入手可能な代理変数を使用することにした。というのも，その理由は，一つはこれまでに行われた

同地域での研究において多くの研究者が似たような尺度を用いているということがある。もう一つは，これら以外のデータは入手困難であったために情報として不十分であったということである。ここで用いる変数がソーシャル・キャピタルを捉えるための最適な尺度であるかどうかということについては異議のある人もいるであろうし，その懸念がまっとうであることも私は認識している。例えば，関東大震災後の1920年代の東京に関する定量的分析では，地区ごとの選挙権を持つ人口における投票率と政治的デモの回数を指標としている。これらの活動は，政治的に関わる人々の結束を測定するには良いであろうが，当然ながら社会的な結束ではないと感じる人もいるであろう。しかし，日本の歴史研究者らは，大正デモクラシーと呼ばれるちょうどこの頃に，日本における市民の社会貢献や反政府ネットワーク，また地域活動が，繁栄したことを強調している (Large 1972；山田 1973；Smethurst 1986；Lewis 1990；金原 1994；Tamanoi 2009)。1920年代の東京で生まれたネットワークといえば，それは政治的な目的を持ったものであったかもしれない。しかしそれでも人々が結束しつながり合う活動の舞台であったことには変わりないであろうと考えられる。

　同様に本書のハリケーン・カトリーナ後のニューオーリンズの事例研究でも，地域の人々のつながり（結束型および橋渡し型のソーシャル・キャピタル），そして人々と外部の意思決定者とのつながり（連結型ソーシャル・キャピタル）を捉える指標として投票率を用いている。Putnam (1995, 2000) やKnack (2002)，Ikeda and Richey (2005)，そしてKeele (2007) など多くの研究者は，ソーシャル・キャピタルを「市民の社会への関与についての規範を形成し，そして高めていくもの」として捉えている（ただし，異論を唱える研究者もいる。Atkinson and Fowler 2010参照）。ハリケーン・カトリーナ後の公共政策の選択に関して分析を行ったLogan (2009, 258) は，投票という参加形態を良い指標として関連付けており，「最も投票率が高かった地域では，地方行政におけるそれから数年間の主要政策となるような公共投資や開発計画に関する議論で地域住民が強い発言力を持つようになる」と言及している。ソーシャル・キャピタルが投票というメカニズムを通して地域全体の政治参加を促進するという仮説は，数多くの実証研究の結果から裏付けられていると言えるが，これに対して異なる見解もあり，またそれらも一定の信憑性をもちうる。例えば，「完全に

満足できるようなソーシャル・キャピタルを測る指標が存在しないのは明らかである」ことが強調されている（Kingston 2005, 20）。異なる時代や異なる国家におけるソーシャル・キャピタルを効果的に測定する方法に社会科学分野の研究者が合意し，それらに必要なデータを得るための一貫した調査データ回収方法や実地調査の手法が確立されるまでは，私たちは現時点で入手可能な記録や情報を基に最善を尽くす必要がある。

これまでの研究において認められた，高い水準のソーシャル・キャピタルを持つことによる最も明らかな影響は，信頼性の向上や怠慢な活動をする人の減少，または優れた協調活動など，主として正の側面の効果であった。そこで，ここからはソーシャル・キャピタルが持つ負の側面に目を向けてみたい。

4　ソーシャル・キャピタル——負債として，資産として

ソーシャル・キャピタルに関するこれまでの研究においては，個人レベルまたは国レベルにおけるソーシャル・キャピタルがもたらす数多くの正の側面の効果について報告がなされてきた。たとえばミクロ（個人）レベルの研究では，Granovetter（1973）が「弱いつながり」といった関係でさえも，ブルーカラーおよびホワイトカラーの就職の可能性を高めることを主張している。日本では，無尽（回転型信用講の一種）に参加している成人市民がソーシャル・ネットワークの活動的なメンバーであり，つながりをあまり持たない人に比べ，社会の機能として強力な働きをすることが示されている（Kondo et al. 2007）。Szreter and Woolcock（2004, 651）は，高い水準のソーシャル・キャピタルが「子供の発育や青年期の幸福度を高め，精神面の健康を増進させ，暴力犯罪の発生率や非行に走る若者の数を押し下げ，死亡率を低下させ，暴飲や鬱や孤独を抑止し，禁煙治療への参加を持続させ，そして人々の幸福感や主観的健康感を高める」ことと関連していると指摘している。北アメリカでは，より高い水準のソーシャル・キャピタルを持つ地域ほど，死亡率と心臓病罹患率が白人と黒人ともに低くなっている（Lochner et al. 2003）。

国レベルの研究では，Coffé and Geys（2005, 497）が「自治体ごとの様々な社会経済的条件および政治的条件の違いをコントロールしても，ソーシャル・

キャピタルが政府の財政運営の質の向上に寄与している」と主張している。Levy（1999）のフランスの政府と市民社会に関する研究によると，政府の政策運営能力の不十分さゆえ，強い市民社会を持たない限り，政策を実現することができないとされている。つまり，国内全域の市民社会団体の存在が，効果的な公共政策の実行に不可欠であることを立証している。Knack（2002）は，社会の信頼関係，ボランティア活動への参加，そして国勢調査への回答がそれぞれ高い水準にあれば，政府のパフォーマンスも高くなると主張している。またIshise and Sawada（2006）は，ソーシャル・キャピタルが経済成長に好影響を与えることを実証的な分析に基づいて明らかにしている。Varshney（2001）は，インドにおける調査結果をもとに，橋渡し型ソーシャル・キャピタルが他の多くの町では死者を出しているような民族紛争を抑制することを示している。

　しかしながら現在も研究者の多くは，ソーシャル・キャピタルが経済やガバナンス，健康など，社会が抱えるすべての問題の万能薬ではないことを認識している。つまり，ソーシャル・キャピタルはこれらの問題を一掃する魔法の杖とはならないのである。Berman（1997, 402）は，高い水準の結束型ソーシャル・キャピタルを持つことが，必ずしも市民の社会生活を向上させることにつながるとは限らないと強調している。その理由として，ナチスが徐々に力を持つようになってきた頃には，「高い水準のアソシエーショナリズム（結社主義）の存在と，強い力を持って迅速に問題に対応できる中央政府および政権の不在が，ドイツの社会を一つにするどころか，むしろ分断化することへとつながってしまった」ことを挙げている（彼女の研究アプローチへの批判はReiter 2009）。Callahan（2005, 500）は，「タイの政治改革運動のような『よい集団』によって広められ蓄積されるソーシャル・キャピタルも，不正が日常となってしまっているような社会環境下ではむしろ負の影響を与えている」という反直観的とも思えるような主張をしている。最近の研究では，ソーシャル・キャピタルの獲得における制度化された性差別の存在が指摘されており，女性よりも男性の方が多く恩恵を受けているとされている（Djupe et al. 2007）。

　研究が盛んになってきた当初は，ソーシャル・キャピタルが公共財として機能する（Coleman 1988；Cohen and Arato 1992；Putnam 1993；Cohen and Rogers 1995）ということは自明の理であり（Ostrom 2000），それは例外なく恩恵を提

供する資源であることから，高い水準のソーシャル・キャピタルを持つ地域に住む人々は全員がその正の影響を享受することができるとされていた。もう少し最近の研究になると，公共財と準私的財の両方の要素が含まれることが強調されている（Adger 2003）。これが意味することは，ソーシャル・キャピタルの恩恵がすべての人に同じようにもたらされるわけではなく，たとえソーシャル・キャピタルが高い地域であっても特定の集団や人々がそれぞれに持つ強いソーシャル・ネットワークを通じて，他の人々よりも多くの恩恵を受けるということである。近年，研究者は「多くの集団が集団外の人の犠牲の上に集団としての団結を深めている」ことから（Fukuyama 2001, 8），「これらの恩恵の偏りが他のグループの犠牲の上に達成されている可能性」について真剣に考えはじめている（Woolcock and Narayan 2000, 231）。Chambers and Kopstein（2001）やNagar and Rethemeyer（2007）は，自由民主主義や，部外者への憎悪という世界観を持つネーション・オブ・イスラム（アフリカ系アメリカ人のイスラム運動組織），チャーチ・オブ・ザ・ワールド・クリエーター（アメリカの新興宗教団体），あるいは反アラブ・グループといった組織における生活やその構成員らの生涯に焦点を当てた研究を行っている。PTAやシナノーグ（ユダヤ教の教会堂），そしてフラタニティ（大学の社交会）は結束型ソーシャル・キャピタルによって結び付いている集団の典型例であるが，一方で，スキンヘッド（反体制派団体），クー・クラックス・クラン（KKK：アメリカの秘密結社），ハマス（イスラム原理主義組織）について言えば，同様に結束型ソーシャル・キャピタルによって結び付いてはいるが，その中心理念は憎悪である。Olson（1965）は，ロビー活動団体や労働組合はその組織にとって利益となるような見返りを受け取るものの，それが必ずしも社会全体に対する恩恵を生むとは限らないことを指摘している。Ahn and Ostrom（2008, 73）は，「ソーシャル・キャピタルによる他者への影響という外部性を考えると，（例えば，近くに住む人が近所一帯を掃除してくれるときのように）正の効果を持つこともあれば，（ギャング団の少年に追い払われる場合のように）部外者にとっては負の影響となる場合もある」ことを強調している。Foley and Edwards（1996）は，ソーシャル・キャピタルを公共財という素朴概念に押し込めようとするよりも，それが本来伴っている「矛盾」を研究者は理解しようとするべきであるとしている。

5 災害復興への応用

　災害復興に関する研究の多くは，人々の住宅再建や生活再建の達成度と，社会経済的条件や人種，性別，また年齢といった人口動態的な側面との関連性を探求している。Cutter and Emrich (2006) は，国勢調査のデータと地理情報システム (GIS) のデータを組み合わせて，アメリカ国内の災害に対する「社会的脆弱性」の高い地域を地図で示している（Clark 2001やDonner and Rodriguez 2008参照）。災害後のホームレスや失業，あるいは病気などと相関する要素として，医療サービスの提供状況，ソーシャル・キャピタル，そしてライフラインへのアクセスといった「複合的な構成要素」に多くの研究者が言及しているが，実際のところ彼らの研究では社会経済的な条件のみが反映されたものとなっている（Cutter et al. 2003）。Cutter and Finch (2008) によってアメリカ全域の社会的脆弱性に関する指標の更新が最近行われたが，最も大きな分散を説明するものとして挙げられたのは社会経済的条件であり，続いて年齢，学歴，人種が続いている。広く引用される研究であるものの，ソーシャル・キャピタルに関するデータには言及していない（Flanagan et al. 2011）。

　ソーシャル・キャピタルによってもたらされる正の便益と負の外部性という両方の側面を考慮した上で，災害前の減災や災害後の復興におけるその役割を解明しようとする研究が始まっている。Woolcock and Narayan (2000, 226) は，金融貯蓄が資産であるのと同様に，ソーシャル・キャピタルも「危機的状況において頼ることのできる」資産であると主張している。Dynes (2005, 7) はこの概念を拡大して捉えて，「緊急対応が必要な期間には，ソーシャル・キャピタルが地域での対応の土台として機能する資本となる」ことを示唆している。被災者が口々に叫ぶのは，経済的問題や建物損壊などの障壁ではなく，社会的インフラに関する問題が災害復興を滞らせているということである（兵庫県県土整備部復興局復興推進課 2007, 9）。すなわち素早い復興は，緊密なソーシャル・ネットワークが保有している規範や情報，そして信頼関係を背景に実現することができる。表2は，どのように上述のソーシャル・キャピタルを災害復興へと適用するかということに関して，その3つの働きをまとめたもので

表2 平常時と災害時におけるソーシャル・キャピタルの働き

平常時の働き	災害時の適用
強固なソーシャル・キャピタルは，ネットワークに属する人々へ情報や知識，また入手経路を提供する	社会資源は，災害後のインフォーマルな保険として，また相互支援の仕組みとして機能する
強い結束は，ネットワークのメンバー間に信頼関係を作り出す	強固なソーシャル・キャピタルは，復興や再建の妨げとなる集合行動の問題を克服するための助けとなる
ソーシャル・キャピタルは，コンプライアンスや参加に関する新しい規範を形成する	ネットワークは，市民の声を強め，退出の可能性を低下させる

ある。

　第1に，ソーシャル・キャピタルはインフォーマルな保険として機能し，情報や資金面での援助や，生活上必要とされる身体的支援を被災者へと提供することができる。けがや病気あるいは死亡の際に補償を得るために保険料を支払っているフォーマルな形の民間保険サービスとは違い，インフォーマルな保険，すなわち人々の間での相互支援には，友人や近隣住民の間で互いに提供し合う情報や物資，住居，その他の援助が含まれる（Chamlee-Wright 2010, 46）。一部の研究者は，これらを「集合的協調行動」と呼び，近隣の住民へと援助を求めることも含まれるとしている（Paruchuri 2011）。ハリケーン・アンドリューによる600人以上の被災者から得た回答をもとにした分析によると，「親族の占める比率が高く，緊密度が大きく，人数が多く，そして民族多様性が低いネットワークに属している回答者ほど，インフォーマルな復興支援の提供を受けられる可能性が高まる」ことが示されている（Beggs et al. 1996a, 216）。災害などの非日常的な状況下では，例えば住居や育児の支援であったり，短期的な資金援助や情報提供であったりといった支援が，通常であれば提供してくれるはずの地方政府や民間の保育サービス，その他の危機対応機関などが利用できない場合でも，属しているネットワークの人々からの援助によって利用することが可能となる（Hurlbert et al. 2000）。

　また，政府やNGOからの組織的な支援が受けられない状況下などでは，災害後の初動的な危機対応を効率的に実施する上で最も力を発揮するのは，近隣住民や地域の市民グループである（辻 2001）。「被災者の友人，家族，同僚，あるいは通りすがりの人でさえも被災者を救う最初，かつ最も効果的に対応ので

きる当事者である」ことから，災害現場におけるそれらの人々の役割についてその特性を認識する必要がある（Perrow 2007, 4）。1995年の阪神・淡路大震災後には，多くの被災者が家族や友人の提供してくれた自宅の空き部屋や，使っていなかったスペースを片付けて用意してくれた仮住まいで寝泊まりをした。被災当初，被災者の多くは政府が提供する長期仮設住宅へと入居することで見知らぬ人に囲まれ，孤独な生活を強いられるよりも，親族や友人と一緒に生活することを好む傾向がある。ただし，そのような同居も4日を過ぎると，被災者たちは自力で他の住まいを探し始めるという研究報告もある（Kimura 2007）。アメリカ中西部における竜巻の被災者は，水やチェーンソー，発電機，その他の物資や機材を備蓄していなかったり，商店が閉まり入手することができなければ，周りの人に貸してもらう必要があったかもしれない。大きな被害を与えた石油の流出事故に対する地元の人々の反応を調査したDow（1999, 87）によれば，「地元の人々の支援のおかげで漁師たちの間にうまく対処する力が生み出された」ことが強調されている。災害時，特に危機直後においては，復興するのに必要な資源を提供するのは，民間企業や政府機関，またはNGOではなく，地域の人々や友人たちである。

　災害後の支援を提供する社会的つながりの多くが地元の人々によるものである一方で，「地元の持つ資源だけでは不十分である場合や，あるいは利用できない場合であっても，コミュニティの外側とのつながりを持つ人たちがいれば，その人たちのつながりに頼ることができることから復興がうまくいく傾向にある」とされる（Wetterberg 2004, 7）。例えば，1985年にベトナムのタム・ジャン・ラグーンで発生し，600人以上の死者を出した台風の後，ベトナム政府はサンパン（小型船）の住人たちに対して，将来の災害への脆弱性を低減させる狙いから彼らを移住させる対策を考えた。この移住計画は，船で寝泊まりする人々をその遊牧民的な生活スタイルから脱却させて，新しいソーシャル・ネットワークを形成させ，ベトナム農民連合やベトナム女性連合のような団体へと加入することを促すものである。この新しい連結型ソーシャル・キャピタルは，「地元のコミュニティを超えて，フォーマルな機関から提供される（中略）資源やアイデア，そして情報」の入手経路を提供したと言える（DaCosta and Turner 2007, 202）。このような地域を超えた新たなつながりによって，元船上

生活者が新たなコミュニティを経済的に発展させていくことができたのである。1995年の神戸での震災の被災者に関する研究で，Tatsuki and Hayashi（2002, 4）は，被災者が2つ以上のネットワークとのつながりを持つ場合と，知人との1つだけのネットワークしか持たない場合で，復興の程度に違いがあるかについて検証している。それによると「災害による被害に対して抵抗力を持ち，また高い回復力を持っている人々が，様々な社会的つながりを利用している一方，脆弱な人々は1つだけのネットワークに頼る傾向がある」という。

　ネットワークの構成員からの情報，例えば，いつ，どのようなサービスが再開すれば際に誰が街に戻ってくるのかといったものは，被災者の意思決定に重要な意味を持っており，政府の出す見解や見通しなどでは代わりは務まらない（Chamlee-Wright and Rothschild 2007, 2）。これまでに行われたインタビューの多くで，災害後の状況について，「正反対の情報が交錯し，実際の状況や関連する法律を把握できなかった」という被災者の声が聞かれている。もっと限定して言えば，地域外の人々よりも地元住民の方が，生存者の救出のためにどこを捜索するべきか，再建にはどのような物資が必要かをよく知っている。捜索と救助に続く段階においても，生活手段を失った人々に必要な情報を提供する機能を持つソーシャル・キャピタルはやはり重要な役割を担っている。例えば2005年のカトリーナによる洪水被害後のニューオーリンズでは，避難していた被災者にとって，近所の人々が誰も戻っていない被災地に自分たち家族だけが戻ることにためらいがあった。更地となったままの区画の中によく手入れされた家が点在するというこのニューオーリンズの状況は，「ジャック・オ・ランタン・シンドローム」と呼ばれるようになった（*New Orleans City Business*, 24 June 2010；Joiner 2010）。ニューオーリンズの行政担当者は，被災後の電気やガスなどのインフラの復旧状況や，学校などの施設の再開に関する最新情報を定期的に公開していたが，上からの一方的な「再建計画」に関する通達や公開情報は，被災前に住んでいた近隣住民が戻って来るかどうかを知りたがっている人々にとってはあまり有用な情報ではなかったのである。ある被災者はインタビューで，市の再建プランを話し合う集会に数多く出席した結果，「混乱した情報しか得られず，また疑問を抱いただけであり，どのルールに従うべきなのかは誰にもわからないようだった」と語った（Chamlee-Wright 2010, 136）。被災

者が本当に知りたいのはそういった情報ではなく，近所の人々や商店主，そして友人たちが考えている再建プランであり，これらの情報が被災者自身の意思決定に重要な意味を持っている（Chamlee-Wright 2008, 618）。同様に，第二次世界大戦後の日本の46都道府県の調査データを使用した研究では，政府と協力して再建のスピードを高める上で，地域のソーシャル・キャピタルや市民社会がどのように機能するかが示されている。強固な市民社会では，「より大量の情報を作り出すことによって，どの地域が最も緊急的な対策を必要としているのかを特定し，その対策の実行を促進し，そして効果的に監視することができる」という（Kage 2010a, 164）。このように，ソーシャル・キャピタルはネットワークの強いつながりと弱いつながりを通じて，重要な情報や支援，指針を提供する（Granovetter 1973）。

　第2に，組織化されたコミュニティは市民を活動へと効果的に動員し，集合行動の問題を打ち破ることができる（Olson 1965）。高い水準のソーシャル・キャピタルによって，「活動集会を計画することが可能になり，そしてその活動は組織化されたものになる」（Paxton 2002, 257）。DeFilippis（2001）が主張しているように，よく組織化され，活動への参加が活発な地域では，地域が持つソーシャル・キャピタルによって貸付資金や物資，その他の資源へのアクセスが容易になり，そこに住む人々を引きつけたり資源の手配をしたりすることが促進される（Dow 1999）。例えば1995年の阪神・淡路大震災後には，いくつかの地区で耐火性の高い住宅建設を進めていこうとする住民による自主的な協調行動が見られたのに対して，それ以外の地区は市の政策の決定待ちの状態であったという（Olshansky et al. 2005）。2010年のハイチでの震災の被災者は，荷物を盗難から守り，人々の安全を確保するために，自主的に監視委員会を組織している（Burnett 2010）。カナダのマニトバで2万5,000人の人々に避難を余儀なくさせた，レッド川の洪水に関する研究でBuckland and Rahman（1999）は，協調性を持っていたコミュニティではより効率的に対処できたことを示している。つまり，減災対策と避難方法の確立への活発な取り組みといった「対策がより高い水準で，またより地域に根差した対策が準備されていた地域では，（中略）洪水に対してより効果的な対応をすることができた」（188）のである。同様に1985年のメキシコ地震の後には，数千人もの被災者が自分たちを「los damnificados（被害者団）」と呼び，地域を超えたの住民同士で結束してもっと恒久的な住宅を建設するよう政府へと迫った（Ovalle 2010）。ニューオーリンズでは，「社会的組織への関与，市民活動の主導性，政策の実行力，集会への参加，そして社会の信頼関係がより強い地域ほど，人口回復率が高く，洪水による損害が小さく，そして人々による破壊行為や暴力犯罪発生率は低いという相関（$p<0.01$）が認められた」という（Weil 2010, 4）。ヒューストンでは，ハリケーン・リタが到達する前に避難した個人や家族の割合は，地区ごとの判断によって大きく異なっている。自分の近隣住民が避難した場合には，その当人も嵐が到達する前に避難する可能性はかなり高まったとされる（Stein et al. 2010, 827；Dueñas-Osorio et al. 2011, 21）。

　高い水準のソーシャル・キャピタルを持つ地区では，役所での申請手続きの方法や期限に関する情報を共有し，公共用地へのごみの不法投棄を監視し，コミュニティでの略奪行為を抑止することができる。バンダ・アチェでの震災後の被災者と村の状況に関する研究で田中は，再建過程における地域コミュニティの役割を明らかにしている。「コミュニティがNGOから提供される資源を地域に持ち込むことから，コミュニティはNGOと個々の被災者との間の懸け橋としての機能を果たし，外部から入手した豊富な資源を被災者の手元へと導いてくれる」（田中 2007, 242）。ニューオーリンズのビレッジ・デ・レストでは，地元の電力会社であるEntergyが電力供給を再開するためには500名以上の署名が必要と知った住民たちによって，その日のうちに1,000名以上の住民からの署名を集めることができた。住宅供給やがれきの除去，電力の供給再開が不可欠であるという点で被災者たちは合意することができるかもしれないが，必ずしもそれを実現しようとする活動で協調行動を取れるとは限らない。阪神・淡路大震災の後，神戸市の御蔵地区では復興に向けた協調行動が取られることがなかった。市の費用負担によるがれきの除去には，土地所有者らによる書面での同意が必要であったが，合意署名を求める活動を自発的にしようとした人は１人もいなかったのである（Yasui 2007, 227）。

　そして最後に，ソーシャル・ネットワークはコミュニティから退出することによる代償を大きくし，また住民らが「声」を発信していこうとする可能性を高める働きを持つ（Hirschman 1970）。[5]「退出する」という用語は，どこか他の

場所へと移住する可能性を意味しており，多くの被災者は，家族や知人の命を奪われ，自宅やインフラが損壊した被災後の状況において今後どうするのかという難しい決断を強いられることになる。被災前に住んでいた地域では住むところも仕事も見つけられない可能性があることから，他の町に家族と共に移住することも選択肢の一つとなりうる。他方，おそらく多額の費用がかかるであろうが，災害によって破壊された自宅やコミュニティを再建する道を選ぶこともできる。アメリカ国土安全保障・政府問題委員会の災害復興臨時分科会の当時の議長であったMary Landrieu上院議員は，この問題を認識し，2008年9月23日に行った演説の中で「非常に混沌とした，失望と困難に中にあって，どうすれば良いのかを見出すことができず，どうにかして進むべき方向性の糸口を見つけようと必死に頑張っているルイジアナやテキサスの人々に直接語りかけたい」と話した（HSGAC 2008）。

　ハリケーン・カトリーナの被災後には，生活する上での条件の良さと仕事の見つけやすさから，ニューオーリンズの自宅を失った数多くの人々がヒューストンやダラスなどへと移住しており，「アメリカ国内では，ダストボウル（砂嵐）による1920年代から30年代の大規模な移住以来，過去最大の人口移動」であるとされている（Appleseed 2006, 1 ; Nigg et al. 2006, 113）。被災後に移住し，そのままその地に留まっている人々の数は，テキサス州だけで10万人に上るという試算もある（Benning 2010）。ある女性はインタビューで，ハリケーン・カトリーナによってニューオーリンズから離れることは「かごから逃げ出した小鳥のようなものであり，（中略）今テキサスにいるのはここなら生きていくための手段が見つかるから。故郷は今もひどい状況が続いている」と話している（Mildenberg 2011）。また，ある被災者の女性は，自分が以前住んでいた自宅の周りにコミュニティが欠けていることによって疎外感を感じるという。彼女によれば「すべて無くなってしまった。コミュニティも，友人たちも，散り散りになってしまった。ニューオーリンズを訪れてみると，まるで知らない国を歩いているような気になる」という（Nossiter 2007）。より深い社会の絆は人々が他の町へと流出するのを防ぐ防波堤となり，そのコミュニティに深い愛着を持つ住民がそこで生きていくための解決方法を探らせようとする。その土地への愛着によって築かれる人々の強い結束は，それが最も被害の大きな地域であっ

たとしても，被災者がエネルギーと財産を復旧や復興のために投資しようとする動機付けとなる（Chamlee-Wright and Storr 2009b）。例えば1995年の阪神・淡路大震災の被災者へのインタビューでは，被災前に住んでいた土地へ戻り，破壊された地域の再建をしたいという強い思いがあると多くの人々が語っている（高橋 2001, 57）。同様に，日本で起きた2004年の中越地震の後には，「住んでいたコミュニティに対して否定的な感情を持っていた人々は移住をしようと決心しがちであり，一方でコミュニティに対して誇りを持ち，満足度のあった人々は戻る決心をする傾向が高かった」ことが示されている（Iuchi 2010, 213）。ロビー活動を行い，政治集会を開催し，政治家と接触することで天然資源の運用方法を変更させるといったことがタイの強固な結束を持つコミュニティにおける研究で見られるように，より多くのソーシャル・キャピタルを持つ地域では，社会的資源を政治における影響力へと転換することができる（Birner and Wittmer 2003）。

「成果に強い関心を持つ個人が復興を牽引する最も適した人物であると位置付けられる」とすれば（Chamlee-Wright and Rothschild 2007, iii），ソーシャル・キャピタルの蓄えを十分に持たない地域の住民が自分たちの意見をはっきりと声に出したり，再建のためにリーダーを務めたりするといったことを見出すことは難しいであろう。1997年にアメリカ中西部の北方域一帯を襲った洪水からの復興に関するKweit and Kweit（2004）の研究によれば，復興活動に積極的に参加したミネソタ州の住民はその成果に対する満足度がより高く，また災害後の政治的安定性も高かったのに対して，ノースダコタ州の同じくらいの規模でありながら市民の活動への参加が少なかった町では人々の満足度は低く，政権交代が多く見られたことが論じられている。同様に，インドのグジャラートと日本の阪神・淡路大震災後の復興の比較研究で，Nakagawa and Shaw（2004, 17）は，高い水準のソーシャル・キャピタルを持つ地域の人々は，災害発生後の再建計画に対する満足度がそうでない地域の人々よりも高いことを指摘している。コミュニティの結束が弱く，市民の声がそれほど強くない地域では，復興は進むにしてもそのスピードは遅くなる（Kamel and Loukaitou-Sideris 2004）。実際のところ，近隣住民とのつながりをあまり持たない人々は違法行為や破壊行為に加担してしまう可能性が高く，それが復興活動の妨げになるこ

ともある（Varshney 2001；Lee and Bartkowski 2004）。

　これまで行われた多くの研究が，強固なソーシャル・キャピタルがもたらす災害復興における恩恵について強調する一方で（Tatsuki et al. 2005），最近の研究ではそれに伴うマイナス面の影響について力説している。Adger（2003, 396）は，過酷な天候変化や自然災害の脅威の下では，元々存在していた不平等をソーシャル・ネットワークがさらに強めてしまうことがあると主張する。Aldrich and Crook（2008）は，カトリーナによる被災後のFEMAのトレーラーハウスの設営場所に関する研究で，ニューオーリンズ市内の市民的規範の高い地区（選挙での投票率の高さによって区分）は，トレーラーハウスを含む仮設住宅の受け入れをしていない地域と一致することを示した。ソーシャル・キャピタルがそれらの地域の人々が「負の公共財」として捉える対象であるトレーラーハウスの受け入れに抵抗するために協調することを可能にしたのである。負の公共財とは，現代社会の生活において必要であると広く認識されているものの，自分の住む地域には欲しくないと考えられてしまうものである。Big Easy（ニューオーリンズの愛称）のこれらの地区では，移動式住居やトレーラーハウスを受け入れずに済んだと喜んでいるかもしれないが，それによって市の担当者はもっと押し付けやすい（低い水準の社会的資源しか持たず，抵抗の小さい）地区を探すために資源やエネルギーを使わざるを得なくなることから，このような抵抗が全体の復興スピードを遅らせてしまう。津波の被害後のインドのタミル・ナードゥ州では，結束型と連結型の両方の形態のソーシャル・キャピタルを十分に持たないダリットや女性，またその他の地域社会の隅に追いやられている人々は，自分たちが救助や支援の輪から外されていると感じたであろう。ニューオーリンズの組織化の弱い地域であろうが，インドで疎外されているダリットであろうが[6]，このような社会の主流から取り残された人々は，復興過程に影響を及ぼしている強固なソーシャル・キャピタルを持つグループによって，再建への取り組みを遅らされたり，妨げられたりすることになるのである。

6 災害はソーシャル・キャピタルを変えるのか？

　残る一つの疑問は，ソーシャル・キャピタルと災害の関係性である。災害がソーシャル・キャピタルの水準を変化させることを示唆する研究者もいる。例えば，Rebecca Solnitの著書*Paradise Built in Hell*は，被災した地域住民たちが協調行動を取ることで，「エリートパニック」を回避する（被災者の掌握ではなく，危機に対して不合理な行動に出かねない政策決定者を制御する）という概念を世に広めた。これは，災害発生後の凄惨な状況にもかかわらず，あるいはそうであるからこそ，被災者たちは共有する問題を解決するために協力し合うということを示唆している。Solnitの主張は，「困難な状況下においては，（結束型の）ソーシャル・キャピタルの量が増加する可能性がある」ということである。しかし一方で，ハリケーン・アンドリューに関する研究からは，災害後には社会的インフラが大きな損傷を受けるために（Dash et al. 2000, 217），住民は被災以前のようなコミュニケーションや関わり合いをすることが難しくなることが主張されている。彼らの研究や他の研究（例えばTootle 2007）が示唆するのは，災害はソーシャル・ネットワークを向上させるというよりは，むしろダメージを与えるということである（また，9.11のテロ事件が，ニューヨークの人々がそれまでに持っていた社会や職業に対する概念をどれほど変えてしまったのかについてはFoner 2005参照）。

　これまでに行われた災害研究の多くは，ほとんどの被災者が災害発生後に互いの結束を高め，合理的に，また協力的に行動するという概念を長い間支持してきた。例えばFischer（1998, xv）は，災害後に「不合理で反社会的な，そして機能不全に陥った行動が人々の間に広く蔓延する」ことを「災害神話」と称した。彼がこれまでに行った数多くの災害事例の検証結果によれば，暴動を起こしたり，他の人を傷つけたりする被災者は極めて少ないことが明らかになっている。災害後の規範や信頼に関する学術研究の検証結果が示しているのは，「災害の直後から少なくとも短期間においては協調行動が増加している」ということである（De Allesi 1975, 127）。De Allesiは，災害後に商店や企業が食料や水，発電機などの必需品を自発的に値下げしている例や，住民からの圧力に

よってそうさせられている例など，複数の調査事例を示している。個人や家族のレベルでは，災害発生後の短期間において，被災者が家族の絆や家族に対する務めへの強い意識を持つことがある (Knowles et al. 2009, 99)。今から100年近く前の1923年の関東大震災後の東京で，自治会や町内会など，近隣住民による組織の急速な広がりが，東京の住民を互いにつなぎ合せたことがあったが，これと同様のことが観察されている (Sorensen 2007, 63)。長くは続かないかもしれないが，災害はボランティア精神を社会に広げるきっかけともなり得る。例えば1995年の阪神・淡路大震災後には，63万人とも100万人とも見積もられるほどの人々が被災地域に駆けつけ，再建を手助けしたという推計が地方自治体によって出されている (Tierney and Goltz 1997, 2 ; Shaw and Goda 2004, 19)。

しかしながら，これまでの様々な災害事例の研究から，例えば1923年の関東大震災後に起きた在日朝鮮人に対する暴動のように，被災者の機能不全に陥ったような行動の実例を挙げることもできる。リスボンで多くの犠牲者を出した1755年の地震と津波の後には，政府が「略奪，放火，殺人」の鎮圧にあたらなければならなかった (Shrady 2008, 33)。ハリケーン・カトリーナ後のニューオーリンズでは，街中の商店が略奪をする市民によって荒らされ，テレビや電動工具などの高額商品が持ち去られた (Brinkley 2007)。しかし一方で，この同じ状況を見て「驚くべきなのは，どれほど多くの商店が荒らされたかではなく，どれほどそれが少なかったかということである」と主張する研究者もいる (Baum 2006, 58)。もっと最近の事例では，2010年3月のチリ地震後に起こった略奪行為に対して，政府は社会の動揺を抑えるためにより強制的な制圧に動かざるを得なかった (*Economist*, 6 March 2010)。

震災から5年が過ぎても被災者同士の間に強い社会意識や高い公共心が認められるとする研究結果もあるが (Tatsuki and Hayashi 2000)，多くの研究が示唆しているのは，被災に起因する地域の社会構造の変化は，それが利他的な協調行動に対するものであれ，暴力を伴う社会の機能不全に対するものであれ，それらの状態が長くは続かないということである。Sweet (1998) は，ニューヨークのポツダムを襲ったアイスストーム（氷嵐）によって電気の供給を2週間にも渡り寸断された約100人の人々へのインタビュー調査データを使用して，災害発生の3年前と1カ月後の社会的結束の強さを測定した。その結果，短期

的な変化は認められたものの（社会的結束は1カ月弱の間は強まったが），その効果はその後すぐに消滅してしまい，「災害に対処することによって生まれた連帯の長期的な影響」は認められなかったとしている（330）。神戸の事例では，震災の被災者が通常の生活を取り戻していくにつれて，市民としての権利の行使や社会活動への積極的な参加といったコミュニタリアン的な世界観を示す行動は減少していった（Tatsuki et al. 2005, 8）。実際のところ，1995年の阪神・淡路大震災から10年以上が経過して，コミュニティのマナーやモラルの低下を心配する声も聞かれるようになり，また，多くの住民が政府への信頼の喪失を口にしている（Tatsuki 2010）。同様に，被災した人々が市民社会団体や地域のガバナンス組織に参加しようと駆り立てられる効果が続く期間もやはり短いことがわかっている（Tatsuki and Hayashi 2002, 2 ; Tatsuki 2008, 14）。例えばフロリダ州での災害後には住宅所有者らによる団体が数多く設立されたが，時間の経過とともにその数は徐々に減少している（Paruchuri 2011）。本書は，災害前のソーシャル・キャピタルの変化が期間と程度において限定的であるというこれらの根拠を土台とする。すなわち，災害後のソーシャル・ネットワークは，災害前の状態と限りなく近いものであると考える。これは重要なポイントである。なぜなら，本書で取り上げるハリケーン・カトリーナ後のニューオーリンズの事例研究では，災害前に測定されたソーシャル・キャピタルを表すデータが，震災直後においても引き続き変わらないことを前提としているからである。

注
(1) George Simmelは，直接のつながりを共有しない小集団や，集団をつなげる人々である仲介者の存在について記した彼の著作物の中で，ソーシャル・キャピタルの橋渡し型と連結型に関する形態に初めて言及したうちの一人である。（Simmel [1908] 1950）
(2) Geertz (1962) は，回転型信用講（相互的な融資協会や，共同出資クラブ，貯蓄金融団体としても知られる）の役割を初めて指摘したうちの一人である。最近の社会科学の研究では，低額ローンや助成金が発展途上国の住民に提供されるマイクロ・ファイナンスやマイクロ・クレジットに焦点が置かれている（例えば，Tedeschi 2008や，Yunus 2008参照）。
(3) 2人のプレイヤーによる標準的な信頼ゲームでは，各個人がお金と，もう片方に匿名でそれを送る機会が与えられる。プレイヤーAは，プレイヤーBに対して所持

金のすべてか一部を与える，もしくは全く与えないという選択肢から選択することができる．また，プレイヤーBはいくら送り返すかを決めることができる（もし相手が受け取るのであれば）．予測されるナッシュ均衡は，プレイヤーAがプレイヤーBに全く与えず，またプレイヤーBがそれをすべて持っている場合であるが，実際のところ稀な結果である．何千ものゲームの中で，10ドルを与えられたプレイヤーがだいたい半分をわけ，受け取った側は90%をまたそのプレイヤーに返した．

(4) 部族やカーストの評議会は，*panchayati raj*として知られるインド政治における公式の地方層を作り上げる組織と混同されるべきではない（この議論の詳細についてはJohnson 2003を参照）．

(5) 他の研究者が主張するように，「コミュニティが直面する大きな決断の一つが，移住と帰郷である．すなわち，新たな土地で新しい生活を始めるか，災害前の生活を維持するかという決断である」(Iuchi 2010, ii)．

(6) タミル・ナードゥ州におけるダリットが少数派であることが彼らを排他的なコミュニティにしたことに関する議論は，*NGO Coordination and Resource Center* (*Newsletter* issue of 5 January 2006) を参照．

(7) 地震後，総務省は噂の拡大を止めるために日本中のラジオ局にライセンスを与えるスピードを速めたという (Kasza 1986)．そして1995年の阪神・淡路大震災以降，活動家は地域の少数派や外国人に情報を提供するために，長田区に多言語のラジオとして「FMわぃわぃ」を設立した．

(8) 共同体主義の視点では，集合的問題を解決し，他人との会話を始め，集団と個人の権利や要求のバランスを見出すために，集約的に協力することを住民に求めている．

| 第3章 | 関東大震災（1923年） |

　1923年の秋，（当時の大日本帝国）の首都，東京を巨大地震が襲った[1]。高度に発展していた街並みは，地震による揺れとそれに伴う大規模な火災による被害も相まって，その半分近くが破壊し尽くされた[2]。当時の東京市の下町エリアの東部に位置した本所区も，この災害によって大きな被害を受けた。この震災によって「本所区の約6分の1にあたる人々が命を落とした。（中略）火災によりこの地区の95％以上が焼き尽くされ，22万18人もの人々が家を失った」とされている（Hastings 1995, 57）。Seidensticker（1991）などに見られるように多くの研究者らは，震災によって人々や企業が下町（東京湾を取り巻く市内東部）から山の手（市内西部）へと流出したことや，下町地域の復興は遅れを取り，なかなか進まなかったことを指摘している。だが，貧しいとさえ言える下町の労働者階級が住む本所区などでは，火事に対して高いレジリエンスを示している。そこでは地域のつながりや，ソーシャル・ネットワークの役割を担っていた自治会や町内会，また非営利組織（NPO）が，災害発生直後から地域での活動を再開していた。本所区では「地元の在郷軍人らによって，消火活動や負傷者の手当て，住民間の対話の促進，地域のパトロールの実施，食料や水の配給，道路の修復，そして交通整理が行われていた」（Hastings 1995, 102）。男性全員への選挙権の付与が施行された1925年以降に行われた東京市会議員選挙においても，比較的貧しい住民が多数を占めるこの地区の投票率は，他の裕福な地区よりも高かった。大きな被害を受けた地区でありながら，強固なソーシャル・キャピタルと効率的な復興を示したのは本所区だけではない。

　震災の大きな被害（1,000人当たり3人以上の死傷者）を受けた，愛宕や麹町，また築地といった地域の被災後10年間の人口増加の水準は，同程度の被害あるいはより小さな被害を受けた他の地域の水準よりも高くなっている。つまり，これらの地域では元の住民が戻り，また新しい移住者を呼び寄せたと言える。本章では，これらの高いレジリエンスを持ったコミュニティが，市民活動への

活発な参加という形を通して強い連帯を保持し，人口が減少したゴーストタウンとなるのを食い止めたことを論じたい。特に，強い結束を持っていたと考えられる地域では，高い投票率（これら 3 つの地区ではいずれも70%以上），およびより多くの政治的デモの実施（いずれの地区も年160回以上）が確認されている。こうした行動は，人々が活動に労力と時間を割くという費用を伴い，集合行動問題を克服することを必要とした。住民間の強固なつながりは，被災者の地域外への流出を抑えることによって，また地域の声を強めることによって，よりよい復興をもたらしたのである。これらの地域と同じくらいの人口規模であった鳥居坂や堀留などの地区では，被害が小さかったが，市民の社会活動への参加の水準は低いものであった。そして，人口増加率は先の3地区に比較して低かった。つまり，それらの地区では元の住民を引き戻すことも，新たな流入者を惹きつけることもできなかったのである。これら結束の弱い地区では，政治的な集会はほとんど行われておらず，また有権者の投票率は50％程度であった。

　東京の急速な復興は，協働と協調行動によって成し遂げられた。比較的貧しい住民たちも力を合わせて仮設小屋（木材やその他の有り合わせの材料で作られた避難所）を建て，倒壊した店舗跡には仮設店舗を設置した。当時の写真からは，東京の公共空間や公園などいたるところに木造の小屋が乱立し，家の前には手押し車が置かれている様子が目に飛び込んでくる（太平洋戦争研究会 2003, 106）。上野公園では500以上の小屋が集まる一時的な集落が出来上がっていた。住民たちは自警団を結成し，互いの安全を守り，また盗難の被害を防いでいた（田中 2006, 306）。市中の薬剤師や医師たちは可能な限り多くの人を救おうと，医薬品などの物資を提供し協調して救援活動を実施していたし，また東京大学法学部では人々に最新情報を提供するために災害情報の掲示板を設置した（ブッシュ［1962］2005, 196）。東京の街は「40時間にも渡って燃え続けたが，その火がまだ残る中ですでに再建が始まっていた」のである（Seidensticker 1991, 8）。当時の様子を観察していた一人の研究者は，東京の力強い復興を予測していた。というのも住民「全員が一つになって，不幸な出来事の最中に団結し，救援のために協力し合っていた」からである。「この連帯の精神は，社会のあらゆる階層とあらゆる状況下にいる人々へと広がり，学生たちも就学を継続できるかどうかで悩んでいる仲間を支え合っていた」（Dahlmann 1924, 129-130）。

第3章　関東大震災（1923年）

1　地震による被害

　1923年9月1日の午前11時58分，マグニチュード7.9の巨大地震が日本の首都である東京府と，近隣都市の横浜などを襲った。東京府内の子供たちはこの日から新学期を迎えていたが，この時間にはほとんどの子供が昼食のために帰宅していた。東京の街並みの多くを焼き尽くした火災は，昼食を準備する家庭や飲食店の石炭を使用する火元やガスレンジが原因であると多くの研究者が推論している（Dahlmann 1924, 18；Hanes 2000, 125）。「200万人もの人がひしめくこの地域において，50万棟に及ぶ家屋の90％以上が木造建築で，可燃性の化学薬品が入った小瓶が粉々に割れ，火鉢やガスコンロが転倒して炎上し，燃料タンクから火が噴きあがった」のである（Hammer 2006, 117）。東京で起きた火災は3日間にも渡り燃え続け（Naimushō Shakaikyoku 1926, 10），地震に続いて起きたこの大火は，世界の各地で過去に起きた歴史的な大火災と比較してもはるかに強烈であった。この震災によって35万棟の建物が全壊もしくは損壊し，60％の人々が家を失い，確認されただけで6万人が犠牲となり，1万1,000人が行方不明者となった。政府はこの震災による被災者数を160万人としている（Tokyo Municipal Office 1930, 35）。東京にあった16の新聞社のうちの13社は社屋を失い，9月6日に一部の新聞社で再開されるまでは，正式な全国紙や地方紙は印刷されなかった（吉村 2004, 143-144）。「半世紀にも及ぶたゆまぬ努力の結晶が，大惨事によって廃墟となり灰に埋め尽くされるのは一瞬の出来事だった」と嘆く声も聞かれた（Dahlmann 1924, xiv）。

　東京市長から国政に復帰し，震災当時には内務大臣を務めていた後藤新平は，帝都復興院の総裁に任命されて再建を指揮することとなり，3つの柱からなる大胆な復興計画を提案した。その内容は，再建政策を決定していくための様々な政府機関の設置と，国内外への長期債券の新規発行による資金調達，そして東京市内被災エリアの土地買収であった（Tokyo Municipal Office 1930, 42）。彼が描いていたのは，首都を走る狭い（よって危険な）道路の合理化および拡張，インフラや住宅の近代化，そして街の緑地化であった。さらに，災害後すでに建ち始めていた木造建築の小屋や家を排除することによって，火災に強い東京

を作ろうとしていた（田中 2006, 第7章）。しかしながら，「後藤の壮大で，そしてあまりに非現実的な都市計画が実を結ぶことはなかった」(Schencking 2006, 836)。この復興計画が失敗した原因はトップダウンによる集権的な進め方に問題があったという指摘もあるが，当時の大蔵大臣がこれらの計画の実現を急ぎ，国家の首都の再建のための資金調達を名目に増税することを模索していたことも原因の一つである。さらに，復興政策の実施にかかる費用はすべて国の一般歳出によって賄われることから，国庫からの支出をさらに増やそうとするこれらの計画に対し，その他の省庁が強く反発した。後藤は，描いていた計画を実施するための（40億円近い）予算を確保しようと，諮問委員会や国会で熱っぽく訴えかけるなどして再三の交渉を試みたが，日本の二院制による議会が議決した予算は4億7,000万円を割り込むにとどまった（望月 1993, 82-83）。

1923年の関東大震災は，それまでの100年間に日本で起きたどの災害よりも甚大な被害をもたらし，その大きさは，1891年10月28日に発生し，8,000人近くが犠牲となった濃尾地震をはるかに凌ぐものであった。それによって，関東大震災は社会的にも専門家らにとっても大きな教訓となった。日本政府はこの震災を利用して，英雄的行動や天皇への忠誠心が示された様々な逸話を喧伝し，直接的に国民の「道徳観念」へと働きかけた（Borland 2005；2006）。技術者や建築家はこの震災をきっかけに，西洋と日本の建築様式の安定性について比較評価を行った（Clancey 2006a；2006b）。東京市の役人は，日本の経済発展を近代的で世界的な象徴となるような，新しい帝国首都を作り出す機会として捉え，復興の道筋を描いていた（Hanes 2000, 132；Schencking 2006, 835）。

危機と再建に関心を寄せていた社会科学の研究者にとっては，この震災は悲劇的な災害事例として，また復興速度が地区によって大きく異なることから，被災後の復興の進み方を検証するための「自然実験」としての材料を提供してくれる機会となった。ある研究者は，市民の投票行動や政治的活動と共に，自治会や町内会の活動によって表される市民社会度が高いとされる地区では，復興が加速した可能性があると主張している（Hastings 1995）。一方で別の研究者は，被害の大きさが復興の速度を決定づけたと論じている（田中 2006）。この被災事例は，人口回復に関連を持つとする様々な要因を検証する格好の機会を提供している。

第 3 章 関東大震災（1923年）

図 2 1920年代の東京市における区を示す地図
注：Asuka Imaizumiより許可を得て転載。

図 2 は，1920年代の東京市における区を示す地図である。

2 復興のスピードを決定する要因

これまでの研究では，災害後の復興スピードを決定するものとして，被災者への救援，被害の程度，人口密度，人的資本，経済資本，そしてソーシャル・キャピタルという 6 つの主要な要素や資源に注目が高まってきた。本章では，この歴史的な災害から得たデータを使用して，第 1 章で述べた理論を検証していく。

大惨事の被害者のためのファンド・レイジング（資金調達）は現代の発明であると想像するかもしれないが，およそ100年前のこの災害において，日本の再建を助けるための金融支援が国際機関および他国の政府から行われていた。1920年代の資料によると，アメリカ，キューバ，メキシコ，パナマ，ペルー，チリ，アルゼンチン，ブラジル，中国，シャム（タイ），イギリス，ノルウェー，ドイツ，オランダ，ベルギー，フランス，イタリア，スイス，ロシア，ラトビア，トルコ，ポーランド，オーストリア，スウェーデン，チェコスロバキア，ボリビア，ウルグアイ，ルーマニア，そしてポルトガルが，東京の被災者のための支援を提供している（Naimushō Shakaikyoku 1926, 360-361）。総額約600万円が東京市内の各区へと均等に分配された。東京市も震災後から9月30日までの間，被災者に対して炊き出しを行い，市内の各地に無償の医療支援拠点を設けた。諸外国からの義援金は，被災者が必要な物資や生活必需品を購入し，生活を再建していくために役立てられたであろうが，それ自体が地域間の人口回復の差を説明するものとは言えない。東京市が各区に対して均等に支援を行っているのに，区によって回復の水準が異なることから，これらの間に関係があると言うことは難しい。したがって，災害復興に影響を与えるその他に可能性のある要因に着目している研究者もいる。

　Dacy and Kunreuther（1969, 72）をはじめとする多くの研究者は，「災害後の復興のスピードは，主にその災害による物質的な損害の大きさによって決定されると考えるのが合理的である」と主張している。すなわち，地区や街の受けた被害の大きさが復興の速度を決定することになる（Haas et al. 1977）。田中（2006）は，例えば1923年の関東大震災後の東京の復興に関する研究において下町エリアの方がより大きな被害を受けたことから，復興のスピードは山の手エリアと比較して遅かったと強く主張している。

　また別の研究者は，単位面積当たりの人口，すなわち人口密度が復興の速度に影響すると主張している。1920年代の東京は，当時のヨーロッパの国々の首都と比較しても人口の密集度が高かったとされている（田中 2006, 111）。人口密度の高い地域では，仮設住宅を含め，被災後に住宅をスムーズに供給することが難しいことから，復興が遅れてしまう可能性がある（Tobin and Montz 1997, 14）。他にも，地域住民の学歴や技能，また職務経歴といった人的資本の

量が，惨事から立ち直る能力と深く関わっているという指摘もある（Wright et al. 1979；Berke et al. 1993）。その点では，犯罪や麻薬の乱用が頻繁に発生しているような人的資本の水準が低い地域では，再建に向けて地域の資源を結集することが難しいと言えるかもしれないとされる（Heath 2006）。

研究者や政府の政策担当者は，災害復興に不可欠の要素として，物的資本や人的資本と並んで経済資本にも注目している。資本を入手する機会の乏しい地域では，自らの蓄えを切り崩さざるを得ない。巨額の資金を必要とする復興プロセスを支えられるほど十分な資金を持つコミュニティは稀であろう。1920年代の東京においても，市の行政担当者は質屋の営業再開を急ぐ必要があることを認識していた。被災後に職を失った貧困層や中間層の人々にとっては必要な現金の提供を受ける手段として，質屋が不可欠であったのである（東京府庁 1930）。

以上に挙げた資源や被害の大きさを基礎としたこれまでの一般的なアプローチとは異なり，多くの定性的な研究や小サンプルサイズによる研究ではあるが定量的な研究において地域の復興スピードを説明する要因として，コミュニティにおいて集合行動を促進させる資源，すなわちソーシャル・キャピタルが潜在的に持つ役割が示されてきた。（この議論の詳細については第2章，また，Nakagawa and Shaw 2004；Dynes 2005；Tatsuki 2008；Kage 2010a参照）。

3　使用するデータ

本章では，地域による人口回復の差を説明する様々な要因を検証するために，1922年から1933年までの間における39の警察管轄区ごとにこの分析のために新しく作成したデータセットを使用する。当時の政治家や官僚が東京市を図2のように区に分けた一方で，警視庁はこの大都市をさらに細かく管轄区に分けていた。そこでこの利点を生かし，この研究では平均面積が1.97km²である警察の管轄区レベルのデータを使用して分析することにする。これらの小地区データの大部分は，警視庁が保管する年次統計を基にしている。

ここで用いる人口や犯罪件数，またその他の人口動態に関するデータは，警察がそれぞれの所轄エリアの全体像を捉えるために即興的に概算した数値では

ない。それどころか，これらの記録は，作成者の性質ゆえに非常に信憑性が高い。例えば，日本の警察官は，現在は交番として知られる駐在所に24時間体制で勤務に当たることで地域に根付き，市民社会の活動を身近で監視する任務への強い意識を持っていた（Tipton 1991）。中央集権的な権力構造によって，当時の日本では警察が法的に強い権限を持ち，社会秩序を乱していると見なされた者には厳しい「指導」が施されるなど，日常的に市民生活へと立ち入った監視が行われていた（それらの介入に関する詳細は，警視庁史編さん委員会 1960参照）。現代の東京においてもなお，巡回連絡として知られる地域住民への調査が年2回実施されており，職業や世帯人数，自家用車の所有状況，その他の状況を継続的に把握している（Obinata 2000；Bayley 1991, chap. 5）。この研究ではこれらの警察のデータに加えて，行政機関が公表している投票率や災害による被害状況に関するデータを使用する。このデータセットは広範な尺度（人口動態面，地理情報面，社会経済面，そしてソーシャル・キャピタルの指標）を網羅しているだけでなく，それらを同じ都市の複数の地区で比較できる上に，関東大震災が発生した1923年の直前から10年に渡る推移を捉えていることから，これらのデータを用いた本章の分析は災害復興の研究に新たな光を当てることになるであろう。

　このデータセットには，災害後の復興に関する研究における主要なアプローチに対応する変数を含んでいる。まず，1km²当たりの人の数を表す人口密度を使用している。また，人的資本の持つ役割を検証するために，地区ごとの1人当たり商業用車両数と共に，人口当たりの工場労働者数（全工場労働者数，地方からの移住労働者数）を使用している。東京の「労働者階級」は，都市部の貧困住民からこれらの工場労働者へとシフトしたため，収入は増えたものの「下層階級」という烙印を押されてしまうことになった（安田 1994, 38-40）。1920年代には，東京に住む人々が所有していた車やトラックは商業目的の移動や配達のために使われており，それらの車両数はその地域に所在する企業の資本ストックを反映していると言える。また，技能を多く持たない学歴の低い人々，すなわち保有する人的資本が少ない人々ほど犯罪に関与しやすいという根拠に基づき，地域の1人当たりの犯罪被害コストを人的資本の指標として加えている。(Williams and Sickles 2002）。さらに被害の大きさによる影響を調べるため

に，下町と山の手のいずれに位置しているかというダミー変数と共に，地域ごとの震災による人口に対する犠牲者の比率を含めている。この変数を使用したのは，新宿周辺の東京西部に位置する山の手エリアの方が火災による被害が小さかったことから，下町エリアよりも早く復興したという田中（2006）の指摘について検証するためである。調査対象の39の管轄区すべてがいずれかのエリアに含まれている。

　経済資本の代理変数には，1人当たりの質屋の利用量（金額）を含めた。ほとんどの西洋人にとっては，質屋と言えば骨董品を扱う店舗というイメージが湧くであろうが，1920年代の東京では質屋が庶民にとっての金融機関として機能しており，それゆえ非常に独特な品物も取り扱いの対象であった。簡潔に言えば，「富裕層のために銀行があるように，貧困層のために質屋があり，それが急場の現金を用意するための主要な供給源となっていた」のである（Hastings 1995, 47）。東京に住む低所得層は，例えば傘や布団，やかんや鍋，キセルなどの喫煙用具，そして衣服といった様々な日用品を質入れし，それで得た金を商売や自宅の再建費用の足しにしたり，食料のような生活必需品を購入するために使ったりしたのである。質屋はこのように現金の重要な供給源であったことから，東京府庁は震災で損壊した質屋の再建に向けて動き出し，「労働者層や貧困層の人々にとって唯一の金融機関であった質屋を失ったため，彼らの災難を和らげるために7つの公営の質屋を設置した」（Tokyo Municipal Office 1930, 85-86）。震災前はすべての質屋が民間の経営であったが，大半は地震によって無くなってしまっていた。

　ソーシャル・キャピタルは時代や社会によってその形が一定ではないことから，実例ごとの時代背景や社会背景を考慮した上で，細心の注意を払って測定する必要がある（Krishna 2007, 944-945）。この研究を進めるにあたり，de Hart and Dekker（2003, 166）に従い，ソーシャル・キャピタルを捉えるために行政と警察が保有する統計データを使用することにした。地域が持つ集合行動問題を克服する能力（Olson 1965），および，退出ではなく声による主張（Hirschman 1970）を測定するために2つの尺度を使用した。それらは，1929年と1933年の，いずれも3月16日に行われた市会議員選挙における投票率（％）と，1年間の選挙区ごとの政治的デモの回数である。

Verba and Nie（1972）は投票行動と市民ネットワークへの参加の関連性を研究しており，反核運動家に関するWalsh and Warland（1983）の研究がこのアプローチの妥当性を立証している。また，Hamilton（1973），Putnam（2000），そしてAldrich and Crook（2008）は，ソーシャル・キャピタルの水準を表す指標として選挙での投票率を使用している。もっと限定して言えば，20世紀初頭の日本において，特に1925年に男性全員への選挙権が付与されて以降の選挙における投票行動は，明確な利益の見えないものに対して時間を費やすことになる（それゆえ「犠牲を払っている」）と言えるし，また自発的な市民活動への参加や貢献といった側面を反映するものであると考えられる（1928年の国会議員選挙に関するさらなる議論についてはHavens 1977参照）。1920年代の東京についての著名な研究においても，住民同士の自発的活動の水準を測定する指標として，東京全域の地区ごとの投票率に焦点を当てている（Hastings 1995, 162）。女性に投票権がなかったことから，これらの数字は東京全体の人々を表しているわけでもないし，またそうである必然性もない。しかしながら，これらの数字がそれぞれの管轄区における有権者の投票しようとする動機を捉えていることは確かであろう。いくつかの管轄区では投票に行った有権者が半数以下であったのに対して，別の地区では3分の2以上が投票している。この差が示すのは，選挙権を持つ男性の間で比較しても，地区によって市民の社会参加への規範にはかなり大きな差があるということである。

　もう一つの尺度である「政治的デモの回数」についても，地域住民の集合的に結集する力を捉えていると考えられる。歴史学者は1920年代から1930年代の東京の地区ごとの市民の政治的活動に注目しており，集会やデモ行進，また新しいコミュニティにおけるソーシャル・ネットワークへの参加が，政治領域における広範な参加を示す指標になるとされている（大岡 2001；桜井 2002）。当時の東京における集会やデモの目的には，労働者によるストライキ（Large 1972），賃借契約に関する論争（Smethurst 1986），参政権を求めるデモ行進や突発的な暴動（Lewis 1990），ロシアとの国交正常化に向けた条約締結への反対運動（松尾 1990），そして反政府デモ（山田 1973；Tamanoi 2009）などが含まれる。この頃，政治的関心の劇的な高まりとともに，朝日新聞や毎日新聞といった日本国内の新聞社は「数万部，数十万部という単位から，数百万単位へ」と大き

くその発行部数を伸ばしている（Yamazaki 1992, 247）。また20世紀後半になると，研究者らが，デモ活動やその他の形態の政治的活動がソーシャル・キャピタルを表す指標として頻繁に用いるようになった（Putnam 2000；Krishna 2002；Grenier and Wright 2004）。日本の歴史研究においても同様に，大正デモクラシーとして知られる時期における市民の集合行動の様々な形態を，協調行動と参加によって成し遂げられる協力的な市民社会の達成水準を示す指標として捉えている（金原 1994a；安田 1994）。投票率とデモの回数の2つの尺度間の相関が0.2を下回ることから（完全相関は1.00），これらがソーシャル・キャピタルの持つ別々の側面を測定するものであると言えるであろう。したがって，これらの変数を独立の尺度として使用する。

　これら2つの尺度間の相関が低い理由としては，抗議活動の程度が結束型ソーシャル・キャピタルを捉える指標である一方で，投票率が橋渡し型と連結型の両方のソーシャル・キャピタルを含む指標であるためということが考えられる。市民が抗議活動を組織し，しばしば抑圧的な警察と対峙してまでも意見を主張するのは，その活動を共にする仲間との強いつながりを持っているからであろう。デモ行進や反戦集会，あるいはその他の集団抗議活動を通じて，それらに参加する市民は互いの結束を強めると考えられる。それに対し，投票行動を通じて市民が求めるものは，当選した議員とのつながりや他の政治団体の人々とのつながりであったり，ときには他の民族や地域などの別の属性を持つ集団とのつながりであると言える。表3は，これまで述べてきたデータの記述統計量である。

　第1章で述べたように，この研究では災害復興の程度を測定する指標として，各地区における1年ごとの人口変動を使用している。先行研究に倣って，地区間の比較をするために1年ごとの人口変動（ある年Tの年末時点の人口から，翌年$T+1$の年末時点にかけての人口の変化）のデータを使って，人口回復の状況を測定した。言い換えればここで表される各警察管轄区における各年（t）の人口増加率は，「人口変動＝$\frac{Y_{i,t}-Y_{i,t-1}}{Y_{i,t-1}}$」という数式を使用して，算出している。1922〜1923年の初冬の変動を見ると，関東大震災によって東京市内の各管轄地区の人口は平均で約40％減少している。発災後，政府は市外への避難を希望す

表3 1920年代の東京市に関する記述統計量

変数（尺度）	平均値	標準偏差	最小値	最大値
被説明変数				
人口変動	0.022	0.187	−0.598	1.088
面　積				
地区の面積（km²）	1.971	0.926	0.763	4.343
人的資本				
犯罪による1人当たりの損失額（円）	6.808	32.293	0.100	401.417
人口当たりの工場労働者の比率	0.063	0.090	0.002	0.723
人口当たりの商業用車・トラックの台数	0.010	0.047	0.000	0.495
経済資本				
1人当たりの質屋利用金額	10.293	6.292	0.000	47.092
震災による被害				
震災による犠牲者数の比率	0.029	0.062	0.000	0.209
下町ダミー	0.590	0.492	0.000	1.000
地理的特性と人口密集度				
人口密度（人／km²）	29098.280	13104.350	1611.553	64955.900
総人口	49745.9	18783.4	3505.0	97036.0
ソーシャル・キャピタル				
市会議員選挙の投票率（1929年および1933年）	67.650	6.884	48.700	75.500
年間の市民の政治的活動の回数の平均値との比較（上回る＝1，下回る＝0）	0.239	0.428	0.000	1.000

出所：復興局（1930），警視庁官房文書課統計編集（各年度），Naimushō Shakaikyoku (1926)，東京市監査局統計課（1936），梅田（2003）。

るすべての人々に移動手段を無償で提供し，工場経営者の多くは従業員を故郷へ帰した。当時の写真からは，人々が列車にすし詰めになり，小さな荷物を手に掴んだ人を車の上に座らせたまま移動する姿が見て取れる（Busch [1962] 2005, 179）。被災した多くの人々が少なくとも一時的には他の地域へと移り住んだため，閉鎖していた学校が再開した10月15日に登校した児童数は震災前の26％に過ぎなかった（Hastings 1995, 57）。

　関東大震災直後に激減した東京の人口は，震災のあった1923年から翌年にかけて，元の住民が戻り，新たな移住者が流入したことによって大きく回復した。しかし，その後の10年ほどのデータを見ると，年間人口増加率はゼロに近い。ならして言えば東京一帯では流出者も流入者も少なかったということになる。ちなみに同期間における日本全国の年間人口増加率の平均値は1～2％程度である。例えば日本の大都市である大阪の1920～1935年の平均年間人口増加率は1.8％であり，同時期の日本全国の平均値は1.4％である。東京市内の人口増加

率がほぼゼロである状況下で，市内各区の行政は慌ただしくも中心都市を建て直し，住民を呼び戻そうと取り組んだ。関東大震災から3日後の9月4日には市内の多くの地域で街灯が点灯し，また水道が開通している。2週間後には，丸の内にある中央郵便局が営業を再開し，被災者への普通郵便の配達を始めている。さらに，日本銀行をはじめ，その他の13の金融機関も9月の2週目には営業を再開している（Naimushō Shakaikyoku 1926, 70-72）。1930年には東京市の職員が，復興の完了を宣言できるレベルにまで回復したという自信を見せている。「1923年9月1日の大惨事から7年が経過し，我が都市，東京の再建はほぼ完了して，我々の目に焼き付いているあの恐ろしい光景とは今や全く異なった姿を見せている。（中略）火災から7年が経過した今，東京市の再建は最終段階に入ったことを，ここに喜びと共に宣言する」（Tokyo Municipal Office 1930, 99）。

しかしながら，この震災後の期間において，東京の39の警察管轄区では，図3の箱ひげ図の縦線の長さに示されるように，人口増加率が地区によって大きく異なっている（箱グラフの中央に引かれた線が平均値を表しており，黒点は全体のデータの最大値や最小値から極端にかけ離れた「外れ値」を示している）。いくつかの地区では年間人口増加率が常に1〜2％で推移しているのに対して，別の地区では毎年のように1〜2％ずつ減少している。この差を説明する主たる要因は何だろうか。

4　方法および結果

人口変動の影響要因と考えられる，被害の大きさ，人口密度，人的資本，経済資本，そしてソーシャル・キャピタルという5つの尺度を使って分析するにあたり，まず投票率とデモの回数が毎年の人口変動と関係があるかどうかを2変量クロス集計によって見る。続いて，これらの変数間の因果関係を明確にするために，傾向スコアマッチングと平均処理効果の手法を使ってデータセットの前処理を行う。それにより，ソーシャル・キャピタル以外の側面について同様の特徴を持つ地区の比較を行うことが可能になる。そして最後に，時系列・横断面データによる分析によって，その他に可能性が指摘されている説明変数

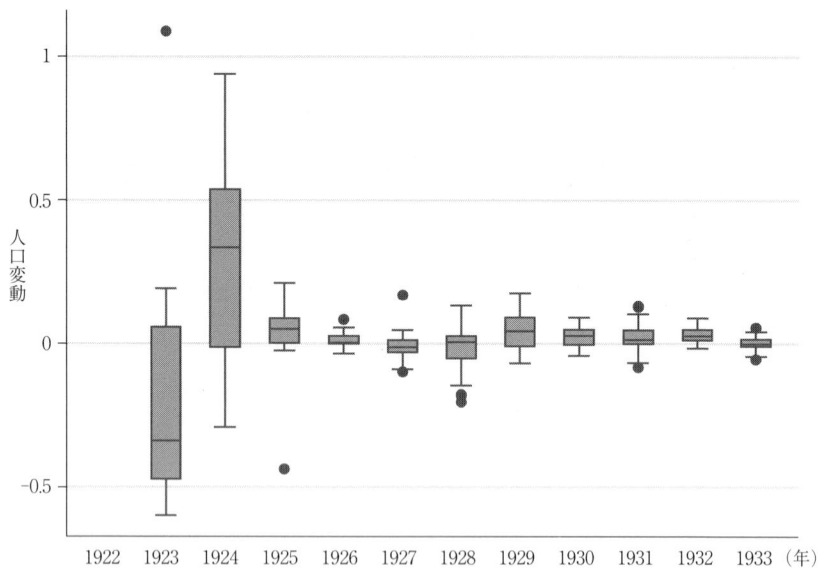

図3 1922〜1933年の東京市における人口変動

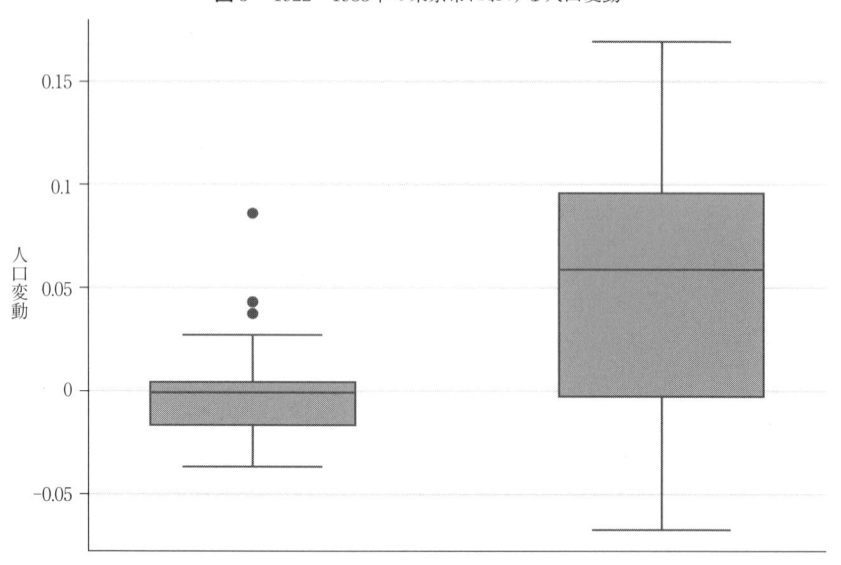

図4 ソーシャル・キャピタル水準で見た東京の地区間の人口増加率の比較

注：低い水準のソーシャル・キャピタルに分類されたのは，投票率とデモの回数が共に平均を下回っている地区であり，高い水準のソーシャル・キャピタルはそれらが共に平均を上回っている地域である。カイ二乗検定（ソーシャル・キャピタルが平均より下回っているか，それとも上回っているかと，人口成長率が平均より下回っているか，それとも上回っているかという2項目ずつでの検定）によって0.1％水準で統計的に有意であることが示されている。

の文脈を考慮した上で，ソーシャル・キャピタルが及ぼす影響の大きさと重要性を立証したい。

図4に示したとおり，最初にソーシャル・キャピタルの代理変数となる投票率とデモの回数について，両方が大きい地区と両方が小さい地区の人口増加率の比較を行った。結果は図から見て取れるように，ソーシャル・キャピタルの水準が高い地区と低い地区とでは人口増加率に明確な差がある。投票率が低くデモの回数も少ない警察管轄区では，平均の人口増加率はほぼゼロに等しく，最大値で7％であった。投票率が高くデモの回数も多かった地区では，平均が7％近くであり，最大値は15％を超えている。この両者間の差は，カイ二乗検定により0.1％水準で統計的に有意であることが示されている。しかしながらこの分析方法では，それぞれの地区における金融資本の量や被害の大きさといった，人口増加率に影響を与えうる潜在的交絡変数やコントロール変数を考慮に入れていない。そこで次のステップとして，これらの要因の影響を傾向スコアマッチングの手法を用いて評価してみたい。

傾向スコアマッチングは，前処理を行った比較的少数のデータを使用し，一般的な回帰モデルよりも少ない仮定を置いて説明変数（ここでは，ソーシャル・キャピタル）と被説明変数（同，人口増加率）の因果関係を調べるものである（Rosenbaum and Rubin 1983）。例えば，この研究で作成した被災後の東京に関するデータのような観測データを使用して，「処理」する要素以外で，よく似た条件を持つ観測標本を対照群と処理群の2つに分類する。本章では調べる対象となる「処理」が各地区のソーシャル・キャピタルの量であることから，（投票率とデモの回数の平均値をもとに二分して）ソーシャル・キャピタルの水準が高い地区（処理群）と低い地区（対照群）とに分けられる。簡潔に言えば，この手法は「双子の研究」と同じ条件を作ろうとするものであり，あらゆる点でよく似た性質を持つ一卵性双生児に，別々の薬を投薬することによって新薬の治験を行うのと類似している。例えば，双子の一方（対照群）が何の処置も受けないのに対して，他方（処理群）はワクチンを接種するということである。このような研究では，双子が年齢や体型，遺伝子型，健康全般といった多くの条件を共有していることから，もし2人の健康アウトカムに相違が認められれば，それはワクチンの作用と考えることができる。

傾向スコアマッチングは，事前に比較的少数のよく似たデータを2つに分けて，ランダム化比較対象試験による検討が可能である。(11)この研究では，地区を時系列・横断面データ分析で用いる各地区の面積（k㎡），1人当たりの犯罪による損失額（円），人口当たりの工場労働者数，1人当たりの商業用車・トラックの台数，1人当たりの質屋利用額，震災による犠牲者の住民比率，そして下町ダミー変数といったソーシャル・キャピタル以外のすべての変数でマッチさせて，各地区の傾向スコア（その地区が持っていると思われるソーシャル・キャピタルの高さをスコア化したもの）を用いた。そうすることによって，共通に支持されないサンプルを除外して，データ数は少なくなるもののバランスの取れたデータセットを作ることができた。すなわち，対照群にはソーシャル・キャピタルの水準が低い地区が，そして処理群には高い地区が振り分けられた（他のすべての測定される側面はよく似ている）。

　傾向スコアによるマッチングにおいて，5つの手法を使用した。その内の4つは，カーネル法，半径マッチング法，最近傍法，そしてマハラノビス距離マッチング法を使ったデータの入れ替えを行わない（対照群の各データは一度ずつしか使用しない）手法である。もう1つは近傍法の入れ替えモデルというデータの入れ替えを行う手法である。(12)マッチングによって1つの変数以外のすべての変数について標本の偏り（処理群と対照群の平均値の差）をかなり低減させることができた。それぞれの変数の偏りの低減率は，面積については43％，被害の大きさは97％，人口当たり工場労働者数は90％，1人当たりの商業用車・トラックの台数は99％，1人当たり質屋利用額は76％，そして震災による犠牲者数比率については85％である。ただし下町ダミー変数だけが，この操作によって偏りが10％高くなった。このように偏りを大きく低減できたことから，このマッチングによって，比較するための条件を揃えた2群を作ることができたと言えるであろう。TABLE A1（付録1）にこの偏りの低減処理の詳細を示している。

　最初に，地区の基準となる特徴を現すデータの分布と傾向スコアによるヒストグラムを使って，データのバランスを判断した。続いて，平均処理効果を用いて2群間の差を検証した。平均処理効果は，対照群と処理群のアウトカムを比較してデータのあらゆる乖離を強調するものであり，その乖離は処理群

第 3 章　関東大震災（1923年）

（ソーシャル・キャピタル水準がより高い）による結果であると考えられる。この研究では，関心のある結果は人口増加率である。そして分析の結果，ソーシャル・キャピタルの 2 つの指標の両方において，高い水準の社会的資源を持つことが高い人口増加率へと結びつくという十分な証拠を得た。政治的デモ活動の回数が平均よりも多い地区では，その地区と条件（被害の大きさや経済資本，人的資本，地理的面積など）がよく似ているが，政治的集会やデモ活動の数が平均よりも少なかった地区と比較して，人口増加率は 2 ％高かったのである。なお，この結果は 5 つのマッチング手法すべてにおいて得られている。震災後10年間の東京全体の平均人口増加率は 0 ％を若干下回るくらいであることから，この 2 ％という人口増加率は実際にはきわめて大きな数字である。さらに言えば，市民の社会参加が活発であるこれらの地区が示した人口増加率は，日本全体の平均人口増加率である1.4％よりも高い。投票率が平均よりも高い地区におけるマッチングデータとの比較による平均処理効果の結果は，さらに印象的である。5 つのマッチング手法すべてにおいて，投票率が平均よりも低い以外は条件のよく似た地区と比較して 3 ％も人口増加率が高いことが示された。TABLE A2（付録 1 ）に，この 2 つのソーシャル・キャピタルの代理変数に関する平均処理効果の詳細を示している。

　ソーシャル・キャピタルと人口増加に強い関連があるということが 2 変量解析と傾向スコアマッチングの両方で示されたので，次に時系列・横断面モデルによって検証を行うことにする。このデータには，時間（入手が可能だった1922～1933年の 1 年ごと）と場所（39の管轄区）の情報が含まれていることから，それらを時系列・横断面の分析を行うことによって，地区内と地区間の両方における変数の影響を捉えることができる。まずは，投票率のデータを含めずに（市議選は毎年ないことから，含めると分析サンプルが少なくなるため），ランダム効果を持つ一般化最小二乗法を用いて分析を行い，これをモデル 1 とした（TABLE A3〔付録 1 〕）。推定の結果，2 つの係数の両方が統計的に有意に正の値をとることが示されている。ここでの 2 つの変数は，地区が下町エリアであるかどうかとデモの回数が平均よりも多いかどうかというものである。言い換えれば，これら 2 つの変数の値が大きくなると，被説明変数である人口増加率が高くなることを意味している。そして，モデル 2 では投票率を加えている。

この期間中に2回しか市議選が行われていないことから分析に用いるサンプルが少ないが、投票率とデモの回数の2つのソーシャル・キャピタルの指標は、下町に位置するかどうかというダミー変数と同様に、人口変動に影響を与えることが統計的に有意であることが示している。これら2つのソーシャル・キャピタルを表す指標が正の値をとっているということは、投票率やデモの回数が平均値を超える地区では、人口増加が見込まれることを意味している。

　しかし、ハウスマン検定によって、ランダム効果モデルよりも固定効果モデルが適切であることが示されたため、モデル3では固定効果モデルによる時系列・横断面分析を行っている。固定効果モデルの構造的性質上、地区の面積や下町や山の手といった所在地、また犠牲者数の比率といった時間とともに変動しない変数は推定式から外している。そのようにして固定効果モデルで分析しても、ソーシャル・キャピタル変数であるデモの回数は1％水準で有意であることが示されている。

　これらの結果がモデルの操作によるものではないことを確かめるために、パネル修正された標準誤差を含めた検証をモデル4として行った（Beck and Katz 2004, 4）によれば、これを使うことによって「グループ間の分散不均一性と誤差間の同時相関」の問題をより効果的に処理できると指摘している）。その結果、下町ダミーが有意な関係を示さなくなったが、ソーシャル・キャピタルの指標は依然として正に有意であることを示している（$p<0.01$）。共線性の問題を調べるために分散拡大要因（VIF）の検定を行ったところ、平均値が3.64とやや高く、若干の共線性は示唆されるが、許容範囲内であると言える（Rabe-Hesketh and Everitt 2007, 69）。災害復興において重要であると一般的に考えられている要因をコントロールしてもなお、ソーシャル・キャピタルは人口増加に最も重要な影響を持つ変数となっている。

　次に、投票率やデモの回数が地区レベルで見た人口増加にどの程度影響するかを視覚的に示すために、すべての変数をそれぞれの平均値に寄せる調整を行い、これらの代理変数の変化による人口の予測値を求めた。信頼区間のシミュレーションも行うことによって、検証する変数の情報を抽出すると同時に、その導き出された予測値の不確実性の程度も推計した。1回のシミュレーションごとに1,000回以上のランダムな線を描くことによってデータの分布を得て、

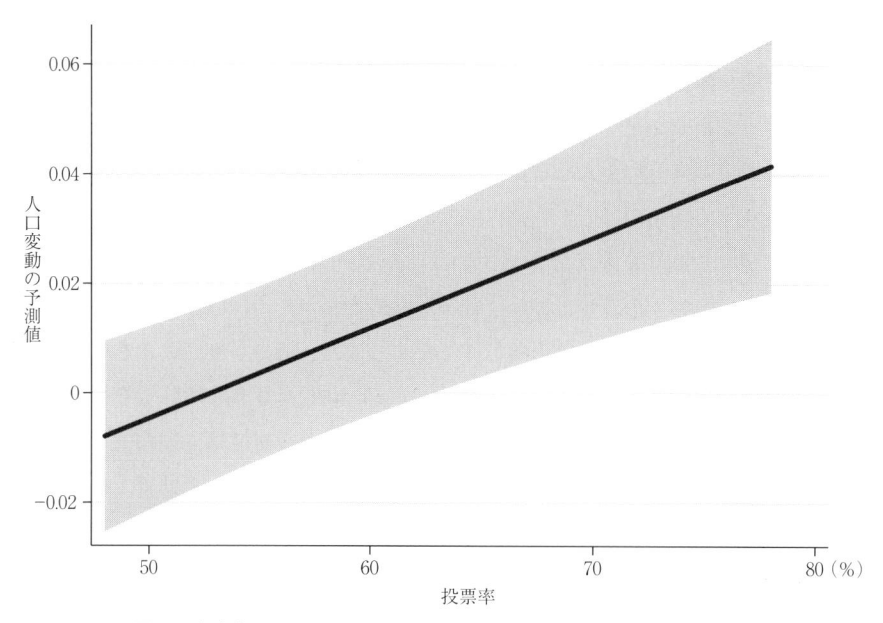

図5　東京市の地区レベルで見た投票率の変化による人口変動の予測値
注：時系列・横断面データのパネル修正された標準誤差によるモデルに基づくグラフである。投票率を除くすべての説明変数（各地区の面積［km²］，1人当たり犯罪損失額［円］，人口当たり工場労働者数比率，1人当たり商業用車・トラック台数，1人当たり質屋利用額，人口当たり震災犠牲者数比率，政治的デモ回数，そして下町ダミー）は平均値に調整している。薄いグレーで表示した帯は，予測値の95％信頼区間を表している。

サンプリング誤差や根本的な不確実性を考慮に入れた実際の人口に関するパラメータを推計した（Tomz and Wittenberg 1999）。統計ソフトStataで使用できるプログラムである「Clarify」を使用して，補助的なものも含め1,000回のシミュレーションを行い，95％信頼区間の範囲でのアウトカムの予測値をグラフ化している（King et al. 2000）。この図によって，関心事となっている説明変数と被説明変数との関係を明確にすることができる。

　その結果は図5に示されている。市議選に有権者の半分しか投票しない地区では，他のすべての変数を一定とすると，若干の人口減少が予測される。それに対して，有権者の4分の3以上が市民の責任を果たしている地区では，4％近い人口増加が見込める。なおこの人口増加率の数字は，国全体や他の大都市の平均値よりも高い。

当時の東京では，ときに投票行動やデモ活動を阻む原因となるような集合行動の典型的な障壁を打ち破っていた市民同士が共通の目的のために集会を行い，ネットワークやつながりを公式にまた非公式に形成していた。集会を繰り返し開くことによって，たとえそれが地域の酒場で行われようと，政府のプロジェクトに反対する活動のリーダーの自宅であろうと（Tamanoi 2009），市民は互恵と支援に関する期待を確立していった（Small 2009）。被災者は市内の他の地区へ転居することも，市外へと移り住むこともできたが，市民同士の絆が住んでいた地域へと被災者を呼び戻しただけでなく，また，協力してがれきを取り除いたり，情報提供の掲示板を建てたり（Hastings 1995），さらには住宅を再建したりといった行動を可能にさせた。地域の住民間のつながりは，比較的安価で寝泊まりや食事ができる場所の情報，損壊した家の修復のための助言，新しい仕事口の見通しなど，様々な情報を提供し，インフォーマルな保険の役割を果たした。住民間の結束やつながりの弱い地域，言い換えれば互いの信頼関係が確立されていない地域の被災した住民は，簡単にどこか他の土地へ移住して，新しい隣人と生活を始めようと思うであろう。つまり，声ではなく，退出する道を選ぼうと思うかもしれない（Hirschman 1970）。被災後の東京においては，ソーシャル・キャピタルの水準が低い地区と高い地区で人口増加率に差があることが統計的に有意に示され，高い水準のソーシャル・キャピタルを持つ地区において明らかに高いことが見られた。

5　結　論

本章では，20世紀初頭の東京における大災害後の人口回復に対して，被害の大きさや物的資本，人的資本，経済資本，そしてソーシャル・キャピタルがどのように関わっていたかについて検証した。この研究で検討を行った要因の中では，投票率やデモ活動といった市民活動への参加によって測定されたソーシャル・キャピタル指標が，なぜ被災後急速に地域の人口が回復したか，あるいは回復しなかったかという地域差を説明する最も影響力のある要因であった。2変量解析や傾向スコアマッチング，そして時系列・横断面モデルを用いた分析の結果，市民活動へとより多くの市民の参加を取り込み，より高いレベルの

第 3 章　関東大震災（1923年）

協調活動を実現している地区では，破壊的な震災後であるにもかかわらず，高い人口増加を示しているということが強調された。またこの分析結果からは，災害復興のスピードに影響を与えると一般的に考えられている，被害の大きさや面積，人口密度，金融資本，そして人的資本といった指標に関する主張を支持する根拠はほとんど認められなかった。

　住民間の強いつながりと信頼関係は，効率的に復興を進めていく上で妨げとなる集合行動問題を克服するために役立つ。ソーシャル・ネットワークは，災害の発生を懸念する市民や政府の意思決定者にとって，見落としてはならない資源の一つである。この20世紀初頭の東京に関する研究から 2 つのポイントが浮かび上がってくる。一つは，第 1 章で触れ，さらにソーシャル・キャピタルについての理論を詳述した第 2 章でも繰り返し強調したように，強固なソーシャル・ネットワークは，強い結束による恩恵とあわせて負の外部性の影響も同時にもたらす可能性があるという点である。多くの研究者が，災害後に暴動や暴行事件が起きるケースは稀であることを指摘しているが（Fischer 1998），1923年の関東大震災後の日本では，東京に住む在日朝鮮人に対する日本人による集団的な暴力が存在した。

　日本人被災者の間に広まった噂に端を発して暴行が始まり，そこに警察も介入し，そしてそれらのデマが新聞にも取り上げられたことが在日朝鮮人の大量虐殺へと至らせた（吉村 2004, 175, 192；中島 1973）。9 月 2 日には，在日朝鮮人が暴動を起こしていることを周知し，住民に注意を呼びかける内容の正式声明が内務大臣から出されている。この声明が出されたことによって，災害の余波が残る中，在日朝鮮人を非難する様々な犯罪に関するデマ（例えば，井戸に毒を入れている，日本人を殺している，放火して回っている，など）をさらに広めることになった。政府さらには警察からの声明を受けて，市民は自警団を結成し，在日朝鮮人（中国人が標的にされたケースもあった）への攻撃行動が始まった（関東大震災80周年記念行事実行委員会 2004, 13-19）。日本政府は 9 月 5 日に，朝鮮人へのすべての迫害を中止するよう警告を発した（Naimushō Shakaikyoku 1926, 16）。これによる被害者の正確な数は掴めていないが，2,000人から5,000人の在日朝鮮人が殺害され，その少なくとも一部には警察も関わったとされている（山田 1993）。

この悲惨な出来事が起こった原因の一つにソーシャル・キャピタルの作用が考えられる。つまり，結束型ソーシャル・キャピタルが同種の人々同士の連帯を強めた傍ら，その外側にいる人々との違いを際立たせる役割を果たしてしまった。仮に，結束型ソーシャル・キャピタルは強いが，橋渡し型ソーシャル・キャピタルが欠如している地域があったとすれば，地震と火災によるパニック状態に加え，元々持っていた偏見や毒を入れているなどのデマの効果が相まって，地域の人々を刺激し，自分たちの集団の外側にいる人々を攻撃しようとするかもしれない（Varshney 2001）。東京に住んでいた日本人が集合的に暴力へと駆り立てられたのは，彼らのネットワークが互いの結束を強め，他民族への暴力を促す働きをしたからである。今後の研究として，このような暴動が起こった地区におけるソーシャル・キャピタルの測定を行い，その関連を調べることもできるかもしれない。それらの研究を通して，ソーシャル・キャピタルの「ダークサイド」に対する理解をさらに深めることができるであろう。

　この研究から得られた2点目の示唆は，地域の体制やソーシャル・キャピタルの保有量に対して，災害が与える短期的な影響の可能性である。1923年の関東大震災後には，日本全域で，特に東京で新たな市民グループや町内会などの集合組織が結成され，そこに多くの住民が参加したことが指摘されている（金原 1994a, 6）。「1934年の調査結果によると，東京市の古くからの地域における組織の21％が，震災がその組織の設立のきっかけとなったと答えている。1923～1927年までの5年間には，他の時代のどの同期間よりも多くの組織が結成されている」（Hastings 1995, 79）。1922～1933年にかけて，東京の町内会452団体から986団体へと大幅に増加した。政治家や古い体質の組織にとって代わり，政治改革を押し進めたのはまさにこれらの集団であり，東京市政を動かす新たなプレイヤーとなりつつあった（桜井 2002, 199；大岡 2001, 188）。

　東京の都市計画担当者は，震災後に青年会や婦人会，また在郷軍人会のようなコミュニティの活性化を目指し，学校の体育館なども含め，人が集って活動の行える集会所を増やすことを目指した（小林 2006, 24）。市街化計画や社会環境計画の担当者は，西洋の街では教会が地域社会を結びつけているように，地域の小学校のような施設や公園のような場所を，都市のコミュニティにおける新しい中心地とする地域社会を思い描いている（Ono 1998, 131）。コミュニティ

を基盤とする組織の力が地域のソーシャル・キャピタルを醸成し，蓄えを作っていくという解釈は，近年の研究成果ともうまくかみ合うものである（Small 2009）。それが宗教組織であろうと，コミュニティ・センターであろうと地域を支えている組織は，災害後のコミュニティに「クラブ財」を提供することができる（Chamlee-Wright and Storr 2009a）。さらに，都市部のコミュニティの研究では，被災した多くの住民が自分たちの家を放置して，耐火性団地の建設を協力して行っていたという調査事例もある（室崎 1973, 19）。この災害によって多くの人々の命が直接的被害によって奪われ，二次的には数多くの在日朝鮮人が犠牲となったが，情報を伝播したり近隣住民同士を結びつけたりする働きを持つ新たな組織の形成によって，ソーシャル・ネットワークを具体化する道筋を作ることができている。

次章では，1世紀近く時を越えて，1995年に日本の関西地方の中でも人口の密集する大都市である神戸を襲った巨大地震に焦点を当て，社会的資源が復興にどのように役立ったかについて検証することにしたい。

注

(1) 東京は関東として知られる地域で，研究者たちは1923年の地震を関東大震災と呼ぶ。本章は著者の2012年に刊行される論文である"Social, Not Physical, Infrastructure: The Critical Role of Civil Society in Disaster Recover", *Disasters: The Journal of Disaster Studies, Policy and Management* 36(3): 398-419に基づいている。

(2) 東京が受けた被害の詳細を表す写真は，Dana and Vera Reynolds Collectionを有するブラウン大学Library Center for Digital Initiativesで見られる。それはウェブサイトで閲覧可能である。小川益生は破滅のことを『東京消失──関東大震災の秘録』(1973) にも記録している。

(3) これらの巨大地震の地震活動や地理学的運動の技術的な詳細は，武村 (2003) を参照。

(4) 例として，1666年のロンドン火災では180万㎡が燃え，1871年のシカゴ火災は860万，1906年のサンフランシスコ火災は1,201万㎡が燃えた。東京では3,350万㎡近くが燃えた（東京府庁 1930）。

(5) 金沢における1927年の彦三火災のあとの復興についての詳細な研究は，Phillips (2008) を参照。2011年3月の日本における東北の沿岸地域のマグニチュード9.0の地震は25ftの津波を発生させ，1万人近い命を奪った。

(6) Charles Fritzは,「災害は潜在的な社会的プロセスを研究するための自然の実験室である」と述べたと言われる (Miller and Simile 1992)。
(7) 1年ごとの各地区における政治的集まりの回数の散らばりの極端な尖度,つまり多くの人が参加したことがなく,その他の人が何百回参加しているという状況を考え,ここでは平均より多くの集会や行進,またデモを開くことが人口変動に影響するかどうかを測るために,67のデモの平均値を基にしてこの指標を二値にしている。
(8) 投票のための付随的要求は,選挙の1年前からその地域に住んでいることと,社会福祉を受けていないことである (成田 2007, 194)。
(9) 研究者は,コミュニティの集会や行進が主に地域住民かそれとも外部の人々によって形成されているかと疑問に思うかもしれない。日比谷などの特定の地区がこの時期,抗議行動の中心となったと思われる。歴史的研究では,1920年代や1930年代に多くの住民が,市によって裏庭に焼却炉を設置するような特定の地域における出来事に対して異議を唱えたことが指摘されている (山田 1973)。さらに,日比谷や他の人が集会に集う地区での検証からは,これらの地域の人口増加が負の動きを見せているため,この独立変数が我々の推定にバイアスをかけることは心配しなくてよいと言える。
(10) マッチング手法の追加的な利点は,統計的な識別におけるそれらの透明性 (Angrist and Krueger 1999, 1315) や,モデルのフィットについてのより少ない仮定,より小さいモデル依存,より少ないバイアス (Ho et al. 2007),そして専門知識を持たない読者が「観測された共変量の不均衡を調整する説得力ある方法」として認識されることが多いということである (Rosenbaum and Rubin 1985, 33)。
(11) マッチングの計算についての技術的な詳細は,Ho et al. (2007) を参照。
(12) 最近傍法は,最も近い傾向スコアの観測値とマッチングさせる。半径マッチング法は,マッチされる傾向スコア間の間隔距離に制限を与える。カーネルマッチング法は,組み合わせを作り出すために対照群の平均値を用いる,マハラノビス距離マッチングはランダムに観測値を並び替え,処理群と対照群の間の傾向スコア間隔を決定する。マッチングにおいて置き換えを認めることは,観測値が1回以上マッチする可能性があることを意味する。

第4章　阪神・淡路大震災（1995年）

　1995年に神戸市および周辺の市町を襲った阪神・淡路大震災は，400万人を超える人口が密集する港町に壊滅的な被害をもたらした。6,500人近くの人々が犠牲となり，多くのビルや阪神高速道路3号神戸線の高架，そして港が崩壊し，30万人以上の人々が家を失った。[1]この地震による被害は神戸市内のほぼ全域に及び，日本における災害史上最大級の経済被害を与えたが（Sawada and Shimizutani 2008, 464），被災直後の対応やレジリエンスは，同じ神戸市内でも地域によって大きな違いが存在した。人口動態調査の結果によれば，ある地区では元の住民の99％がその地に戻っているのに対して，別の地区ではそれが42％にも満たない（兵庫県 2003, 24）。被災者へのインタビュー調査から，同じ地域に住む仲間とのつながりが復興に不可欠の要素であり，その結束の有無は災害の発生直後に露呈することが指摘されている。例えば，以前から市民活動が盛んな町として知られる真野地区では（Evans 2002, 458），地震によって発生した火災の火が燃え広がる中で，自然発生的に住民たちが使える容器を持ち出してバケツリレーで水を運び，その延焼を防いだとされる。しかし真野地区の隣に位置する御蔵地区の住民は，炎が自分たちの自宅や商店を焼き尽くすのを茫然と見つめていたという。地震が収まり，火災が鎮火した後，真野地区の住民は協力していくつものNPOやそれらの傘下組織を立ち上げ，そしてそれらを通じて市の行政へと住民の声を届け，協調した復興活動を進めていった。

　真野地区の住民は他にも，高齢者向けの新しい住宅建設に関する市への陳情，新しい形態の公営住宅「真野ふれあい住宅」の建設，「まちづくり推進会」などの地域復興促進に取り組む組織の設立，デイサービスセンターの設置など，様々な取り組みを行っている。一方で御蔵地区では，地域再建のための住民組織は1つ設立されただけであり，多くの重要な課題に対して地域住民が協調して取り組むことができなかった。神戸市が，地域の土地所有者全員の同意署名を集めることを条件に，がれきの撤去を公費負担で実施することを決めたが御

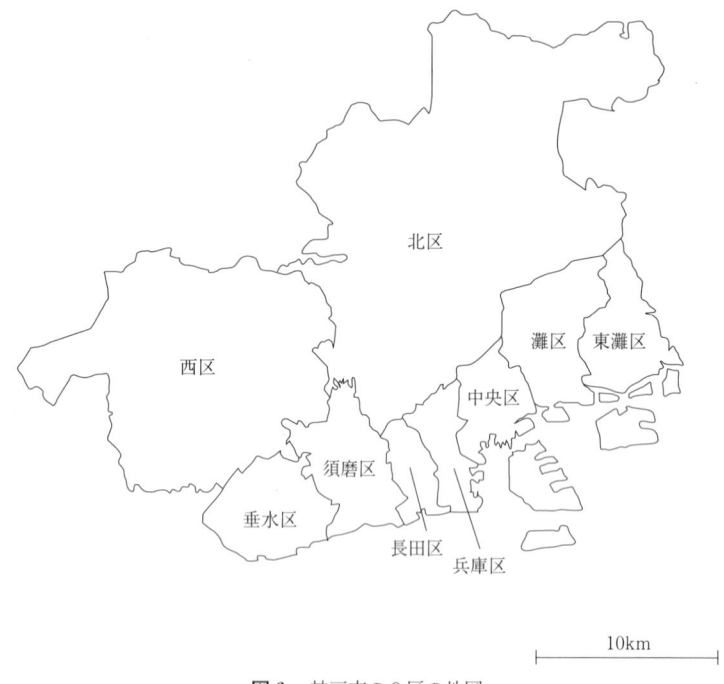

図6 神戸市の9区の地図

蔵地区では署名活動に対する住民の協調行動が取られなかったことから，土地所有者の署名が得られず，がれきは放置されたままとなった。

　本章では，阪神・淡路大震災として知られる1995年に発生した巨大地震後の神戸市の9つの区に焦点を当て，この研究のために作成した新しいデータセットを使用して，地域レベルで見た災害後の復興スピードの遅速に影響を与えた要因について検証を行う。最終的に経済的条件，生活保護世帯の割合，震災被害の大きさ，社会経済的な格差，地理的条件など，数多くの要因による影響を考慮して量的分析を行った結果，ソーシャル・キャピタルの量が地域の復興スピードを決定する最も大きな要因であることが示されている。この知見は，神戸市の地区を対象とした2者間比較と，3つのモデルを使用した時系列・横断面モデルによって明白なものとなった。人口当たりの「新設されたNPO数」をソーシャル・キャピタルの指標として，時系列・横断面データとして分析したところ，これまでの研究からその影響が大きいとされる変数でコントロール

しても，その水準が高い区では，より早く人口を回復していることが明らかとなっている。これらの結果は神戸の被災者の声を集めた大規模な調査の結果とも合致する。すなわち，回答者の多くが，自分たちの復興において重要な役割を果たしたものとして社会のつながりを挙げているのである（Tatsuki and Hayashi 2002, 3）。

図6は本章で扱う神戸市の9区の地図である。

1　震災による神戸市の被害

1995年1月17日の午前5時46分，関西地方に位置する人口密集地域である神戸市一帯を，マグニチュード7.3の強い揺れが襲った。神戸の市街地は南と東を大阪湾に，北と西を六甲山系に囲まれた狭い帯状の地域に位置している。最初の揺れがこの地域一帯に壊滅的な被害をもたらし，制御ができないほど燃え広がる火災によってさらに被害は拡大した。兵庫県内で発生した200件を超える火災の内の100件以上が神戸市内で起きたといわれており，2日間に及び燃え続けた炎は7,000棟の建物を全焼した。400万人もの人々が生活する都市を襲ったこの大災害では，地震と火災によって6,400人以上の人々の命が奪われ，1万5,000人以上が負傷した。地震と火災の被害を合わせると建物の全壊・全焼は11万棟に達し，32万人が家を失い，その被害総額は640億ドルとも言われる（Horwich 2000）。また，この地域の学校や病院，そして公共施設の85％が被害を受けたとされている（Olshansky et al. 2005）。他の災害でも見られるように，この震災による死者の多くは女性や60歳以上の人々であった。これは身体的な脆弱性と動作におけるハンディキャップの問題が大きいと考えられている（Yasui 2007, 95；Tajika 2000, 119）。

震災直後の救助や消火活動にあたる消防署や自衛隊の隊員は，寸断された道路や崩壊した橋，そして電力供給の不足によって動きを遮られ，活動を進めることに多くの困難を抱えた。政府からの支援よりも早く，地元のヤクザである山口組が，食料や水，その他の必要物資を持って現れたという多くのメディア関係者や被災者からの証言もある（Pilling 2005；Begley and McKillop 1995）。他の災害事例でも聞かれるように，災害現場に最初に到着し救援活動をするのは，

警察や軍隊ではなく，地域住民であることが多い（辻 2001, 56；Shaw and Goda 2004, 21；Zhao 2010）。即興的に結成される「緊急対応集団」(Stallings and Quarantelli 1985）は，がれきの下から生存者を助け出して安全を確保するだけにとどまらず，火災の場面でも最初に対応することになった。神戸でも火災に直面したときの対応は，人によって大きく異なった。自分たちの家や商店が燃え盛るのを恐怖に立ちすくんで見つめるだけの人々もいれば，消火隊を結成して火を食い止めようとすること地域住民もいた（Murosaki 2007）。子供たちをベビーカーに押し込み，荷物を詰め込んだスーツケースを引きずって10km近い距離を歩き続け，まだ動いている公共交通機関を探す被災者もいた（Begley and McKillop 1995）。震災後，100万世帯で暖房や調理に使うガスや水の供給が長期に渡り寸断し，5万世帯では電気の供給が再開するまでにもかなりの時間を要した。一人の高齢被災者は「自分の目を疑った。まるで終戦の頃に見た光景のようだった」と話したという（van Biema and Desmond 1995）。政府は，当初諸外国からの支援を受けることに後ろ向きだったが，震災による被害の大きさが明確になりはじめた頃にはそれを受けることにしている（Nordahl 1995）。

この震災の直後には，23万6,000人が小中学校の体育館など市内に設置された1,000以上の緊急避難所に避難した（Tajika 2000, 126）。その後まもなくして，その内の約60％にあたる世帯は公営住宅へと移り住んだ（Ichiko and Nakabayashi 2002）。震災発生か7カ月後までには，設置されていた緊急避難所はその役割を終えていたが，それでもなお4,500人の被災者が仮設住宅での生活を余儀なくされていた（池田 2004, 33）。仮設住宅に残った大部分の人々は，最も被害の大きかった長田区や兵庫区，また灘区の住民であった（Evans 2001, 162）。

結果的に，復興の進み具合と再建の成否は，市内でも地域によってかなりばらつきがあった（Edgington 2010, xv）。地震と火災による建造物の被害の大きさは，その地域のそれまでの歴史と地質学的な特性によって大きく異なった（Murosaki 2007；Evans 2001）。つまり，古い木造建築の家が少なく，硬い地盤を持つ地域では被害が小さかった。しかしながら，同じような特性を持つ地域間でも復興のスピードには差が見られたし，また被害の大きさとの間に強い相関が見られないことも指摘されている（萩原・地主 2005；Yasui 2007, 112）。Evans（2001, 150）によれば，ある時点において，東灘区の住宅再建率が107％

に達していた（すなわち震災前よりも多くの住宅が建っていた）のに対して，長田区ではわずか44％にしか至っていなかった。2007年には神戸市全体の人口が震災前の水準を上回っているものの，大きく復興を遂げている地区がある一方で，いくつかの地区では低い水準に留まっている（Yasui 2007, 112）。神戸市の9区が見せている人口増加率の差異は，悲劇が生んだ「自然実験」として，人口増加に影響を与える要素を検証すべき機会となる（Rosenzweig and Wolpin 2000）。

2　定性的データによる比較──ソーシャル・キャピタルと復興との関連

　神戸の似たような特性を持つ地区の事例研究をすることによって，災害後の復旧や復興を促進し，加速させるソーシャル・キャピタルの持つ役割を解明することができる。まずは，真野地区と御蔵地区を比較してみたい。これらの地区はどちらも神戸市長田区の下町エリアに位置し，多くの住民を抱える住宅街と工場や工房が林立する工業地区が混在しているという点で共通している（Evans 2001, 177）。どちらの地区も人口減少や高齢化問題に悩まされ，また古い木造住宅が多く，建物の密集度が高いという共通の問題を抱えている（Yasui 2007, 15）。この2つの地区は，物質的側面や人口動態的側面，そして地理的側面で多くの共通点を持っているが，真野地区では高い水準のソーシャル・キャピタルが見られるのに対して，御蔵地区ではそれよりもずっと低い水準のソーシャル・キャピタルが見られるのである。真野地区では1960年代後半以降，住民が大気汚染に反対するキャンペーン活動や地域活性化の仕組みづくりといった様々な地域活動を協力して行っており，政策提言や市民が社会参加する歴史を持っている（Evans 2002, 452）。

　真野地区では，同じ状況に直面した千歳地区や御蔵地区といった隣接する地区とは異なり，震災後の火災発生時に，住民たちが消火隊をうまく結成し，火災の広がりを抑えることができた。真野まちづくり推進会の清水光久事務局長は，「真野の住民が消防車両の到着を待つのではなく，自主的にバケツリレーを組織した」ことをインタビューの中で答えている（Yasui 2007, 186）。住民たちは近隣の靴工場などからホースと水を借り出して消火に当たり，他の住民は近くを流れる新湊川から水を汲んでくるなど，全員が協力して消火活動に努め

た（Yasui 2007, 188）。対照的に，御蔵地区の住民の間では協調行動がとられることはなく，職場や自宅が焼けていくのをただ見つめることとなった。

さらに真野地区では，震災後に数多くのプロジェクトを実行してきている。例えば，「真野地区復興・まちづくり事務所」や「まちづくり推進会」の設立，コミュニティ再開発のためにNPO「（有限会社）真野っこ」を開設，被災者のための公営住宅建設を嘆願する署名集めキャンペーンの実施，高齢者用の公営住宅建設の陳情活動，集合住宅のモデルハウスの建設，共同再建計画の提案，そしてデイケアセンターの運営などが挙げられる（Nakagawa and Shaw 2004, 8）。そんな真野地区でさえも，それらのコミュニティの活動にすべての住民が参加しているわけではないことを指摘する研究者もいるが（乾 1998, 245），そうであるとしても，この地区では16のコミュニティ組織が頻繁にイベントを開催するなど，非常に多くの活動が実施されていることについては，研究者らの同意が見られる（乾 1998, 246）。真野地区のこのような活発な市民参加と比較してしまうと，近隣地区の活動はかなり見劣りがするものとなる。例えば御蔵地区では，震災復興に向けて地域で協調活動を行う市民団体は，まちコミュニケーションという1つの団体だけしか設立されていない（Yasui 2007, 15）。強固な結束を持つソーシャル・ネットワークがより円滑で早い復興を促進しているという点では，これら地域の中で真野地区が突出していると言えるであろう。

似たような特性を持ちながらソーシャル・キャピタルの水準が異なる地区は他にもある。辻（2001, 231, 表9-3）は，調査対象のエリアを長田Aと富島Bとして，2つの地区の比較を行っている。両地区は震災前の段階ではいずれも，住民の平均年齢（約51歳），人口（約185人），平均所得（約440万円），就業率（約66％），世帯主（77％が男性）という項目において，ほぼ同じ条件を持っていた。しかし，富島B地区では住民の4分の3近くが地元生まれなのに対して，長田A地区ではそれが10％にも満たない。さらに，富島B地区では借家に住んでいる住民が16％であるのに対し，長田A地区ではその2倍のおよそ35％の住民が借家に住んでいる。先進工業民主主義国では，長くその地に住む住宅所有者である住民の方が借家の住民よりも，地域活動や政治的活動へと積極的に参加することがこれまでの社会学の研究で明らかになっている（Cox 1982 ; Rohe and Basolo 1997）。長期にわたりその地域で生活をしている住民が多いこと，また

住宅所有率が高いことから，富島B地区は長田A地区よりも強い結束型ソーシャル・キャピタルが存在していると考えられる。

辻はさらに，富島B地区では長く培われてきた強い社会的結束を基盤とする支援ネットワークによって地域運営が行われてきた一方で，長田A地区では地域を牽引する少数のリーダーらによるグループによって運営されている点を指摘している。すなわち，富島B地区は強固なソーシャル・ネットワークによって，地域住民間の交流や協調行動，そして情報共有が促進されていると考えられる。対して長田A地区では，コミュニティの課題への取り組みを一握りの活動的なリーダーによるトップダウン型の運営に頼っていると言える。それぞれの地区の震災復興の成果について辻（2001, 309）は，「長田A地区では空洞化を経験した一方で，富島Bは人口を大きく減少させた」と表現している。この震災の直接的な被害と他の地域への人口流出によって，どちらの地区も大きく人口を減らされることとなったが，富島B地区ではより強固な住民間の結束を存在したことによって，かろうじてコミュニティとしてのつながりを保つことができた。震災後の長田A地区では，元住民はわずかしか残らず，住民間の意識共有やコミュニティの回復は立ち遅れた。神戸の震災における他の研究においても，強固なソーシャル・キャピタルと力強い復興との関連を推測しているものもある。

震災後の神戸市内では，集合行動と協調行動の問題が大きく立ちふさがった例が数多く見られた。例えば，損壊したマンションの再建や修繕についての話し合いでは，その方法を巡って建物を共有する所有者の間で意見が分かれた（West 2005）。ソーシャル・キャピタルの水準が高い地域では，単に修繕するだけでなく，新たにデザインしたり，新しいコーポラティブ住宅を建設したりすることが可能となり，これらの障壁を打破している。前出の真野地区では，被災して間もない時期から住民同士による住宅の「共同建て替え」の話し合いが行われ，火災や地震に弱くかつ古くなった各世帯が所有する住宅を，耐震性と耐火性に優れた住宅に立て直そうという動きが見られてた（Yasui 2007, 194）。そのような事例としては，東尻池地区にある東尻池コートの再建プロジェクトが挙げられる。火災により焼失した18戸の住宅から成っていたこの建物（5つが持ち家，13が借家として用いられていた）の再建には，「5名の持地持家人（敷地

権と住宅所有権を持つ人）と3名の地家主（土地所有者）が協力し合った」(Evans 2001, 223)。震災前に住んでいた借家人が協力して働きかけ，ボランティアで参画した建築家や技術者らの手も借りながら再建計画を作り，1996年8月には18戸の住宅からなる新しい建物の建設が始まった。たしかに真野地区の東尻池コートの再建プロジェクトは，火災によって焼け落ちてしまった状態から再生した数多くの共同住宅の再建事例の一つに過ぎない。神戸市が2003年に発表したデータによれば，それまでに108の共同住宅再建プロジェクトによって，戸数にすると4,800戸分以上の住居が再建された。不動産所有者は，新たに増築して建設した共同住宅の一部を売ったり貸したりすることで，その建設プロジェクトにかかった費用を相殺することができた上に，市の再建計画予算から助成を受けることもできた (Olshansky et al. Chap. 6, 33)。集合住宅の建設プロジェクトに関わった人々へのアンケート調査から，比較的安価な費用がその参加を決める要因になったことが示されている (Sekikawa et al. 2006, 93)。また同じ調査で近所付き合いについて重要であると答えた人は，そうではない人に比べて，置かれた生活環境に対してより満足していることも示されている。以下ではこれらの事例から得られた知見をもとにして，ソーシャル・キャピタルが復興を加速することを実証するために，市民社会の側面だけでなく，その他の影響する可能性のある要素も含めて，復興に影響を与える様々なパターンを探っていくことにする。

3 復興と相関する要素

　災害に関する先行研究において，復興を加速したり妨げとなったりする数多くの要素が報告されている。これらについては第1章で詳述したので，ここではその中の主要な部分について簡単に振り返ることにしたい。多くの研究者が災害復興のスピードと最も高い相関を持つ要素として，災害による物質的な被害の大きさを挙げているが (Dacy and Kunreuther 1969, 72；Haas et al. 1977；Yasui 2007, 29)，一方でこの必然性に対して反対意見を唱える研究者もいる (Tatsuki 2008, 24)。また，被災地域の人口密度と復興のスピードとの関連を立証しようとする研究者もいる (Haque 2003；Tobin and Montz 1997, 14；Tandon and Mohanty 2000；Nossiter and Eaton 2007)。神戸市内でも，特に海岸線の近くに位置する下町エリアでは人口が非常に密集しているのに対して，山側の地域では人口密集度はずっと低い。

また，復興過程における社会経済的な資源の役割に注目する研究者も多い (Sawada and Shimizutani 2008, 465)。Matsuda et al. (2002) は，神戸市内の復興が遅れている地域には地元の学校に通う子供を抱える自営業者が多いことに着目し，事業と自宅の両方の被害に対処できるだけの十分な資本を持たない零細企業の経営者にとって，被災による打撃が大きかったことをデータを通して明らかにしている。

市内や地域内における富の不平等な配分，すなわち経済的格差が復興を遅らせる要因になっているという主張もある。Cutter and Emrich (2006, 105) は，「健康や幸福感，また医療提供における格差は，今や多くの危機管理担当者にとっての重要課題となりつつある」ことを強調している。市の担当者は復興政策を考えるときに，比較的裕福な地域と，最も貧しい地域両方のニーズを捉える必要がある。さらに，個人レベルのデータによる分析結果から，所得格差の大きな地域に住む低所得層の住民は，震災後にうつ症状に悩まされる確率が他の人々よりも高いことが立証されている (Ahern and Galea 2006)。そして最後に，ソーシャル・ネットワークを通じて個人が利用できる資源であるソーシャル・キャピタルや人々が持つ信頼の水準が，復興のスピードや有効性に与える影響について検証する研究も見られる (Beggs et al. 1996a；Tatsuki and Hayashi 2002；Dynes 2005；Nakagawa and Shaw 2004, 18；Yasui 2007, 43；Lin 2008；Tatsuki 2008, 27)。

4　定量的データ

この研究の定量的分析で使用するデータは，1990年から2008年の神戸市の全9区における経済的側面や，人口動態的側面を捉えるために，複数の情報源からのデータを基に整理したものである。神戸市を9つに分けて検証することによって，被害の大きさや人口密度，ソーシャル・キャピタルなどを含む様々な要素の影響を時系列に捉えることが可能となる。表4は，使用する変数の記述

表4 1990～2008年の神戸市に関する記述統計量

変　数	標本数	平均値	標準偏差	最小値	最大値
人口変動	153	0.002	0.048	−0.258	0.225
震災による死傷者の対人口比　率	162	0.228	0.151	0.048	0.559
人口当たりの生活保護受給世帯数	135	0.015	0.012	0.002	0.045
人口当たりのNPO数	81	0.00004	0.00005	0.00000	0.00025
人口密度（人／km²）	162	5,322.6	2870.6	824.4	11,923.5
社会経済的格差	126	0.000	0.947	−0.936	1.784

出所：神戸市総務局統計課（各年度），神戸市選挙管理委員会（各年度），神戸市NPOデータベースを基に筆者作成。

統計量である。

神戸市は9つの区（観測単位）に分かれており，ここでは各区の18年間（観測期間）の各年のデータが捉えられていることから，時系列・横断面データとして整理した。したがって，各区がデータの分析単位となる。なお，神戸市の各区の平均面積は約60km²である。災害後の復興に関する仮説を検証する上では，区単位のデータの使用は，極めて適切であるといえる。

各区における被害の程度を捉えるために，震災による直接被害を表す指標として人口当たりの死傷者の比率を算定した。各区の平均としては5人に1人が震災により死亡もしくは負傷したことになる。また住民の半数以上が死傷した区もあれば，20人に1人が死傷者という区もある。人口当たりの生活保護受給世帯数は，地域の経済的側面を表す代理指標である。神戸市の各区の平均としては，人口100人当たりで2世帯が生活保護を受給している。区ごとに見ると，最も低所得者層が多い区では100人当たり5世帯が生活保護受給世帯である一方で，最も富裕層の多い区では1,000人当たりで2世帯にも満たない。人口密度は1km²当たりの人口により算出した。各区の平均では1km²当たり5,300人の人々が生活しており，最も人口が密集している区では約1万2,000人となった。社会経済的格差を測定するために，ここではZスコアを算定した。Zスコアはそれぞれの区の年度ごとの経済的条件と他の地区のそれとの差を測定するものであり，$Z_{t,i} = \dfrac{x_{i,t} - \mu_t}{\sigma_t}$という計算式で算出する。この式は，各区の年度ごとの社会経済的条件の水準から全区の平均値を引き算し，それを標準偏差で割った

ものであり，相対的な格差を表す数値を提供してくれる。ある地区の数値が高いということは，他の地区に比べて貧困の度合が高いことを表しており，因果の影響を調べるときには1年の時間差をとったデータを見ることになる。この指標では全体の平均値は0となる。なお，データではこの最大値が1.784（最も低所得者層が集中している地区），最小値が−0.936（低所得者層が最も少ない地区）であった。

　ソーシャル・キャピタルの測定には，その研究事例ごとの文化的背景や歴史的背景に細心の注意を払う必要がある（Krishna 2007, 944-945）。これまでの研究によって，個人レベル，地域レベル，そして国家レベルで利用できる社会的資源の測定手法が開発されてきた（Van Deth 2008, 161）。この研究では区を分析単位とすることから，地域レベルのソーシャル・キャピタルに焦点を当てることになる。地域レベルのソーシャル・キャピタルを測定するために，この神戸市の研究では，各区の1年ごとの「NPO，あるいは地域に根差した組織の新設数」を指標とすることにした。NPOには，日本の政府から認可を受けた公益法人や，学校法人，宗教法人，医療法人，そして社会福祉法人などが含まれる。Pekkanen（2000, 116n12）によれば，日本では，NGOとは国際的な活動をする組織を指す場合が多く，その一方でNPOは国内で活動をする団体に対して用いられているという。

　震災後，神戸市内の多くの区で，復興活動や地域活動を組織し，また長期的計画を調整するために新しいNPOが設立されている。神戸市の都市計画の担当局が再建計画の実行を急ぐ中，神戸市の笹山幸俊市長（当時）は，震災後一時的に建築規制を敷いたのであるが（Evans 2001, 4），多くの住民は神戸市により土地利用計画への市民参加が妨げられていると感じ，独自に建設を進めることを決めている（Yasui 2007, 230）。神戸市の都市計画では地域を黒地地区（市が再建事業を主導し管理する区域，全エリアの約2.9％）灰色地域（市からの支援が適用となるが再建事業の運営に市は関与しない区域，同17.9％），白地区域（市民による自力再建に任される区域，同79.2％）の3つに分類した（Olshansky et al. 2005）。市民は再建計画に関わるために，まちづくりを推進する組織を結成し，その組織の多くは，町内会などの既存の住民組織が主体となって結成されたものであった（Nakagawa and Shaw 2004, 7）。これらのNPOはその地区の再建を目指し，そ

の地域に住む住民を支援する活動だけに専心していたことから，地域レベルの制度化されたソーシャル・キャピタルの好例と言えるであろう。Small (2009) は，このような地域コミュニティの組織に参加する人々が，その組織がもたらすフォーマル，またインフォーマルな形態の社会的資源の恩恵をどのようにして受け取るかを説明している。このようなコミュニティを基礎にしたNPOは，市全体ではなく地域住民の生活向上を目指すことから，「結束型ソーシャル・キャピタル」（第2章参照）を表す指標として適していると言える。

本研究で使用するデータセットには事象の発生時点の情報があるので，ソーシャル・キャピタルの代理指標として震災が発生した2年前のNPOの設立数を使用し，制度化されたソーシャル・キャピタルが地域住民やコミュニティへと浸透するためにかかる時間を考慮することにしたい。時間をずらしたデータを用いて分析するのは，社会的資源やネットワークがコミュニティ内で広がっていくのには時間がかかるという先行研究での議論に基づいている（Krishna 2007）。他の研究においてもやはり同様に，ソーシャル・キャピタルの水準の変化を測定するために2年という範囲を設定している（Pronyk et al. 2008; Brune and Bossert 2009）。なお，本章のデータでは最も活動的な地区では人口1万人当たり約3件の新たなNPOが生まれているのに対して，新設数が0の地区も存在する。

前章で取り上げた1923年の東京の震災事例と同様に，ここでも人口増加（あるいは減少）をその地域の復興を表す指標として使用する（Horwich 2000, 523, 人口増加率を代理指標として用いることの議論については第1章参照）。人口変動の値は，「人口変動 $= \dfrac{Y_{i,t} - Y_{i,t-1}}{Y_{i,t-1}}$」という直観的に理解できる数式を使用して算出する。これによって地区間の人口推移を比較することが可能になる。そしてこれで算出された人口増加率を見ると，地区によって大きな差が認められる。例えば，ある地区ではその値が−0.26を示しており，これは4分の1の人口を失ったことを意味する。また，ある地区ではそれが0.23を示しており，その1年だけで4分の1近く人口が増えたことになる。全観測データから算出された人口増加率の平均値は0.002とほぼゼロに近い。

図7は，9区における人口の推移を表したものである。北区と西区に注目し

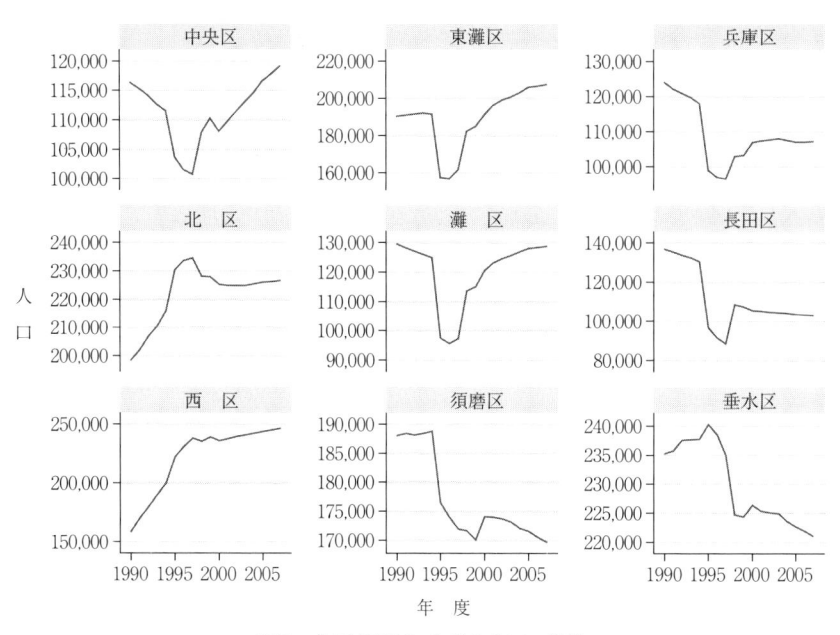

図7 神戸市各区における人口の推移

てみると，そこでは震災が発生した1995年以前に人口が増加していたことが伺える。それらの地区における震災の影響は，右肩上がりのグラフをほんの一瞬下降させただけにとどまったと言えるであろう。須磨区や兵庫区，長田区，そして垂水区では，震災が人口減少の流れを加速した，あるいはその媒体として働いたことが見て取れる。東灘区や灘区，中央区では，その人口減少傾向が震災によって上昇に転じたと言えそうである。このような人口増加率の水準の格差を説明することは，社会科学が持つ重要な使命である。人口増加を加速する，あるいはブレーキをかける要因について分析するために，それらの効果を検証する3つのモデルを次に示すことにしたい。

5 手法と結果

ADLモデル（Autoregressive Distributed Lag model）は，被説明変数と説明変数の両方にとって重要な意味を持つ観測期間と観測単位を包括する分析モデル

であり，以下の式を用いる。

$$y_{i,t} = \alpha_1 Y_{i,t-1} + \beta_0 X_{i,t} + \beta_1 x_{i,t-1} + \varepsilon_{i,t}$$

　式の左辺は1年間の人口変動を表しており，右辺には過去の時点での人口増加率，影響を与える可能性のある説明変数，過去の時点での説明変数，そして測定誤差が含まれている。時系列モデルの働き者（Keele and Kelly 2005）として知られるこのモデルにおいて，i（観測単位）に1から9の値（神戸市の9つの区），t（時間，ここでは年度）に2から18の値（18年間の観測期間）を適用することができる。このモデルにAutoregressive（自己回帰）という言葉が使われているのは，この式の右辺にY（被説明変数）の過去の時点での値が含まれているからであり（これが「動的モデル」と呼ばれる理由である），Distributed（分布，すなわち時系列データの分布）の言葉が入っているのは過去の時点でのX（説明変数）の値が含まれているからである（Beck and Katz 2009）。このモデルは，過去の時点での説明変数を使うことによって，説明変数XとT時点における被説明変数Yの間にある（一時性もしくは同時性の効果として知られる）内生性を少なくともある一定程度補正する。すなわち，過去の時点でのXがそれよりも後の時点のYに与える影響を検証するというように，効果の順序を設定する構造になっているため，説明変数と被説明変数の間の因果関係の方向性を明確に説明することができる。過去の時点でのXの値が現在のYの値を推定することから，同時性や内生性の問題がなくなり，T時点でのYが$T-1$期（1年前）や$T-2$期（2年前）の時点のXに影響したというという説明はできない[7]。この研究のために準備したデータセットを用い，3つのモデルによって推定した係数をTABLE A4（付録1）に示している。

　モデル1は，時系列・横断面データによる固定効果モデルを使用した。このモデルは，サンプル（地区）間では異なるが，時系列では変化しない変数をコントロールする。つまり，面積や震災による死傷者数などの時間経過によって変化しない要素は，固定効果モデルから取り除かれる。モデル1の分析結果を見ると，過去の時点での被説明変数（前年度の人口増加率）は1％水準で統計的に有意であることを示しており，それぞれの地区における過去の人口増加率が

その後の人口増加率に大きく影響することがわかる。過去の時点での人口1万人当たりのNPOの新設数の係数は正に有意であり，市民社会を映し出すとしているこの指標の値が高くなれば，2年後に人口の増加が期待されることが示唆される。先述のように，ソーシャル・キャピタルの効果はすぐに現れるものではなく，社会的資源の影響が市民社会活動の行動に及ぶまでには1年，もしくは2年という年月が必要であるかもしれない。社会経済的な状態の指標となる生活保護世帯数にも負の影響が認められることから，人口当たりの生活保護世帯数が上昇すれば，その地区の人口増加率は下がることになる。

　モデル1からは，強固なソーシャル・キャピタルが復興を促進することを支持する結果が得られ，他の要素についてはほとんど関係が認められなかった。この分析結果が固定効果モデルを使ったことによる技術上の問題による不適切な結果ではないことを確かめるために，Beck and Katz（2004, 4）がグループ間の不均一分散と誤差間の同時相関の問題を処理するために有効であるとするパネル修正標準誤差による時系列モデルを使用する。モデル2ではパネル修正標準誤差を使用し，モデル3ではプレイス・ウィンステン（Prais-Winsten）法を用いた回帰分析（パネル修正標準誤差モデルに一次自己相関を付け加えた手法）を使用した。固定効果モデル（モデル1）と同様に，過去の時点での被説明変数（前年度の人口増加率）が正に有意な影響を示していることから，人口増加に関して「過去の影」はその後にまで影響することがわかる。また同様に，モデル2と3の両方において，ソーシャル・キャピタルの代理変数として用いた過去の時点の人口当たりNPO新設数が，1％水準で有意に正の影響を与えていることを示している。

　モデル1と同様にこれらのモデルでも，NPO新設数の係数が正の関係を示したことから，人口当たりのNPO新設数が多いほど，しばらくたった後のその地区の人口増加率が高くなることを示している。ここでは過去の時点での説明変数を使用していることから，内生性や同時性による影響は取り除かれており，ソーシャル・キャピタルが人口増加へと影響を与えていることを強く示唆していると言えるであろう。これらのパネル修正標準誤差を使用した2つのモデルでは，震災による死傷者数，人口密度，社会経済的格差，そして人口当たり生活保護受給世帯数という他の4つの変数についても統計的に有意な関係が

認められた．人口当たりの生活保護受給世帯数については，ここで使用した3つすべてのモデルで負の影響が認められている．これはすなわち，地方自治体からの支援への依存度が高い地区では人口が減少していることを表している．この結果は，再建過程における金融資本の持つ役割の重要性を主張するこれまでの研究の知見とも一致する．政府の支援を必要とする世帯は災害による被害に対して緩衝となる資本を持たないことから，災害に対してより脆弱な存在であると言えるであろう（Yasui 2007）．

人口密度の高い地区ではその復興が早く進むことが示唆されているが，その係数は低く，3つのモデルの内の2つで統計的に有意な結果が示されるにとどまっている．また，いずれもモデル2と3のみではあるが，社会経済的格差については低所得層がより集中している地区では高い人口増加率を示し，被害の大きさで言えば被害が大きい地区ほど早く復興するという結果となっている．これらの頑健とは言い難い所見は，被害や社会格差に対する一般的な理解とは相反する結果であると言える．

TABLE A4（付録1）に示した係数の値だけで被説明変数である人口増加率に与える説明変数の影響の大きさを理解するのは困難であることから，この関係をもっと直観的に捉える手段を提供したい．人口当たりのNPO新設数というソーシャル・キャピタルの指標は，この分析で用いたすべての変数の中で最も大きな影響を持つことを示しており，また，使用した3つのモデルすべてにおいて統計的に有意であった．図8は，その他のすべての変数を平均値に揃えた場合の，過去の時点での人口1万人当たりNPO新設数の様々な値に対する人口増加率のシミュレーションによる予測値と信頼区間を示したものである．

このモデルによれば，震災後に年間で人口1万人当たり3件のNPOが新設される地区では，1.5%近い人口増加が見込めることを示唆している．この数字は小さく映るかもしれないが，神戸市全体の人口増加率（年間で0%を若干上回る程度）と比較するとはるかに高いと言える．かたや，被害の大きさや経済的条件，生活保護への依存の程度は同じでありながら，人口1万人当たり1件しかNPOを新しく組織できない地区では，人口増加率は0.5%程度であり，同様に1件も設立できない地区の人口増加率は0%に近づいている．生活保護世帯数や社会経済的格差，そして人口密度は，いくつかのモデルにおいて人口増

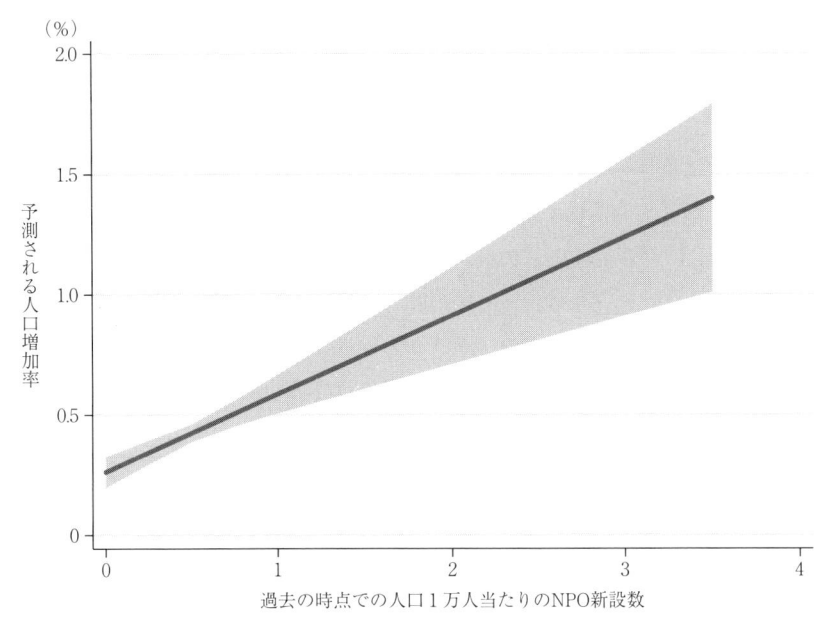

図8 ソーシャル・キャピタルを表す1つの指標によって予測される神戸市内の地区ごとの人口増加率

注：過去の時点でのNPO新設数を除くすべての変数（震災による死傷者比率，人口当たりの生活保護受給世帯数，社会経済的格差，人口密度）を平均値に揃えている。薄いグレーで表示した帯は，人口増加率の予測値の95％信頼区間を表している。

加との関係が認められたが，それらの影響はずっと小さい。

　災害後の復興に影響を与えると考えられる最も一般的な要因を取り上げて分析を行った結果，経済的条件や被害の大きさ，人口密度，貧富の差，あるいは地理的条件よりも，ソーシャル・キャピタルが長期的な観点で最も重要な役割を持つことが示された。つまり，災害直後の消火活動だけでなく，地域の再建期間における市民による組織作りを含め，地域住民による自己組織化の能力を持つ地域こそが，人口増加という観点から早い復興を成し遂げることができる。そのような地域では集合行動の問題を打破し（Olson 1965），またその地域から脱出するのではなく，自らの意見を口に出して主張し（Hirschman 1970），地域の市民生活の向上のために協調して活動することができる。また，そのような地域では協力してがれきを除去し，略奪を防ぐために自警団を結成し，支援の輪を作って地域住民全員に食料が行き渡るようにし，そして頻繁な社会的関わ

り合いを通じて再建に向けた規範や意識を共有する。住民間の結束が弱く互いの信頼関係が育っていない地域では，地域の再建に困難を伴い，人口を回復することが難しくなる。被災者は口々に，災害後の復興に不可欠なものとしてソーシャル・ネットワークの重要性を挙げる。また地方自治体は，災害復興を振り返って検証する際にその作用に注目している（兵庫県 2003）。

6　結　論

　本章では，神戸市内の地区レベルにおける定性的な比較研究と，市内9区の18年に渡る定量的データによる分析を行うことによって，災害復興においてソーシャル・キャピタルが果たした重要な役割を明らかにした。過去の時点での人口増加率が重要な意味を持つことはすべてのモデルにおいて証明され，生活保護への依存度は人口増加に有意な関係を示したが，3つすべてのモデルにおいてソーシャル・キャピタルが示したほどの強い影響を持つ変数は無かった。Horwich (2000, 522) は，「(復興に与える影響で言えば) 多くの場合，基盤となる要素の一つは物的資本なのであろうが，最もその影響が顕著なのは経済資源を豊富に持つかどうかではなく，人的資本なのである」と主張している。社会的資源などの社会的インフラ（ソフト面）の持つ原動力を理解しながらも，政府の意思決定者は，道路や橋，また住宅といった物的インフラ（ハード面）の資源に注目し続けており，ソーシャル・キャピタルの持つ役割には目が向けられないことが多い。Tatsuki and Hayashi (2002, 19) は，「世帯の生活再建への支援や，地域活動への市民参加の促進といった側面に焦点を当てた政策をもっと積極的に進めていくべきである」と主張している。

　元の住民を取り戻し，新たな入植者を惹きつける上でソーシャル・キャピタルが重要な役割を持つことを考えれば，政府の意思決定者らは再建計画を立てるときにもっと真剣にそれについて検討すべきである。前章で述べたように1923年の関東大震災においては，震災自体が市民社会やソーシャル・ネットワークを活性化したり，それまでには無かった地域組織を立ち上げたりする誘因となった。一方で1995年の神戸においては，阪神・淡路大震災によってそれまでに存在していたソーシャル・ネットワークが少なくとも一時的には破壊さ

れたという指摘もある。「マンションの所有者らによる採決は震災前にはほぼ100％全会一致で決まっていたが，震災後には全会一致で採決されるケースは12％にとどまっている」という（West 2005, 128）。震災前の段階では，団結と相互依存の規範がマンションの所有者に全会一致での同意を促していたが，震災発生後には，再建に立ちふさがる困難や不確実な将来への不安から，少なくとも一時的にはこれらの結束が崩壊したと言えるであろう。さらに，再建を支えるために導入したはずの行政施策それ自体が，コミュニティを分断し復旧や復興を遅らせる一因になったとも言えるのかもしれない。

　生活手段を失った被災者に仮設住宅をランダムに割り当てたことが，社会の絆をさらに分断させることになったという指摘もある（辻 2001, 59）。高齢者や社会的弱者へと優先的に住宅を提供するという政策が，「孤立した高齢者や障がい者のコミュニティを作ってしまった」（Tanida 1996, 1134）。また，神戸市内外に新たに建設された1,000戸もの住宅を擁する団地型の公営復興住宅の多くが大規模な集合住宅であったため，高齢者や障害を持つ人々は孤独感を募らせ，交友関係を形成できなかった（Yasui 2007, 110）。研究者や日本のメディアは，そのような孤立した環境に置かれたことにより120人以上の「孤独死」が発生したことを指摘している（「毎日新聞」1997年1月17日付・菅 2007）。7,000人が生活する西区の仮設住宅においては，そこで亡くなった人々の多くが家族や親戚を失い孤立した高齢者であった（Maeda 2007, 42）。新しく設置された長期入居型の公営住宅に入居する被災者のほとんどは，建てられたその土地に縁もゆかりもなかったため，例えば灘区の六甲町では他の町からの移入者が人口の大半を占め，元のコミュニティが残っているのは全面積の3分の1程度となっている（Horne 2005）。実際のところ，地方自治体の中には，他の地域から入ってきた住民が集合住宅を作ることを意図的に妨害しようとするところもある。例えば，神戸市内の下町エリアにある公園でテント生活をする300人の被災者たちがその地域に集合住宅を建設しようと申請したが，その申し出は自治体によって却下された（Yoshimune 1999）。ただし，その後数カ月に及ぶ抗議活動の結果，自治体はその交渉を再開することに合意している。同じ地域に住んでいた被災者を一緒に同じ仮設住宅や長期型の集合住宅に割り当てることができれば，それらの人々の間にあるソーシャル・キャピタルを損なわずに済むと

考えられる。

　さらには，様々な行政施策の取り組みによって，地域の信頼関係を築いたり交流を促進したりすることができる。例えば，1995年の阪神・淡路大震災後に神戸市は，被災者同士の信頼関係を高め，社会活動への参加を促すことを目標とする事業の実施を通じて，被災者間の強い結束を育もうとする取り組みを行っている (Hattori 2003)。このような取り組みは他の地域でも取り入れることができるであろう。Small (2009) は，地域の団体との交流を活発に行っている人々は，自らが持つソーシャル・ネットワークを意図せずとも広げていくことができると説明している。地方自治体の意思決定者は，デイケアセンターや児童館，高齢者ケアセンター，あるいは市民ホールなどの場を含めて，そのような組織の充実を図ることを検討することもできるであろう。

　災害が，少なくとも一時的には，市民団体や地方自治への参加に対する被災者の関心を高めることが，これまでの研究によって明らかになっている (Tatsuki and Hayashi 2002, 2 ; Tatsuki 2008, 14 ; Sorensen 2007, 78)。阪神・淡路大震災も同様に，震災それ自体が市民社会や行政施策に対する市民の意識を高める触媒として作用し，それがやがて組織化を促進することへつながっていったと多くの研究者は考えている。被災後に他の被災者と共に力を合わせて再建を進める最中，ある被災者はインタビューに対して，「震災前には近所に住む人のことなどほとんど知らなかった。震災によって，コミュニケーションがいかに大切なのかに気付くことができた」と答えている (Terry and Hasegawa 1995)。阪神・淡路大震災からの復興を支援するために，63万から100万人ものボランティア活動への参加者がこの地を訪れたという報告もある (Tierney and Goltz 1997, 2 ; Shaw and Goda 2004, 19)。そして，この「市民社会のルネッサンス」が国を動かし，NPOやNGOの設立申請を簡素化することに至っている (Pekkanen 2000)[8]。

　本章では，外部からの支援を含む短期的な現象という観点で捉えた復旧を超えて，災害が直撃したコミュニティの住民間のソーシャル・ネットワークが，長期的な復興を支える不可欠の要素であることを立証しようと試みた。1923年の関東大震災とは違い，この神戸の震災事例では強固な社会的結束が生む負の側面による影響について捉えることはできなかった。次の章では，2004年のイ

ンド洋大津波の事例研究を通じてこれらについても明らかにしていきたい。

注

(1) 本章では，著者の2010年の論文である"The Power of People: Social Capital's Role in Recovery from the 1995 Kobe Earthquake" *Natural Hazards* 56(3): 595-611の資料を用いている。

(2) 中邨（2000, 24-25）は，SDFが官僚のもつれや誰が実施分の支払いを行うかという懸念が原因となって，危機のあと4時間にわたり実行が停止したと主張する。Tierney and Goltz（1997, 6）は，知事からの公式な要求，通信ネットワークの破壊，ロジスティクスの問題，事象の規模，そして社会における軍の役割に対する曖昧な態度が，SDFの遅い対応の原因となっていることを指摘している（Yasui 2007, 97も参照のこと）。

(3) 多くの場合，地元住民は地元消防団のボランティアや消防士としての役割を果たす。このような地域に根差したボランティアグループについては，小西（1998）やHaddad（2007；2010）を参照のこと。

(4) 辻（2001, 218, 図9-1, 9-2）によれば，地震後の長田区では人口の35％が仮設住宅に入り，定住用の住宅に戻るまでに丸1年かかった。福島の同サイズの地区では，人口の7割が緊急避難所に移ったが，全員が100日以内に退居した。

(5) 消防士として専門的に訓練された地元ボランティアによって構成されたこれらの組織については，小西（1998）やHaddad（2010）によって議論されている。

(6) ニューオーリンズの場合，「再建に猶予期間を設けるという提案は，住民によって一様に拒否された」（Kates et al. 2006, 14656）。結果としてニューオーリンズでは，「都市計画に携わる人々によって警告されていたように，役人がニューオーリンズをより系統的に再考する機会としてカトリーナに飛びつかなかったため，軽率で無計画な審美眼が表面化した」（Pogrebin 2007）。

(7) ADLモデルはしばしば強い多重共線性を引き起こすので，ここではVIFの手法を用いてデータを検証し，変数間の比較的低い水準の相互作用を発見するようにした（すべてのモデルにおいて7より小さいVIF値）（Rabe-Hasketh and Everitt 2007, 69）。ADLに関する2つ目の懸念は，固定したままの変数である。多変量に拡張したディッキー・フラー検定は，1,2,3期のラグのプロセスが非固定である（すなわち，均衡を欠く）という帰無仮説を排除できることを示唆した。さらに，時系列データを用いるときに固定効果モデルかランダム効果モデルのどちらが適しているかを判断するハウスマンの識別検定によって，ここでの場合において固定効果モデルがよりフィットすることが示された（カイ二乗検定統計量は0.0001）。

(8) 同じように，中国の四川地震は「強化された能力，注目，そして地方自治体との相互作用によって市民社会を強めた」（Teets 2009, 330）。

第5章　インド洋大津波（2004年）

　インド洋大津波を引き起こした2004年12月26日の海底域を震源とするスマトラ沖地震は，ほんのわずかとは言え，地球の自転速度を変化させるほどの強い力を持っていた。[1] 大規模な断層運動によって生じた衝撃は100フィート（ft）（30m）にも達する巨大津波を作り出し，東南アジア一帯の沿岸部や内陸側の村々を直撃して壊滅的被害をもたらした。この大惨事によって，インドネシアやインド，スリランカ，そしてタイといった国々の23万人以上の人々が命を落としたが，甚大な被害となった海岸部の村落の復興速度は地域によって大きな差が見られた。例えばインドのタミル・ナードゥ州のいくつかの漁村は，津波発生から数日後に地域の秩序を失い混乱した状況の程度を確認するために現地入りしたインド政府の調査官を驚かせた。そこに見られたのは，死者や負傷者をまとめた名簿と再建に必要な機材や食料，物資の詳細なリストを用意して，調査官の到着を待っていた村の代表者の姿だったのである。これらの村では援助金や物資が到着すると，「パンチャヤット」（uur panchayat：今も残るカースト制度の部族長老会議）に所属するメンバーへと均等に配分されるのである。

　このような高度に組織化された村や集落では，パンチャヤットが集団としての「結束型ソーシャル・キャピタル」と入手経路としての「連結型ソーシャル・キャピタル」の両方の役割を果たしている。すなわち住民同士を互いに結び付けると同時に，地域住民の要望や必要な物資を取りまとめて，それらの情報をNGOや政府へと提供する役割を担うのであった。これにより村の多くの住民は，食料や水，漁船，そして現金といった支援の公平な配分を受け取ることができるが，この支配集団に属さない住民は支援の輪から外される。寡婦やダリット，またムスリムといった村のネットワークの周縁に位置する人々は，災害の発生によってさらに端へと追いやられ，国内外から流れ込む大量の支援の恩恵を直接的に受け取ることができなかったのである。[2] このような組織化されたソーシャル・キャピタルや外部の組織とのつながりを持たない村では，復

興は一向に進まない。NGOや政府調査官がその地を訪れることもない。したがって，事実上そこに住む人々は全体の復興過程から疎外されてしまう。かたや多くの被災した村々はインド政府からの関心を得られず，NGOとのつながりも持たないために十分な支援を受けることができないが，同時に，それらのコミュニティには住民間の差別や排除がなく，そういう点に鑑みれば，復興への希望の光が見えるとも言える。

　本章では，インドのタミル・ナードゥ州における3種類のデータを使用して分析を行う。津波による被害を受けた海岸線近くの6つの村に関する定性的分析，同州の60以上の村のデータを用いた定量的分析，そして同地域の約1,600人の住民から集めた回答データを用いた定量的分析によって，社会的資源の水準の違いが被災後の状態に与える影響を検証する。タミル・ナードゥ州は私自身が現地に入って調査を行った地であり，この章の3つの検証すべてに使用する情報源となっている。タミル・ナードゥ州はインド南東部の海岸線近くに位置し，過去数十年間の間地域振興という側面では他の州に後れを取ってきたが，人口密度や都市化の水準は国内の平均値よりも高い数値を示している（Chandrasekhar 2010参照）。また州内の人々の識字率は1991年の調査時点では約3分の2であったが，2001年には4分の3程度にまで上昇している。さらに，土地利用状況記録のデジタル化においては先進的な取り組みを行っているし，インターネットを通じて政府のサービスにアクセスできる「E-ガバナンス」も整備している（REDS 2006, 30）。タミル・ナードゥ州には，約230の漁村が400kmに渡る海岸線に面して散在しており，そこに住むほとんどの人々はパッティナバー（Pattinavar）という漁民のカーストに属している（Bavinck 2005, 812）。農家などの農業従事者とは対照的に，タミル・ナードゥ州の漁民はそのほとんどが同じカーストの出身であり，そのことが「漁民同士の間に強い結束と同化を促し」，また「協力して生活することへの観念的また社会組織的な考え方の基盤を提供している」（Norr 1975, 369-370）とされる。

　現地での地域住民およびNGOのリーダーへのインタビュー調査から得た回答と，それらのデータの分析に基づき，「結束型」および「連結型」の両方のソーシャル・キャピタルの水準が高い村では，結束型のつながりだけを持つ村やそれらを全く持たないタミル・ナードゥ州の村に比べて，より良好な復興が

認められることを示していく。本章では，復興の状態を測定するためにいくつかの尺度を使用している。いくつかの分析においては，資金援助や支援の量といった限りある資源へのアクセス状況を基にして復興の程度を測定した。また他の分析においては，住宅再建の程度や，新たな仕事や職業訓練プログラムの創造といった集落やコミュニティの持つ能力を復興の指標とした。

これまでの章で示したように，強固なソーシャル・キャピタルは正と負の両面の外部性の影響を持つものであると言える。地域住民の強い結束と外部の組織へのつながりの両方を持つ村では復興が促進される一方で，そこに住むマイノリティやアウトカースト，また組織に属さない人々が支援の輪から疎外されてしまうこともある。これらの社会の周縁部に位置する人々の復興を遅らせたり，止めたりしてしまう要因が単にソーシャル・キャピタルの欠如だけにあるわけではないが，そのことがその一因となっていることは確かである。むしろ，集合行動の問題を克服して支援者や行政担当者から効率的に資源を引き出すことができる集落では，社会の端に位置づけられている被災者を置き去りにしてしまう傾向があると言えるかもしれない。多くの研究者は，ソーシャル・キャピタルがガバナンスや経済成長，また信頼関係を高める「公共財」としての機能を持ち（Coleman 1988；Cohen and Arato 1992；Putnam 1993；Cohen and Rogers 1995），明らかに復興を促進する役割を果たすことを強調している（Nakagawa and Shaw 2004；Dynes 2005；Adger et al. 2005；Tatsuki 2008）。第1章および2章で述べたように，ソーシャル・キャピタルは，恩恵と代償の二面性を持つ資源（Szreter 2002）としての性質があることを踏まえて，このタミル・ナードゥ州の研究では微妙なニュアンスまで考慮しながら，災害復興におけるソーシャル・キャピタルの果たす役割を明らかにしていく。ソーシャル・ネットワークが，社会の中心的グループの中にいる人々と社会の周縁部にいる人々とに，異なる政策やガバナンスの成果をもたらすことが明らかにされる。

1　インド洋大津波の被害

2004年12月26日の朝，スマトラ島沖を震源とするマグニチュード9.0と7.3の地震が発生し，その衝撃波がアフリカ大陸にまで達するほどの津波を引き起こ

した（Arya et al. 2006, 52）。巨大な津波は，インドネシア，スリランカ，インド，タイ，そしてミャンマーの沿岸部の村に押し寄せた（Sheth et al. 2006, S439）。Dayalan Sandersはスリランカでの自身の体験を「30ft（9m）の水の壁が迫ってきて，（中略）まるで1,000台もの貨物列車が襲いかかってくるようだった。雷のような轟音に恐怖で立ち尽くすしかなかった」と語っている（Bindra 2005, 29）。インド南東部では，タミル・ナードゥ州の海岸線近くに位置する13地区が最も大きな被害を受け，約8,000人が津波により犠牲になった（REDS 2006, 13）。ナーガッパッティナム地区では6,000人の住民が命を落とし，カンニヤークマリ地区では817人，カダルール地区では606人が犠牲になっている（Arya et al. 2006, 53 ; UNTRS 2005, 3）。

　過去の災害と同様に，この津波でも，女性や子供といった脆弱な人々が津波の覆いかぶさる沿岸にいたため犠牲となっている（UNTRS 2007, 9）。中でも，海岸線に最も近い漁民のコミュニティにおいて最も多くの死傷者が出ている（Alexander 2006, 8）。加えて，地理的条件や文化的条件も死傷者数に影響している。例えば，大陸の南端に位置するカンニヤークマリ地区ではキリスト教が普及していたことから，津波が起きた日曜日の朝にはほとんどの漁師が漁に出ていなかったため，沿岸に住む多くの人々が犠牲になった。被災状況の調査結果によると，その地区の60％の家族は年間所得が4分の1以上減少したとされ，20％の家族は所得が4分の3以上減少したかゼロになったとされる（Fritz Institute 2005a, 4）。インド全体の被害の85％が，南東部の2,000kmに及ぶ海岸線近くの地域に集中しており（Salagrama 2006b, 5），これら地域の集落の半分以上が海岸線から200m以内に位置している（Rodriguez et al. 2008, 18）。海岸線近くの道路や橋，また港をはじめ，15万棟以上の家が津波によって破壊され（UN et al. 2006, 8），建物や資産の被害総額は13億ドルに上るとされている。また，津波により8万隻の漁船が全壊または一部損壊し，3万2,000頭の家畜の命が奪われ，4万ha近い農地が破壊され塩害の被害を受けた（UNTRS 2005, 7）。

　インド南東部の沿岸部の被害の大きさはその地理的条件によって異なる。例えば，タミル・ナードゥ州のナーガッパッティナム地区アッカライペッタイのように，堆積によって形成されたデルタ地帯にある村や集落において最も高い津波が観測され，壊滅的な被害を受けたのに対して（Sheth et al. 2006, S440），

第 5 章　インド洋大津波（2004年）

図 9　タミル・ナードゥ州の地区を表す地図

　もっと内陸の地域や砂丘によって守られている地域では，全く被害を受けることはなかった（これらの地域における砂丘の役割の重要性についてはNamboothri et al. 2008参照）。インドの沿岸部に住む人々の一部は，都市部に住む知人や親戚から迫りくる津波の情報を電話で聞いていたにもかかわらず，その情報を活かして避難した人はそれほど多くなかった（Case 7 and Case 12, TISS 2007）。地理的条件の違いによる復興の差を超えて，タミル・ナードゥ州の特定の被災コミュニティでは，同じ程度の被害があった他の地域よりも高いレジリエンスを示している。そこでは，住民の多くが仕事を再開し，長期入居型の仮設住宅に入り，そして必要な資源を安定的に入手できる経路を持っていた（著者の現地調査より，2008年2月）。図9は，タミル・ナードゥ州の地区を示したものであ

る。以下では，何が復興のスピードに違いを生み出しているかという重大な疑問に迫っていくことにする。

2 事例検討

　2008年の初め頃，タミル・ナードゥ州の5つの村（と2つの都市）を訪れ，津波被害からの復興程度を調査するために現地に入った。通訳者の助けを借り，自由回答形式の質問によって，被災者やNGOのリーダー，活動家，そして災害研究者を含む27人にそれぞれの経験についてインタビュー調査を実施した。また6番目となる村での調査を行うために，二次資料や三次資料も使用した（必要に応じてヒンドゥー語やタミル語から翻訳した）。インタビューの相手は，約3分の1が女性であり，5分の4が地元の住民である。それぞれのインタビューにかけた時間は平均すると30分から45分間であった。それに加えて，インドの社会福祉事業庁が災害後に実施した，被災者80人への1人当たり1時間以上に及ぶ匿名インタビュー調査の結果も手に入れることができた。これらの口述筆記されたインタビュー回答のおかげで，人々の日々の生活再建の様子についての情報をさらに詳しく捉えられたとともに，再建過程における社会的資源の持つ役割に関する知見を広げることができた。

　この6つの村を調査地として選択したのは，地域ごとにソーシャル・キャピタルおよび復興の程度が異なっていたからである。結果として選択型サンプリング手法を用いたことになる（King et al. 1994, sec. 4.4.2）。表5は，抽出した6つの村の基本的な特徴を示したものである。津波の被害後に，新築した家もしくは修繕した家に住むことのできている世帯の比率が高く，NGOや行政担当者からの積極的な支援を受けているコミュニティは，復興成果の項目で「良好」に分類した。一方，避難所生活者が多く，新築・修繕した家に住む世帯の比率が低く，そしてNGOなどからの支援を十分に受けられていないコミュニティを「不良」と分類した。本章では，匿名性を守るためにそれぞれの村を番号で表している（実地調査を行う研究者の間では通例となっている，Kruks-Wisner 2011参照）。

　ここでは定性的な分析手法を用いて，ソーシャル・キャピタルと災害後の復

表5　サンプリングしたタミル・ナードゥ州の村の特徴

村番号	パンチャヤットや教区評議会の有無	被害の大きさ	復興の成果
1	有	大	良好
2	無	大	不良
3	有	中	良好
4	有	大	良好
5	有	中	良好
6	無	大	不良

興水準の関係について再現性のある推察を行う（King et al. 1994）。また並列比較のケーススタディを実施することによって，そこに横たわる因果関係のメカニズムを探っていく（George and Bennett 2004）。定量的分析と同様に，関連する要素の影響をより効果的に解き明かすために，サンプル内あるいはサンプル間の共変性の根拠に基づいた過程追跡法を用いて分析を行う（Gerring 2004）。そして説明変数と被説明変数の両方で差異が見られることによって研究デザインがより強固なものとなる。なおこの研究のサンプルとなっている村では，ソーシャル・キャピタル（パンチャヤットの有無を指標とする）と復興成果の水準（津波後の住宅整備の水準とNGOや政府による支援プログラムの受給状況を指標とする）のいずれにも差異が存在する。

（1）高い水準の結束型および連結型のソーシャル・キャピタルを持つ村

村番号1，3，4，5の村落では，タミル・ナードゥ州の沿岸部の他の漁村と同様に，教区の評議会やパンチャヤットが社会秩序を支配している（Gill 2007, 22）。これら非政府の組織が，同じ産業の同じカーストに属する住民を互いに結び付け，高い水準の結束型ソーシャル・キャピタルの醸成を実現している。南部にある水産関連産業が発達したカトリックの集落には教区の評議会があり，南東部にあるパッティナバーの漁民の村落にはパンチャヤットがある。タミル・ナードゥ州の沿岸部の多くの村々はほぼ単一のカーストによって構成されており，パッティナバーでは漁民世帯が全体の90％を占め，残りはダリットの出身であるとされる（Bavinck 2008, 79；Sharma 2005, 4）。漁民のコミュニティにおける住民間の結束は，共通のカーストと親族で形成されているため強く，別のカースト出身の相手と結婚した者がコミュニティから追放といった厳

しい罰に処せられることもある（Gomathy 2006c, 218）[6]。

　教区の評議会やパンチャヤットが，インフォーマルな法秩序として，また規範の決定者としての権限を持ち，共有する資源の管理者ともなっている（Ostrom 1990；Salagrama 2006a, 76；Bavinck 2008, 81）。これらの評議会では，論争の解決や宗教的イベントを行う上での基礎となる*gramakattupadu*（村の規律）を保持している（Gomathy 2006b）。過去には，評議会が社会的圧力となったり，罰金を科したり，あるいは（*mariyal*として知られる）村八分の罰を与えたりすることを通じて，村社会をハード面とソフト面の両方の側面で支配する役割を果たしていたこともあったが（Aldrich 2008b），現在では多くの村で罰金を科すことだけにその役割を制限している（Gomathy 2006c, 221）。もっと広く捉えれば，評議会は「コミュニティの構造，規律，村の一員としての証，資源の配分，正義の行使，そして不平等の矯正を管理している」と言えるであろう（Rodriguez et al. 2008, 11；Gomathy 2006c, 219参照）。雨季の漁獲量が極端に少ない時期には，評議会によって村の住民に対する配分が行われるのであるが（Bavinck 2008, 82），それは協調的な集合行動の典型であろう。当初，「結束型」のソーシャル・キャピタル（グループ内での支援活動）として表現した評議会であるが，津波の発生後には外部組織との接続役としての機能も果たしている。津波発生以前の漁民コミュニティでは，外の世界への関心とつながりが欠落しており（Salagrama 2006a, 43），連結型ソーシャル・キャピタルをほとんど持っていなかったと言えるが，災害の発生によって評議会に外部の支援団体や政府との間の懸け橋としての新たな役割が生まれたのである。

　2004年に津波が発生して以降，インド政府が救援期間に評議会の力に大きく頼ったことから，評議会は援助の配分に不可欠な管理者へと変化した[7]。復興に関わるインド政府もNGOも，被災地域の人々全員に必要な物を尋ねて回ることはできないことから，被害状況を見積もる際にパンチャヤットが作成した必要物資のリストに頼らざるを得ないということもある（REDS 2006, 15）。村落の評議会は「多くの場合において，再建担当機関（政府およびNGO）がコミュニティへ支援を配分するための集約拠点として機能した」（ICSF 2006, 206）。タミル・ナードゥ州政府の力は，この災害が発生するずっと以前から弱く，法律を行使する権限も限られていたことから，これらの沿岸部地域において活動を

実行する能力はほとんどなかったことが指摘されている (Bavinck 2003, 652, 654)。このように，村番号１，３，４，５の村落は，評議会などの統治団体を持たない他の村落よりも高い水準の連結型ソーシャル・キャピタルによるつながりを活用したことによって，津波後の被災者にNGOや政府との接点を提供することができた。

村落や教区の評議会は，被害の大きさを確認してその情報をインド政府やNGOへと渡し，それによって提供を受けた支援物資などを一旦すべて保管した。また，入ってきた支援をすぐに配分するのではなく，多くのパンチャヤットでは村落の一員として認められている住民へ平等に配分する仕組みを作ろうと模索した（著者のインタビュー調査より，2008；Gomathy 2006）。こうした結果として，「仮にすべてのメンバーへ十分な支援を与えられるのであれば，即座に配分が行われ，そうではない場合には，コミュニティのすべてのメンバーに公平に配分できるように配分，さらに支援が集まるまでは保管することとされた」のである (Gomathy 2006c, 232)。例えばある村では，評議会が「NGOから提供された漁船を一旦すべて預かる。そして，すべての漁船を資金に余裕のある個人に売却し，それによって得た現金をコミュニティの他のすべての住民へ配分している」(TISS 2005, 14)。また別の例として，パーニティットゥー村では，他の漁民から100軒近い新しい家を提供する申し出を受けた漁民たちがその新居への入居を断ったという。その理由は，「もし私たちだけが家をもらってしまったら，コミュニティにトラブルが発生するだろう」ということであった (*Hindu*, 26 December 2006)。こうした村々におけるメンバー間での配分の手続きに従うことを拒んだ個人や家族は，社会を統制する仕組みに直面した。例えば，「様々な支援団体から直接受け取った現金や支援物資を引き渡すようにという評議会の指示を断った５組の漁民の家族は，評議会の一員から追放された」という (Bavinck 2008, 88)。メンバーからの追放が意味することはつまり，評議会が定めた規範や法を破った家族が村における社会的なつながりと経済的なつながりのすべてを絶たれるということである。

こうした組織に深く根差している強い結束は，集合行動の問題を克服し，組織メンバーの復興スピードを高めることができる一方で，この結束がダリットや女性，また高齢者といった人々の支援の受け取りをはじめ，復興への参加を

難しくする。パンチャヤットや教区の評議会は援助を必要とする家族のリストを作成する際に，支援を受けるにふさわしくないと判断された非帰属メンバーの家族を故意に，あるいは見落としてしまうことによって，援助リストから容易に排除することができる。パンチャヤットは「支援を必要としているすべての住民を把握しているが，パンチャヤットと対立する住民はアウトカーストと共に支援の輪から疎外されることもある」という（著者のインタビュー調査より，2008年2月21日）。また女性（中でも世帯主の女性）やダリットは，災害が発生する以前の段階においてもパンチャヤットの正式なメンバーになったことがないという（Gomathy 2006c, 224；Sharma 2005, 4；Martin 2005, 44）。さらに，これらの人々を始め，少数民族のコミュニティ（*adivasi*），単身や寡婦の女性，そして高齢者などのサブグループにとっては，復興過程においてこれらの文化的な境界線がより鮮明に表れてくることになる（UN et al. 2006, 16；Menon 2007, 8）。ダリットの住民は，タミル・ナードゥ州全域で評議会への投票権を持つことを許されておらず，ダリットの政治団体は「上位カーストの人々やグループから強い圧力がかけられる」という（Menon 2007, 6）。パッティナバーの漁村に住む女性に話を聞くと，彼女らがパンチャヤットに何らかの相談を持って出向くことは稀であるという（著者のインタビュー調査より 2008；Kruks-Wisner 2011, 19-20）。あるケースでは，ある家族が新しい住宅の配分の輪から外され，その不均衡の是正を求めて評議会を訪れたところ，評議会のメンバーから「漁民カーストではないのだから受け取る資格はない」と断られたという（Chandrasekhar 2010, 81）。

　被災した60の村における調査の結果によると，その内の16％の村では，ダリットやアウトカースト，また他の非メンバーである約7,800人が，津波による被害を受けているという点から支援を受ける資格を持つと考えられたが，支援の受け入れ窓口であるゲートキーパーの差別的扱いによって支援の一部，あるいは全部を受けられなかったとされている（Louis 2005, 2, 6-7）。他の調査報告によれば，80％以上の村で，ダリットやその他のグループが災害補償の手続きにおいて過度の差別的扱いを経験しているとされる（Gill 2007, 30）。中でもいくつかの村では，ダリットの家族が地域の避難所から追い出されたり，ダリットの子供たちが他の子供たちと一緒の場所で食事を取ることを断られたり

するといった事例もあった (Gill 2007, 12)。また別のケースでは，1人のダリットの女性が夫を津波で失い支援を要請したが，地元の評議会の判断によって，何も受け取ることができなかった。そこで，同じ村に住む2つのダリットの家族が代わりに支援を受け取ろうと列に並んだところ，彼らは殴られて車で連れ去られてしまったという (Case 43, TISS 2007)。

別の村では，津波の被害後に訪れたあるNGOが若い未亡人の女性に新しい家を提供しようとしたが，村の評議会のリーダーから「パンチャヤットが独身の女性には家を与えないと決定しているからには，その家はパンチャヤットへと渡さなければならない」と命じられた。それに対して不服を申し立てたその女性に，評議会は「独身女性にそのような大きな家は必要ない」と答えたとされている (Case 2, TISS 2007)。また，両親を津波で失った子供たちを祖母が引き取った事例においては，世話をする祖母の性別と年齢を理由に，支援を配分するための彼らの状況に関する情報収集は行われなかったという (HelpAge International 2005, 7)。例えば魚の乾物店のような，地域経済において末端に位置する仕事を持つ寡婦や女性たちも災害補償から除外される (Gomathy 2006c, 235)。彼女らは「社会的に困窮したグループ」に属し，さらに「公共サービスや給付金等にほとんどアクセスできない」ことから「二重の貧困」の状況に置かれているとも言われている (Sharma 2005, 6)。支援がコミュニティ全体に対して行われたとしても，それはダリットの家族にとってはあまり意味を持たない (Dorairaj 2005)。新たな移住者にとっても，パンチャヤットを通じて支援や補償を受けるためのリストに名を連ねてもらうのは簡単なことではない。評議会は彼らを非メンバーとして捉えていることから，「津波被害の救済を受けられたのは，420の移住者家族のうち281家族だけであった」という報告もある (Gomathy 2006c, 233)。

教区の司祭や評議会もパンチャヤットと同様に，村とNGOとをつなぐ仲介者になっていたことから，「情報は教区の司祭やパンチャヤットから入るものだけであり，情報が直接入ってくることはない」という (Case 7, TISS 2007)。また，カンニヤークマリの村では多くの場合，「NGOは支援物資を教区の司祭を通じて提供している」(Case 12, TISS 2007)。タミル・ナードゥ州南部の村では，他の地域でパンチャヤットが行政担当者との間の仲立ち役となったように，

宗教団体が仲介者となって政府機関との連絡を取り合った。カンニヤークマリなどの地域では，カトリック教会の活動に熱心な家族だけが「経済的，社会的な恩恵を受け取り，教育の機会にも恵まれている」という住民からの不満の声も聞かれる (REDS 2006, 29)。ある情報提供者から得た証言によれば，「南部の地域では，教会に参加していない人々は被災者リストには載せてもらえない」という（著者のインタビュー調査より，2008年2月17日）。別の村では，教会が公認している教育プログラムに参加しない家族は，支援のプロセスから除外されることになる (Case 13, TISS 2007)。村の16組の家族が，自分たちの子供を村の教会が運営する学校に通わせないと決めた結果，「教会によってNGOからの援助を剥奪された」という (Newindpress.com 1 May 2006)。カトリック教会が復興や住宅再建のプロセスにおいて深く関わっていることについては，他にも数多くの報告がある (Kannan 2005)。タミル・ナードゥ州で見られるような，支援物資の配分や資源の共有におけるパンチャヤットなどの組織による「支配」は，例えばフィジーでの災害において特定の組織が支援を支配していたように (Takasaki 2011)，他の文化においても認められる所見と言える。

（2）低い水準の結束型および連結型のソーシャル・キャピタルを持つ村

村番号2と6の村落にはパンチャヤットや教区の評議会が存在せず，住宅再建や支援の受け入れという側面での復興成果は低い。それでも明るい側面があるとするならば，それらの村では除外や差別といったケースは一切報告されていないことであろう（著者のインタビュー調査より，2008年2月）。このようなコミュニティでは，「生死を分けるのは，女性たちによる少ない資源のやり繰りであったり，親族・家族間の相互支援であったり，あるいは一時的な仕事から得たわずかな収入」である (Bunch et al. 2005, 3)。村を統治するパンチャヤットを持たない住民たちは，彼らとNGOや行政担当者とをつなぐ連結型ソーシャル・キャピタルを持たないことから，被災後には彼らが持つ結束型ソーシャル・キャピタルに頼るしかない。ソーシャル・キャピタルを研究する多くの学者が指摘しているように，発展途上の地域にとっては，または社会経済的な水準が低い人々にとっては，結束型ソーシャル・キャピタルが急場をしのぐための力となるが，外部組織とのつながりという連結型ソーシャル・キャピタ

第5章　インド洋大津波（2004年）

ルを持たないため，生活再建に困難を伴う（De Souza Briggs 1998, 178；Woolcock and Narayan 2000, 227；Dahal and Adhikari 2008；Elliott et al. 2010, 628）。

　これらの孤立した村は，津波被害からの復興過程でインド政府や国内外のNGOへと被害状況を知らせる手段を持たない。村番号6の村落はパンチャヤットを持たず，地域の人々を活動に動員することや，外部組織からの支援を持ち込むことができなかった。互いの信頼関係やコミュニティにおけるリーダーシップ，また復興を支援してくれる組織とのつながりのいずれもが欠如していたことから，他の近隣の村では再建が始まっている中，この村の住民は取り残されてしまうことになった。集団的な行動の見られた他のコミュニティとは違い，この村は「津波により被災し，破壊された村の姿を伝達する」ための「有効な手段をコミュニティとして全く持っていなかった」のであり，「外部の支援団体に連絡して助けを求めようとする努力が一切行われなかった」（Mercks 2007, 39-40）。その代わりに村の人々は家族間の支援に頼ったのであるが，災害支援組織の活動の対象からは，実質的に外れてしまったのである。やがて，国内のNGOが現地に到達して支援活動が行われたが，それは他の村落が復興活動を開始してからずいぶん後のことであった。この村にようやく支援を提供したのがインド政府機関ではなく，NGOであったことも注目すべき点であるといえるであろう。[8]

　カーストの評議会が統治する村々と同様に，津波によって大きな被害を受けた村番号2の村落もまた，災害が発生する前の時点でカーストや教区の評議会を持っていなかった。国内外の支援組織への要請にもたつく間，村の被災者たちは互いの支援を親族とのつながりや結束型ソーシャル・キャピタルに頼るしか方法はなかった。復興過程においては，カーストグループや性別，またその他の民族への差別は見られなかったが，その強い結束を持つコミュニティへと入ってくる資源が欠けていた。住民たちの中には，つながりとソーシャル・キャピタルが欠如していることによって，村の復興スピードが弱められていることを認識している人もいた。この村の被災者の一人はインタビューの中で「私たちはこれからパンチャヤットを作ろうと計画している。（中略）パンチャヤットを持つことによって村の組織化が進み，より多くの恩恵を受けられるようになると信じている」と語った（著者のインタビュー調査より，2008年2月19日）。

この協調行動が持つ力の認識については他の研究でも同様の指摘がなされており，「災害が発生して，住民が必要とする支援を取りまとめ要請していくことにコミュニティが一体となって取り組むことができるようになったときに初めて，ダリットのパンチャヤットは本当の意味で組織として機能したと言える」と論じられている（Chandrasekhar 2010, 100）。

　また別の研究者は，結束型と連結型の両方のソーシャル・キャピタルが欠けているというまた違った特徴を持つタミル・ナードゥ州の漁村において，被災後の復興成果が思わしくなかったことを述べている。教区や村落の評議会のような協調活動を促す仕組みを持たないことが，「彼らの考え方の中で，集合的で効果的な活動という方向性へ住民たちが結束することを妨げる結果をもたらした」という（Salagrama 2006a, 60）。確かにこれらの村の住民や被災者の間では差別が認められず全員が同じ扱いを受けていたが，NGOや政府からの支援が欠乏していたことから，復興は妨げられ，そして遅れていたのである。

（3）考　察

　先行研究で指摘されているように，タミル・ナードゥ州の津波による被害を受けた村のうち高い水準のソーシャル・キャピタルを持つ村々では，人々へ速やかに資源を供給し，そしてより速く，より効率的に復興することができた（Nakagawa and Shaw 2004；Dynes 2005；Adger et al. 2005；Tatsuki 2008）。しかしながら，これらの研究では重大な点が見過ごされている。それはすなわち，パンチャヤットのように強固な結束型と連結型のソーシャル・キャピタルを持つ組織体は，所属するメンバーの復興スピードを速めるであろうが，組織の外側にいる人々や地域社会の周縁に位置する人々の復興を遅らせる，ということである。確かに，強固なソーシャル・キャピタルは，人々の精神面の安定性を高めたり，物資や現金などの資源の入手経路を被災者に与えたりするなど，数多くの恩恵をもたらす。カーストや教区の評議会のような強い力を持った地域組織は，NGOなどの支援組織と共に復興支援活動の中核として，また仲介役としての役割を果たし，所属するメンバー全員に対して確実に支援を届けることができる。またソーシャル・キャピタルは，災害後に心のケアが必要な人の数を減らし，海外からの支援を受ける必要性も低下させるという指摘もある

(Gupta and Sharma 2006, 74)。さらに,拡大家族や合同家族のようなソーシャル・サポートの仕組みが,コミュニティのレジリエンスを高めることに貢献するとされている(Mehta 2007)。さらに,被災地域に住む人々と弱い紐帯(Granovetter 1973)で結ばれた他の地域の人々から送られた支援によって,津波被災者に対する金融支援の約3分の1がまかなえたという報告例もある(Nidhiprabha 2007, 26)。

しかし,これらの恩恵が女性や寡婦,ダリット,ムスリム,高齢者,(カトリックの地域における)非キリスト教徒,そして移住者といった外側の人々の排除を同時に伴っている事実を,研究者は徐々に認識するべきであろう。タミル・ナードゥ州におけるマイノリティやアウトカーストに対する昔からの変わらぬ差別は,多くの人々を端に押しのけて支援の輪から外してしまう。この調査によって得られた結果は,他の多くの研究結果とも強く共鳴している。女性やマイノリティは政府からの公的援助を求めようとするのに対して,多数派のカーストに属する男性は伝統的なカーストの組織に頼ろうとする(Kruks-Wisner 2011)。また,これらのコミュニティの周縁にいる人々は,自らの声を聞いてもらうために別のルートを探さなければならないのである。

3 定量的分析(1)――タミル・ナードゥ州の62の村々

これまでいくつかの村を題材にして,復興過程における社会的資源の果たす役割を照らし出した。ここからはもっと多くの村をサンプルとして取り上げて,その復興のパターンを検証していくことにする。それぞれの村における,カーストの人口構成や立地条件,そしてソーシャル・キャピタルの保有量といった村々における特性が,災害後に資源を入手できる水準に影響するかについて検証を行う。一般的に,他国から発展途上国へと提供される支援には,支援提供国の思惑が関わっていることが過去の研究で立証されている。支援提供国が非政治的な意味合いで資金融資,援助金,そして技術支援を提供することは滅多にない。むしろ,被災国の規模や国同士の関係の強さ,またその他の政治的な要素が絡んでいるのである(Dowling and Hiemenz 1985;Arvin et al. 2002)。これらの国家間関係に関わる知見を踏まえた上で,多くの研究者によって次に指摘

されてきたことは，こうした諸外国からの支援が被災国に届けられた際に，被災地域に配分を行うのがNGOであろうと被災国政府であろうと，それらの支援が他の大勢の被災者を迂回して，特定のグループや特定の被災者へと届けられているということである（Martin 2005；Gill 2007）。一方で，支援を配分する側のNGOや州政府は，支援を必要とするところに配分するという原則に基づいて実施していると主張している（Brookings-Bern Project on Internal Displacement 2008）。2004年のインド洋大津波は，被災した村やコミュニティへの支援の供給パターンを調べる上での貴重な事例となっている（Rosenzweig and Wolpin 2000）。この研究では，インド南東部において沿岸地域が同じ程度の被害を受けたその内陸部に位置する62の漁村（「海を持たない漁民のコミュニティ」としても知られている）での調査によって得られたデータセットを用いて，その地域のカーストや統治形態，家族形態，また地理的条件が，支援を受けることにどのような影響を持っていたかについて検証を行っている。

　津波発生後2日間は，村の住民たちが協力して破壊された建物から生存者や遺体を引きずり出し，傷の手当てを行っていた。インド政府は国内外のNGOと協力して，救援物資や医療支援を速やかに被災地域へと送り込み，被災者のための避難所を設置した。被災した家族には，被災直後に食料や必要備品，そして衣類などの救援物資が提供され，続いて，肉親や家，または仕事を失った人々に対して現金が支給され，その後，再建を支援する補助金が支給された。巨大津波の被害で混沌とする状況下で，行政の災害対応担当者たちは一人でも多くの被災者を救おうと懸命に努力していたのである。

　このインド洋大津波に対する国際支援は，「過去に例のないほどメディアに大きく取り上げられ，支援額も最大規模であった」とされる（Alexander 2006, 5）。数多くの西側諸国が災害発生直後に金融支援および医療支援の提供を申し出ており，「アメリカは急遽その支援総額を9億5,000万ドルまで増額し，ドイツは7億2,700万ドル，オーストラリアは8億3,000万ドル，フランスは4億4,300万ドル，日本は3億ドル，イギリスは1億2,000万ドル，中国は8,300万ドルの支援」を提供した（Bindra 2005, 181）。Klein（2007）は，大企業やアメリカの建設業者が災害復興に携わることで利益を上げていることを揶揄して，それを「災害資本主義」と称しているが，現実には，住宅を建設し，道路や橋を

第5章　インド洋大津波（2004年）

修繕し，そして被災者の生活再建を支援した組織が，そのほとんどがアメリカ国籍の企業ではなかった（再建過程の詳細については，UNTRS 2007参照）。しかしながら，この莫大な額の諸外国からの支援が，多くの予期せぬ弊害をもたらすこととなった。地元のNGOは，これら他国から流れ込む支援を「第2の津波」という言葉で表現している（Nelson 2007）。すなわち，こうした支援によってインド沿岸部の地域の伝統的かつ社会的な経済構造が壊されたからである。また，災害発生後の政策転換を「災害が引き起こした災害」と呼ぶ人々も現れ（Schuller 2008），支援によって解決できた問題の数以上に，多くの新たな問題を作り出したことが指摘されている（Tobin and Montz 1997, 226）。

　インド政府，NGO，そしてパンチャヤットは，これらの膨大な量の支援を数万人にも及ぶ被災者へと配分するために，互いに協調して活動する方法を模索した。「関連情報をインターネット上に開示し，かつ常に最新情報を更新することにより，透明性を持って再建プログラムが実行された」とされ，災害への対応を「見事に」実践したインド政府を称賛する声も聞かれる（Salagrama 2006a, 55）。その一方で援助金や救援物資の配給を巡っては別の評価も聞かれた。「災害発生後の初期の段階において，NGOと地方政府による協調的な支援活動がうまく機能していたのは確かであるが，ダリットや少数部族，障害を抱える人々，高齢者，寡婦，そして女性全般といった最も脆弱な立場にある人々のコミュニティに支援が届くことはなかった」という指摘もある（Chandran, n. d.）。UNTRS（2007, 14）が津波からの復興についてまとめた総覧の中にも，「不平等な配分」の問題が存在していたとする報告がある。また体系的な問題ではなく，地域に限定した問題点を指摘する声もある。例えば，「（カンニヤークマリでは）特定の集団に属する住民が，再建プログラムの原則に反して差別的な扱いを受けた」といった報告である（Salagrama 2006a, 62）。

　しかしながら，地元の関係者や国際的な研究者は，彼らが「体系的に行われた差別」と呼ぶ問題があったことを即座に指摘していた。負傷者や家を失った被災者へと提供されるはずの物資や援助金といった災害支援が，それを受け取る資格のある人々全員に行き渡らず，特に社会の末端に位置するグループにおいて受け取れない状況が顕著に見られたとされる。地元のNGOであるSocial Needs Education and Human Awarenessは，家族を失ったのにもかかわらず，

政府からの援助金を受け取っていない数多くの被災者の話を紹介している(SNEHA 2006, 20)。Human Rights Watch (2007) は，指定カースト民に対して体系的に行われた差別が，2001年のグジャラート地震と2004年のインド洋大津波の2つの災害復興において確認されたことを詳述している。同じようにLouis (2005) は，政府からの援助金や支援物資を受け取る資格を持つにもかかわらず，それを受け取っていない8,000人近く（その多くはダリット）のリストを作成した。また，海岸沿いの漁村のコミュニティには過剰に支援が供給されているのに対して，内陸寄りの海を持たない漁村は放置されたと主張する人も多い。

　津波の被害後に，インド政府はいくつもの支援政策を実行している。しかしムンバイを拠点とするタタ社会科学研究所のソーシャルワーカーに話を聞いたところ，数多くの被災者が，受給資格があるにもかかわらず政府から援助金を受け取っていないと話しているという。例えば，ある住民は「私はダリットのコミュニティに暮らしていた。これまで何も支援物資を受け取っていない。私たちの住んでいた地域も津波による被害を受けている。海水が入ってきたことによって農地は壊滅的被害を受け，生活手段を失ってしまった。（中略）それにもかかわらず，いまだ援助を得られていない」と報告している。インド政府と地方政府は地元の組織と協力して，国内避難民 (internally displaced people：IDP) のために高地に避難民キャンプを設置し，被害を受けた家に戻れるようになるまで住民や家族がそこで暮らせるようにした。キーラマナックディの村に住んでいた寡婦のLourdammaさんのようにIDPキャンプに1週間滞在した人もいれば，カッラル (Kallar) カーストで男性のNainappanさんのように1日程度しか滞在せずに村に戻る人もいた。多くの避難民キャンプの室内はひどい状態であり，当時の政府の担当者もそれを認めている (*Hindu* 23 September 2006)。現地を訪れた人によれば，「仮設避難所が42度にも達する暑さになるという問題はよく知られていた。それを揶揄して，牛小屋であるとか，靴箱，あるいはオーブンなどと呼ばれていた」という (Gangadharan 2006)。

　以下では，どのような要因がNGOの協力により実行された政府の救援や支援に関わる3種類の政策に影響を与えたかについて，調査対象となる村を分析単位として検証を行う。3種類の政策の実行成果の指標は，IDPキャンプでの

第5章 インド洋大津波（2004年）

表6　タミル・ナードゥ州の62の村に関する記述統計量

変　数	標本数	平均値	標準偏差	最小値	最大値
国内避難民がIDPキャンプに滞在した日数	61	18.6	29.1	0	210.0
支援物資を受け取る基準を満たす家族がそれを受け取った比率	62	1.0	0.2	0	1.7
被災援助金の4,000ルピーの受給資格を持つ家族がそれを受給した比率	43	0.8	0.3	0	1
ナーガッパッティナム地区（ダミー変数）	62	0.5	0.5	0	1
カダルール地区（ダミー変数）	62	0.2	0.4	0	1
ティルヴァッルール地区（ダミー変数）	62	0.1	0.3	0	1
指定部族民の比率	62	0.1	0.3	0	1
指定カースト民（アウトカースト）の比率	62	0.6	0.5	0	1
最下位カーストの人々の比率	62	0.2	0.4	0	1
1家族当たりの持家数	62	1.0	0.2	0.7	2.0
1人当たりの持家数	62	0.3	0.0	0.1	0.4
1週間の家族収入が0から500ルピーの間である家族の比率	62	0.7	0.4	0	1
インド政府とだけ接触した村	62	0.1	0.3	0	1
NGO，民間団体，政治団体，他村の住民等の政府以外の外部組織だけと接触した村	62	0.6	0.5	0	1
政府と他に1つ以上の外部組織と接触した村	62	0.3	0.5	0.0	1

滞在日数，緊急支援物資を受け取る基準を満たす家族がそれを受け取った比率，被災援助金4,000ルピーを受給資格を持つ家族が受給した比率である。これら3つの政策の実行成果はそれぞれの村によって大きく異なる。表6にこの分析で用いる変数の記述統計量を示している。

　以下では，なぜ62の村々の中でいくつかの村に住んでいた被災者がIDPキャンプに数日しか滞在しなかったのに対して，別の村の被災者は何週間も滞在したのか，そして，なぜある村では基準を満たす家族の総数以上に支援を受け取っているのに対し，別の村では基準を満たす家族の4分の3しか支援を受け取ることができなかったのかを解明していくことにする。

（1）支援の差を説明する仮説

　災害分野の研究者は，支援が被災者へ配分され届けられる過程に影響を与える可能性を持つ数多くの要因を指摘している。以下に挙げる6つの要因は包括的とは言えないが，先行研究で指摘されているものである。とは言うものの，現地で支援を行う活動者や被災者から聞いた話に沿うものであり，最も注目す

べき視点を網羅している。

　多くの国の政府機関や政策決定者は、（実際には違ったとしても、少なくとも理想的には）災害支援の提供が支援の必要性の度合いを基本とする非政治的なプロセスとして行われており、マイノリティであるかどうかや村の立地、また貧富といった条件はそれに影響しないと考えている。連邦緊急事態管理庁（FEMA）はアメリカ国内での災害援助について、「FEMAからの災害援助やその他のサービスを受ける資格を持つ人々は誰もが、それらの恩恵を差別されることなく受ける権利を持つ」としており、これは1964年に制定されたアメリカ公民権法の第6編に基づいている。北アメリカの国際支援に関する取り決め（1961年に制定され、その後改訂された対外援助法に成文化されている）についても同様に、公民権法の第6編に準拠している。赤十字国際委員会の行動規範の第2条には、「救援は、被救援者の人種や信仰、国籍にかかわらず提供されるものとし、いかなる敵意ある差別もあってはならない。救援の優先順位は必要性の度合いだけによって判断される」と宣言されている（Bakewell 2001, 6）。ある災害援助マニュアルにも、「平等性と非差別の原則は、（中略）すべての援助、復興、再建の活動において遵守されなければならない」との宣言が見られる（Brookings-Bern Project on Internal Displacement 2008, 10）。このインドでの災害後においても、住宅および家財、あるいはそのどちらかが津波による損害を受けたすべての家族がまずは援助パッケージを一つずつ受け取り、その後被災した家族が4,000ルピーの被災援助金の配分を受け取ることになっているはずなのである。

　政治的利害の入り込まない平等な配分が目標となっているはずではあるが、実証的な調査研究からその楽観的な見方とはかけ離れた結果が明らかにされている。つまり、災害などの危機的状況の以前の状態において地域住民が利用可能な資源量が、災害後に受け取る支援量に強く影響するというものである。そうとするならば、周囲からの信頼や教育水準を表す指標となり得る村が有する富の量は、受給資格のある住民が実際にどの程度の比率で支援を受け取るかを決定する要素として考えられる。保有する金融資源や言語能力、そして社会的地位を活用することによって、豊かな富を持つ被災者は、フォーマル、インフォーマル、両方のルートを通じてNGOや国際支援機関、また政府関係者へ

と接触しやすい立場にある。それゆえに、確実に支援を受け取ることができる。あるいは、比較的豊かな家庭は一般的に教育水準が高いと考えられることから、ときに煩雑な手続きが求められる支援の受け取りを、貧しいゆえに教育水準の低い住民よりも容易に済ませることができるのかもしれない。

　富と関連すると考えられるのは、家族構成である。インドの地方の村では、伝統的に数世帯が同じ屋根の下で生活する拡大家族が主流であった。しかしこの数十年の間に、文化慣習の変化に伴って核家族化が進んできた。複数の世代の世帯が同居する家族では1世帯当たり持家数が少なくなるが、援助の施策がかりに1つの家に1世帯が住んでいることを標準として検討されているとすれば、複数の世帯が同居している家族に対して供給される支援は少なくなるであろう。

　援助の配分に煩雑な手続きが必要であるとか、社会経済的条件や家族構成といったそれぞれの村の特性による影響よりもむしろ、村の住民が外部の支援組織との連絡手段を持つかどうかの方が重要であるという意見もある（Szreter and Woolcock 2004, 655）。つまり、住民が保有する連結型ソーシャル・キャピタルの量が、政府やNGOの資源を入手できるか否かを決定するということである。Wetterberg（2004）はインドネシアでの研究で、アジア金融危機が社会に大打撃を与えた後においても、外部組織とのつながりを持っていた家族は最も効果的に資源を入手できていたことを論じている。したがって、連結型ソーシャル・キャピタルは地理的距離や社会階層を飛び越えて、資源の不足する地域がその苦境を周りへと気付かせるための助けとなる（Szreter 2002）。タイでは、連結型ソーシャル・キャピタルを持つ村は、政府の要人とのつながりや連携を構築し、行政施策に影響力を持つという（Birner and Wittmer 2003）。一方で、インドのある村においては、その村が受けた被害を調査する訪問者やNGO、そして政府関係者の関心を惹き付けることができず、津波後に支援を受けることができなかった（Praxis Institute for Participatory Practices 2006）。

　援助の配分に影響すると考えられる別の重要な要素として立地条件を挙げることができる。そもそも地域が惨禍から受ける被害の大きさによって、その受援規模が見込まれてしまうかもしれない。またある地域では、より強固なガバナンス体制をもっているかもしれない。あるいは、道路や交通機関の整備状況

による影響を受けるかもしれない。例えば、その地域一帯が無傷であるという誤った思い込みによって、その地域の中に位置する被災した村は「支援を必要としている村」として拾い上げられないかもしれない。例えば、ある地域では「例えばカダルール地区やナーガッパッティナム地区のような最も被害の大きかった地域に注目が集中したために、あまり大きな関心が寄せられなかった」という報告もある (Salagrama 2006a, 22)。他にも、「特に遠隔に位置するコミュニティでは、救援物資の配給はかなり遅れがちであり、その量も限られていた」という報告もあり、通常使われる交通網から大きく外れていると支援が届きにくい可能性がある (Rodriguez et al. 2006, 170)。舗装されていない荒れた道路を通り、交通網から外れた地域へ物資を届けるのにかかる費用は、支援物資の配分を管理する人々にそれらの地域に物資を運ぶことを思い留まらせるかもしれない。ナーガッパッティナム地区の多くの村は、津波による被災前から強い力を持つガバナンス組織を持っていたことを地元の活動家が指摘しており、そのおかげでこの地域には、チェンナイのTamil Nadu Tsunami Resource Centre (TNTRC) や Nagapattinam Coordination and Resource Centre (NCRC) など、多くのNGOが救援に駆けつけたという（著者のインタビュー調査より、2008年2月）。

最後に、民族や人種による差別が災害後の援助の配分に影響を及ぼした可能性に言及することができる。インドのカースト制度では、最も低い階層に位置づけられるのが指定部族民 (Scheduled Tribes : ST) と指定カースト民 (Scheduled Castes : SC) であり、中間の階層には下位カースト (Backward Castes : BC) と最下位カースト (Most Backward Castes : MBC) がある。そして、その階層の存在がインド政府や地方政府の支援の供給方法に影響している可能性が指摘されている (REDS 2006, 16)。「NGOのメンバーは漁民のコミュニティを支援するために入り江を渡ってやってきたが、川を挟んで隣接するこの部族民の村やその近くのダリットのコミュニティへと彼らが向かうことはなかった」という非難の声もある (Martin 2005, 44)。また、別の研究者がカーストによる差別を「疑う余地のない事実である。タミル・ナードゥ州沿岸部全域におけるダリットの被災者の訴えは驚くほど一貫しており、組織的で計画的な差別の存在が示唆される」と主張している (Gill 2007, 7)。被災者に対する援助の配

分に影響を与える可能性がある様々な要因を考慮したところで，今度は津波の被害を受けた村の調査から得たデータを使用して，それらの要因が支援の獲得に与える影響を解明していくことにする。

（2）使用するデータと分析手法

ここでは，M. Louisらの調査チームが作成した，62の海岸に面していない漁民の村や集落定量的データセットを使用する。分析の単位は村や集落であり，いずれの場所津波によって大きな被害を受けている（Louis 2005)[10]。Louisがこれらの集落や村をサンプルとして選んだのは，津波による被害を受け，政府からの支援を受けて然るべき住民が存在するからである。調査チームは，より多くのサンプルを扱う無作為抽出型のサンプリング法ではなく，選択型サンプリング法を使用して（King et al. 1994, 141)，被説明変数の値がある一定の範囲に収まるようにサンプルを意図的に選択している。Louisらは，これらの村を社会から取り残された脆弱なグループと分類している。それらの村の住民の職業は様々であり，例えば，入り江での漁業や貝殻回収業，真珠採取業，藻の養殖業，石灰粉の製造業，貝殻装飾品の製造業，そして季節労働としての農業などに就いている（Louis et al. 2005, 9)。調査チームがサンプルとする村を選ぶ段階では，それぞれの村がどの程度の支援を受けたかを既知としなかったが，それらの村が実際に受けた支援の量には大きな差があったことが明らかとなっている。Louisらの調査チームは2005年7月に村を歩いて回り，コミュニティの特性や保有する資源，また生活実態を把握するためにアンケート用紙を配布したり，回収したりするなど，延べ80日に及ぶ調査を実施している（Louis et al. 2005, 3-7)。

このデータセットに含まれる変数は，先述した援助の配分に影響を与えると考えられる要因とうまく整合する。富については，1人当たりの持家数や，1週間当たりの世帯収入が0ルピーから500ルピーの間である世帯の村全体の世帯に占める比率によって捉えることができる。家族構成の特性は，村における1家族当たりの平均持家数（核家族では高い値，拡大家族では低い値になる）を指標とすることができる。連結型ソーシャル・キャピタルの水準は，村と村の外の世界とのつながりを通じて捉えることとし，政府関係者とだけ接触した村，

政府関係者でない人々とだけ接触した村（例えば，NGO，他の村の住民，掛かり付け医，など），そしてそれら両方と接触した村の3つに分類した。各村の立地条件については，ナーガッパッティナム，カダルール，ティルヴァールールの各地区のダミー変数によって考慮する。最後に，カーストについては，各村の指定部族民の比率，指定カースト民の比率，最下位カーストの人々の比率を指標として用いる。

　ここで取り上げるすべての回帰モデルでは，影響を与える可能性のある要因のそれぞれの効果を探っていく。検証に用いる3つの被説明変数，すなわち，避難民キャンプでの滞在日数，初期の支援物資を受け取る基準を満たす家族のうち受け取った家族の比率，そして被災援助金の4,000ルピーの受給資格を持つ家族のうち受給した家族の比率は，それぞれ分散の大きさやデータの切断基準が異なることから，非標準的なモデルを使用する必要がある。

　カウントデータである変数（つまり，非負の整数の値をとる被説明変数）を扱う場合，標準的な最小二乗法を使ったモデルは不適切である。その代わりに，ポアソン回帰モデルや負の二項分布回帰モデルなどの一般的に用いられる事象カウントモデルの方がデータにうまく当てはまる。極端に大きな分散を持った被説明変数（キャンプでの滞在日数）を使用することから，ポアソン回帰モデルよりも負の二項分布回帰モデルの方がより適合性が高い。同様に，比率（％）のような境界値のある被説明変数や検閲された被説明変数を扱う場合には，標準的な最小二乗法モデルは不適切である。Wooldridge (2006, 596) は，最小二乗法モデルを使用すると「負の予測値が得られる可能性があり，それが y に関して負の予測値を導く」ことになり，さらに一致性のない係数の推定になると指摘している。Rosett and Nelson (1975) は，比率を使用するデータに適合する打ち切り回帰モデル，もしくは「上限と下限をもつトービットモデル」と呼ばれる数学的処理を発展させている。Long (1997, 189, 212) は，「トービットモデルは，打ち切りなどを含めてあらゆる情報を使用して，一致性のあるパラメーター値を求めることができる」ことを示した上で，「アウトカムが確率や比率であっても適用可能である」としている。したがって，ここで使用するデータセットの分析には，上限と下限をもつトービットモデルおよび負の二項分布回帰モデルの2つのアプローチを採用する。

次に，長々とした解釈の困難な係数を羅列したリストに頼るよりも（ただし，係数の表は付録1に示している），むしろここでもシミュレーションと信頼区間を使って，関心のある変数の傾向をグラフに表すことにする。信頼区間と共に示した予測値は，シミュレーションによって得られた関心事の変数についての情報を表示しており，同時にこれらの分析によって計算された予測値の不確実性の程度を見積もっている（Tomz and Wittenberg 1999 ; King et al. 2000）。

（3）結　果

1）結果①――IDPキャンプでの滞在日数

　津波の難を逃れた人々は，自宅へ戻るのをあきらめて高地にある避難所を目指した。この調査対象となった村のすべての住民が自宅に大きな被害を受けているにもかかわらず，ある村の住民たちはIDPキャンプで非常に短い期間しか過ごしていないのに対して，別の村の住民は数週間あるいは数か月にも渡って滞在している。こうした点から生じる重大な疑問は，同じ程度の被害であった村々の住民間で，なぜ自宅に戻るまでの日数に差があるのかということである。負の二項分布回帰分析の結果だけから判断すると，村の立地条件と指定カースト民の比率が，IDPキャンプの滞在日数に関する推定において統計的に有意であり，重要な変数であることが示されたが，シミュレーションによる追加検証の結果ではカーストだけが有意な変数となった。TABLE A5（付録1）には，すべての変数についての推定された係数と標準誤差，そして有意水準が示されている。図10と図11は，それぞれカーストとキャンプでの滞在日数，および立地条件とキャンプでの滞在日数との関係をグラフで示している。

　図10は，村の立地条件や人々が持つ富，家族構成の特性，被害の大きさなど，指定カースト民以外のすべての変数をそれぞれの平均値に揃えた上で，村の人口における指定カースト民の比率とその村の人々のIDPキャンプでの平均滞在日数の関係を捉えたものである。グラフからは，村の人口における指定カースト民の比率が高いほど，その村の住民がIDPキャンプにより長く滞在することが示されている。指定カースト民の人口比率が20％に満たない村の住民は，避難民キャンプに10日程度滞在することが予測される一方で，同じような特性を持つ村でありながら，指定カースト民が人口の80％以上を占める村の住民は3

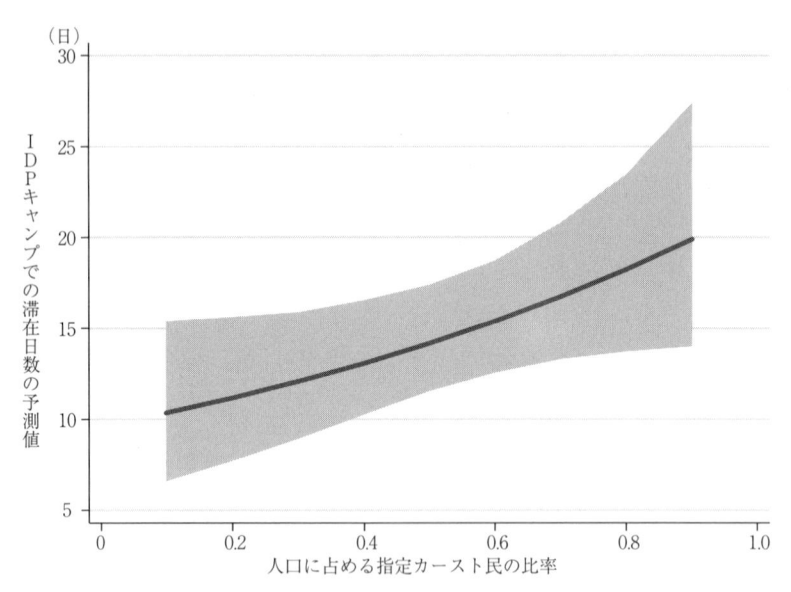

図10 カーストと避難民キャンプでの滞在日数との関係

注：N=61，シミュレーション回数=1,000
　　指定カースト民の人口比率以外のすべての変数はそれぞれの平均値に揃えている。薄いグレーで表示した帯は予測値の95％信頼区間を表している。

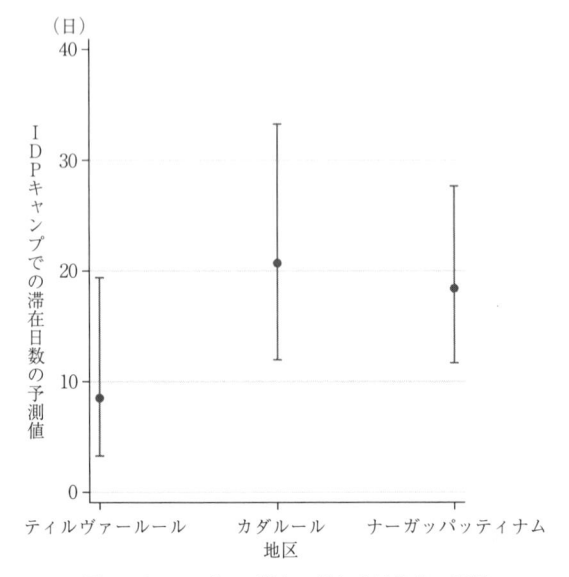

図11 キャンプでの滞在日数と立地条件の関係

注：N=61，シミュレーション回数=1,000
　　立地条件以外のすべての変数はそれぞれの平均値に揃えている。黒点は予測値を示し，統計的にその上下に伸びる縦線は95％信頼区間を示している。縦線が重なり合っている部分については，変数間に差があることを示すことはできない。

週間近く滞在することが予測されている。予測値を表す曲線に沿ってグレーで示した帯は，予測された数値の不確実性が高いと太くなる。また細い部分は情報（観察数）が多く不確実性が小さいことを示している。この信頼区間の帯からも，指定カースト民の比率が高いほど避難民キャンプでの滞在日数が長くなる傾向が確認できる。

図11からは，ナーガッパッティナム，カダルール，そしてティルヴァールールの各地区の住民が，IDPキャンプにそれぞれ18日，21日，8日の間滞在するという予測が示されている。ただし，これらの予測値の95％信頼区間は重なり合っている。これが示唆するのは，他の変数をそれぞれの平均値に揃えたとき，これら3つの地区に住んでいたことによる影響が同じであるという帰無仮説を棄却することはできないということである。つまり，これら3つの地区の被災者は他の地区の被災者よりも長くキャンプに滞在していたが，他の条件を一定としたとき，どの地区も他の地区と比べて統計的に有意な差が認められなかった。

この所見は重要な意味を持っている。なぜなら多くの研究者が津波によるナーガッパッティナムにおける深刻な被害から類推して，その地域の住民はより長い期間にわたりキャンプに滞在したと直感的に信じ込んでいるからである（Louis 2005, 17）。確かに，ナーガッパッティナム地区では，ティルヴァールール地区やカダルール地区よりもずっと多くの犠牲者を出している。しかし，この調査対象の62の村々における津波の被害がほぼ同程度であることから，この要因だけでキャンプの滞在日数の差を説明することはできないであろう。またティルヴァールールのキャンプなどのいくつかの避難施設では，不適切な建築資材が使われていたことによって住環境が悪かったことが指摘されている（Fritz Institute 2005a, 4；Martin 2005）。さらにいくつかの漁村の住民はより多くの外部の注意を引くためにわざと長い期間にわたり自宅に戻らなかったという指摘もあるが（Bavinck 2008），この調査データからはそれらを支持する結果は得られなかった。重要な意味を持つと考えられた立地条件やその他の変数については，IDPキャンプの滞在日数に影響を与える指定カースト民の分析で示されたような根拠は得られなかった。

2) 結果②
──支援物資を受け取る基準を満たす家族のうちそれを受け取った家族の比率

次に，政府からの初期の支援パッケージ（衣食住の支援物資と必需品の購入費用）を受け取る基準を満たす家族数のうち，それを受け取った家族数の比率について検証する。[11] 前述のように，もしも政治的な利害が働かずにそれらの配分が行われたのであれば，基準を満たす家族がそれを受け取った比率は100％になるはずであるが，実際にはそうなっていない。TABLE A6（付録１）に，基準を満たす家族が支援パッケージを受け取った比率に対して，それぞれの変数が与えた影響に関する推定結果を示している。また図12および図13には，これらのデータを用いてシミュレーションしたグラフを示している。推定された係数によれば，ナーガッパッティナム地区の村の住民は，他の地区の村の住民よりもこの支援を受けている可能性が高いことになる。これはおそらく，地域の統治構造の中に優れた組織があったことと，この地域のNGOへと働きかけができたアンブレラ組織があったことによるものと考えられる。

図12のグラフからは，他のすべての変数をそれぞれの平均値に揃えたとき，平均で１軒以上の持家を所有する家族を多く抱えている村では，支援を受ける家族の比率が高くなることが読み取れる。かたや，半分以下の家族しか持ち家を所有していない村では，初期の支援パッケージを受け取る家族の比率は60％程度になることが示されている。

一方で，１家族あたり１軒以上の持家を所有する村では，支援物資を受け取る家族の比率は100％かそれ以上になると予測される。これはすなわち，核家族的な家庭（１軒の家に同居する世帯数が少ない家庭）が多い村では，拡大家族が多い村（１軒の家に多くの世帯が同居することから，1家族当たりの持家数が少なくなる）よりも，支援パッケージをより多くの世帯が受け取ると予測されることを意味している。

図13では，被災した村が接触した外部組織に関する変数を除くすべての変数がそれぞれの平均値で示されている。インド政府や地方政府の職員とのみ接触した村や集落は「政府のみ」に分類している。また，World Vision（インド国内），CARE（インド国内），Catholic Relief Services（インド国内），Project Concern International, ECHO, Oxfam, Dhan Foundation, League for

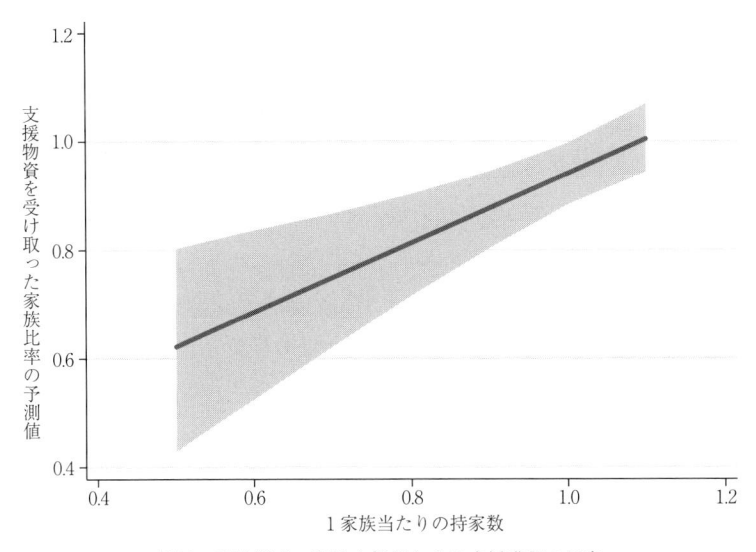

図12　家族構成の特性を指標とする支援獲得の傾向

注：N=62，シミュレーション回数=1,000
　1家族当たりの持家数以外のすべての変数はそれぞれの平均値に揃えている。薄いグレーの帯は予測値の95％信頼区間を表している。

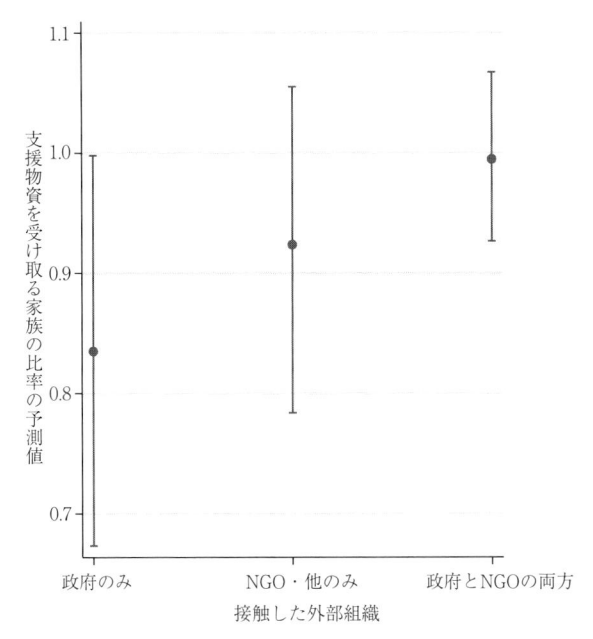

図13　連結型ソーシャル・キャピタルと支援の受け取り家族比率との関係

注：N=62，シミュレーション回数=1,000
　黒点は予測値を示し，その上下に伸びる縦の線は95％信頼区間を示している。縦線が重なり合う部分については，変数間に統計的に有意な差があることを示すことはできない。

Education and Development, Tamil Nadu Voluntary Health Association, Jesuits in Social ActionなどのNGOや民間組織 (UNTRS 2005, 5), あるいは他の村の住民とだけ接触した村は「NGO・他のみ」に分類した[12]。そして，政府に加えて1つ以上のNGOなどと接点を持った村については，「政府とNGOの両方」に分類した。グラフの黒点は予測値を示しており，上下に伸びる線はその予測値の95％信頼区間を表している。

　支援を受けた家族の比率は，政府とNGOの両方と接触した村で最も高く，この連結型ソーシャル・キャピタルを表す指標の係数は5％水準で統計的に有意であることを示したが，シミュレーションからはそれを強く裏付ける結果は得られていない。なぜなら，外部組織との接触に関するカテゴリー間で95％信頼区間が重なり合っており，連結型ソーシャル・キャピタルの量の違いが，支援物資を受け取る基準を満たす家族がそれを受け取った比率に対して何の影響も持たないという帰無仮説を棄却できないからである。この結果は，ここで扱った標本数（62の村）が少ないことに起因している可能性も考えられる。したがって，これらのデータだけから判断すれば，支援パッケージの供給という施策に関しては，連結型ソーシャル・キャピタルやその他の要素ではなく，家族構成という特性が最も重要な意味を持つと考えられる。それでも，連結型ソーシャル・キャピタルの係数が，村の外部組織との接触の分類とその村の支援物資の獲得能力との間に強い関係があることを示しているのは確かであり，本書で取り上げている他の災害事例に関する分析や，他の研究者によってこれまでに行われた研究から得られた結果を裏付けるものであると言えるであろう。

3）　結果③──4,000ルピーの援助金の受給資格を持つ家族のうちそれを受け取った家族の比率

　政府の支援政策に関して最後に取り上げるのは，4,000ルピーの援助金の受給資格を持つ家族のうちそれを受け取った家族の比率である。TABLE A7（付録1）には，4,000ルピーの受給資格を持つ家族のうち，実際にそれを受け取った家族の比率へと影響を与えると考えられる要因について，推定した結果を示している。推定された係数から判断すると，カンニヤークマリ地区とナーガッパッティナム地区の村や集落では，他の地区よりも4,000ルピーを受け取った家族の比率が高かったと言える。

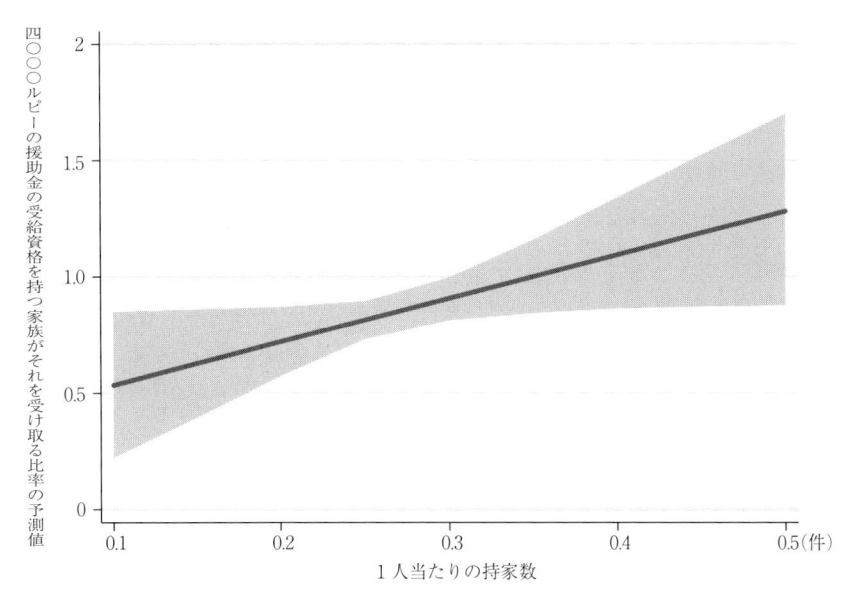

第 5 章　インド洋大津波（2004年）

図14　富と災害後の受援率との関係

注：N＝43，シミュレーション回数＝1,000
　1人当たりの持家数以外のすべての変数はそれぞれの平均値に揃えている。薄いグレーで表示した帯は予測値の95％信頼区間を表している。

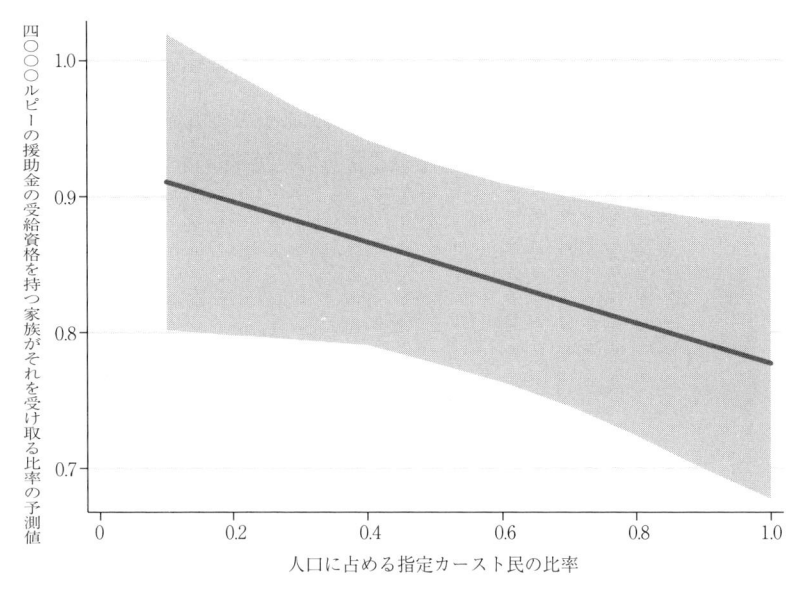

図15　指定カースト民の比率と災害後の受援率との関係

注：N＝43，シミュレーション回数＝1,000
　指定カースト民の比率以外のすべての変数はそれぞれの平均値に揃えている。薄いグレーで表示した帯は予測値の95％信頼区間を表している。

図14および図15は，これらのデータを使用して，富とカーストという最も関心の高い2つの要因の影響をグラフ化したものである。図14のグラフが示唆していることは，富の指標である1人当たりの持家数以外のすべての変数をそれぞれ平均値に揃えた上で，1人当たりの持家数が4,000ルピーの援助金の受給資格を持つ家族がそれを実際に受け取った実数の比率に対して大きな影響を与えているということである。1人の住民が0.1軒の家しか持っていない村（すなわち10人で1軒の家を所有している村）では，援助金を受け取る家族比率の予測値は約50％でしかない。一方で，1人の住民が0.5軒の家を持つ村（2人で1軒の家を所有）では，予測値が100％以上を示していることから，受給資格を持つ家族の総数以上に援助金が受け取られている。

また図15では，指定カースト民の比率以外のすべての変数をそれぞれの平均値に揃えた上でカーストの影響を示している。指定カースト民が人口の多くを占める村では，カースト以外の特性は似ているが指定カースト民の比率が低い村に比べて，4,000ルピーを受け取る可能性は低くなることがわかる。指定カースト民の占める比率が人口の20％以下の村では，受給資格を持つ家族が援助金を受け取る比率の予測値が90％を超える。しかし，似たような特性を持つ村であってもすべての住民がダリットである村では，受給のチャンスは80％を下回ってしまう。指定カースト民が大部分を占める村を意思決定者が故意に，あるいは意図せずに見過してしまうことによって，地域レベルや行政レベルでカーストによる差別が起きている可能性がある。

（4）考　察

津波後の政府による3つの支援政策を被説明変数として使用し，援助の配分の差を説明すると考えられる諸要因の影響について検証を行った。内陸側の貧しい漁村が，より高度に組織され，より注目を浴びた海岸沿いの漁村に比べて少ない援助しか受けていないことは，多くの人にとって想像の範囲内であろう。だが，本章の分析で明らかとなった重要な点は，カーストに基づく体系的な支援の除外が存在したということである。つまり，津波の被害から立ち直ろうとする住民や家族にとって，村の人口に占める指定カースト民の比率は，復興の成否を占う強力な指標となることが立証された。また，指定カースト民の家族

を多く抱える村の住民は，避難民キャンプでの滞在日数が長くなることが示された。そしてもっと重要なことは，援助の配分方法に対して多くの人々から客観性や透明性を求める声が上がっているにもかかわらず，指定カースト民の家族を多く抱える村の住民は，援助金を受給するのが他の村の住民よりも難しい状況にいるということである。さらに，災害以前の住民が持つ富もまた，災害後に多くの支援を受けることができるかどうかを占う重要な指標となる。持ち家を所有する住民や家族は，借家に住む人々よりも支援を受けられる可能性が高くなる。この背景には，利用可能な資源量や政府関係者との親交の差があったり，政府の支援担当者がある特定の人口グループに対して敏感に反応していたりするということが考えられる。借家に住む貧困層を多く抱える村では，約束されているはずの政府からの援助を受け取る可能性が低くなる。その他に，核家族と拡大家族といった家族構成の特性によって村が受ける援助の量も変わってくる。伝統的な家族構成である拡大家族が多い村では，核家族が多い村よりも受け取る支援が少なくなる可能性があることが示された。

　インドにおける津波後の復興に関するこれまでの定性的研究からは，指定カースト民の集落において橋渡し型ソーシャル・キャピタルの欠如が見られること，災害後に地域の活動を組織することができなかったこと，そして外部ネットワークを通じて資源を入手する働きかけができなかったことが強調されている（Mercks 2007, 39）。加えて，本章における定量的分析によって，援助の配分におけるカーストの影響についての主張を立証することができた。Mathbor（2007）をはじめとする研究の中には，災害による影響を軽減する働きを持つソーシャル・キャピタルの「公共財」としての役割を強調するものもあるが，この見方は援助の配分における組織的な差別による影響を見落としていると言えるであろう。次に，村レベルではなく，もっと標本数の多い個人レベルのデータセットを使用して，災害後の復興における様子を探っていくことにする。

4　定量的分析(2)——1,600人の住民

　本章で行ったこれまでの2つの分析では，村や集落を分析単位としてソー

シャル・キャピタルの持つプラス(とマイナス)の作用を検証してきた。しかし，地域レベルの分析だけに頼り，生態学的推定問題に触れることなく，個人の置かれている実際の状況を議論することはできない(King 1997)[13]。この問題を克服するために，1,600人の住民を対象とした調査から得た回答データを用いて分析を行う。このデータセットには，人口動態的な特性や社会経済的な条件，津波による被害の大きさなど，先行研究で重視されている数多くの要因が含まれている。最も重要な点は，このデータセットには結束型ソーシャル・キャピタルと連結型ソーシャル・キャピタルの両方の指標が含まれていることである。そして分析の結果，津波発生以前からコミュニティ内の住民や外部組織とのつながりを多く持っている人々は，他の条件は同じであっても少ないソーシャル・ネットワークしか持たない人々と比較して，より多くの支援を受け取っていることがわかった。これは，低所得層で低学歴であったとしても，それらの人々が持つソーシャル・ネットワークの働きによって，日々の生活を支える情報や資源の入手に結び付くというこれまでの研究を裏付ける結果であると言える(Small 2009)。

　必要な人々に対して公平に支援を提供するのが前提であるにもかかわらず，援助を受けられるはずの津波の被災者全員が援助を受けられたわけではない。タタ社会科学研究所のソーシャルワーカーの話によれば，受給資格を満たしているのに援助金を受け取っていないと訴える数多くの被災者がいるという。これまでの研究においても，被災地域一帯でカーストや性別を理由に支援を拒否されるケースが確認されている(Louis 2005；Martin 2005)。このインドのタミル・ナードゥ州の研究で使用したデータによれば，津波の被害を受けた人々の中には，500ルピー程度の援助金を受け取ったと回答している人もいれば，40万ルピー近くを受け取ったという人もいる。被災者は口々に，その大きな被害から立ち直る上で援助を受けられたことがどれほど大きく役立ったかについて語っている(著者のインタビュー調査より，2008年2月；Kapur 2009)。被災地域の住民は，入手できる支援の量が多いほど商店や自宅，そして生活をよりすばやく再建していくことができる。そこで次に，被災者やその家族が受け取った支援量に大きな差異が生じた要因が何であったかを探っていくことにする。

（1） 援助の入手量を指標として見た災害復興を説明する仮説

　被災者が入手した災害支援の量に対して影響を及ぼしたと考えられる要因として，ソーシャル・キャピタルの水準と共に，人口動態的および社会経済的な水準や被害の大きさなどを含む数多くの要素が挙げられる。それらの諸要因については第1章で詳述したので，ここでは簡潔にそれらを振り返ることにしたい。第1に，教育水準や性別，カースト，年齢といった人口動態的な特性が災害復興の成果と関連しているという仮説は，これまでに数多く見られている。特に階層社会においては，マイノリティや低位のカーストと同様，女性や高齢者が制度的な差別にさらされることがしばしばあり，それによってこれらの人々はあまり援助を受けられない可能性がある（Cutter and Emrich 2006；Cutter and Finch 2008）。その一方で高学歴の人々は，ときに難解な政府からの通達や規定を理解して，複雑な配分の仕組みに効率的な働きかけを行うことによって支援を入手できるかもしれない。

　あるいは人口動態的な特性よりも，災害の発生以前に地域の人々が持っていた金融資源こそが，コミュニティの支援獲得量を決定する指標になるという主張もある。社会経済的立場が高い被災者は，金融資源を多く持ち，またフォーマルおよびインフォーマルな経路を通じてNGO，支援機関，そして政府関係者へと接触できる位置にいることから，被災後の状況下においても優位な立場にあり，したがって多くの支援を確実に受けることができると考えられている（USSBA 2006；Yasui 2007, 95；Sawada and Shimizutani 2008, 465）。また，災害による被害の大きさとその地域の人々が受ける支援量との間には関係が認められることを多くの研究者が指摘しており，仮にこの関係が正しいとするのであれば，より大きな被害を受けた地域ではより多くの支援が期待できることになる（Dacy and Kunreuther 1969, 72；Haas et al. 1977；Yasui 2007, 29）。

　多くの研究で指摘されてきたこれらの要因に加えて，ソーシャル・キャピタル，概して言えばソーシャル・ネットワークを通じて人々が利用できる資源が復興成果の差を説明する要因として注目されるようになり，復興の速さや効率性に与える影響が分析されている。DaCosta and Turner（2007, 195）は，発展途上にあるコミュニティが経済成長していく上で，連結型ソーシャル・キャピタルが特に重要な意味を持つことを指摘している。なぜならそれが必要な資

源や情報を提供してくれるからであり，それを持たないコミュニティは資源などの供給網から外されてしまうかもしれないし，あるいは見つけてもらうことすらできないかもしれない。例えば，住民の多くが政府とNGOのどちらとも接触することができなかったインド南部の田舎の集落は，仮に連結型ソーシャル・キャピタルを持っていたならば，外部の資源や情報を入手できたかもしれないのである。ここで用いたデータには，回答者が災害前に持っていた地域住民や仲間とのつながりを測定する結束型ソーシャル・キャピタルの指標と，回答者が住む村の外にある支援組織やインド政府とのつながりを測定する連結型ソーシャル・キャピタルの指標が含まれている。

（2）使用するデータと分析方法

　本節では，東京大学とタミル・ナードゥ農業大学による「被災した村における家計調査」としてSawada et al.（2006）が作成したデータセットを使用し，加えて私が2008年に実施した追跡調査の結果をあわせて分析する。調査は2006年の1月から4月にかけて1,600人近い個人を対象に行われ，人口動態，社会経済的状態，津波による被害の状況，カースト，ソーシャル・キャピタル，そして復興成果に関する要素について回答を得ている。表7に，この調査データの記述統計量を示している。

　インタビュー回答者のサンプリングには，選択型抽出法（King et al. 1994, sec. 4.4.2）と無作為型抽出法の両方を使用している。この調査チームは，最初にタミル・ナードゥ州ナーガッパッティナム地区の津波による被害を受けたすべての村を列挙し，次にその対象となった62の村を津波の被害が大きかった順に並べ替え，そして最も被害が大きかった8つの村を選択し，それらの村の住民を200人ずつ無層化無作為抽出して，その上で，訓練を受けた地元民からなる調査員によって対面式面接調査を実施している。著者は2008年に，それらの内の5つの村において追跡調査を実施した。

　このデータセットには，交絡の可能性のある因子をコントロールするための変数が含まれており，ここで使用する変数は，前述の災害後の復興を説明するこれまでに提示されてきた仮説とうまく合致していると言える。人口動態的な情報としては，年齢や教育水準，性別，世帯主との関係，そして婚姻関係の

第5章 インド洋大津波（2004年）

表7　インド洋大津波の被災者1,600人から得た調査データの記述統計量

変　数	標本数	平均値	標準偏差	最小値	最大値
人口動態的情報と教育水準					
年齢（津波発生時点）	1,595	29.20	17.89	0.00	100.00
教育水準（年数）	1,594	5.90	4.14	0.00	15.00
性別（男性＝1）	1,589	1.44	0.50	1.00	2.00
世帯主との関係（世帯本人，妻，子，両親，孫，祖父母，甥姪，義父母）	1,579	2.37	1.10	1.00	8.00
婚姻関係（1＝既婚，2＝未婚，3＝離婚，4＝未亡人）	1,585	1.50	0.57	1.00	4.00
社会経済的条件と職業					
家族経営事業／自営業（ダミー変数）	1,595	0.29	0.45	0.00	1.00
被雇用労働者（ダミー変数）	1,595	0.06	0.24	0.00	1.00
主婦／無給家事手伝い（ダミー変数）	1,595	0.25	0.43	0.00	1.00
学生（ダミー変数）	1,595	0.28	0.45	0.00	1.00
漁師（ダミー変数）	1,595	0.10	0.31	0.00	1.00
農家（ダミー変数）	1,595	0.21	0.40	0.00	1.00
津波による被害					
家族の住む家の全壊（ダミー変数）	1,595	0.06	0.23	0.00	1.00
津波による家族の犠牲（ダミー変数）	1,595	0.08	0.26	0.00	1.00
家族の住む家や資産，家財の被害（ダミー変数）	1,595	0.87	0.33	0.00	1.00
カースト					
家族が指定カースト民	1,595	0.02	0.15	0.00	1.00
家族が指定部族民	1,595	0.00	0.00	0.00	0.00
家族が下位カースト	1,595	0.36	0.48	0.00	1.00
家族が最下位カースト	1,595	0.62	0.49	0.00	1.00
連結型ソーシャル・キャピタル					
政府のみから支援を受けた家族	1,595	0.11	0.31	0.00	1.00
NGOのみから支援を受けた家族	1,595	0.03	0.18	0.00	1.00
政府とNGOの両方から支援を受けた家族	1,595	0.78	0.42	0.00	1.00
政府の行政担当者とだけ接触した家族（12〜1月）	1,595	0.88	0.33	0.00	1.00
政府の行政担当者とだけ接触した家族（1月〜2月）	1,595	0.91	0.29	0.00	1.00
結束型ソーシャル・キャピタル					
家族が参加した葬儀の数（2004年10〜12月）	1,595	4.52	4.58	0.00	35.00
結婚式で家族が渡した祝い金の総額（2004年10〜12月）	1,595	175.3	183.09	0.00	1,500.00
被説明変数					
家族が受け取った援助金の総額（ルピー）	1,586	124.22	46,849.18	500.00	400,000

データを用いる。社会経済的な条件については，家族経営事業・自営業，被雇用労働者，主婦・家事手伝い，学生，漁師，そして農家といった個人の職業を表すダミー変数によって包含している。津波による被害は，家や家族のメンバーを津波で失った家族，住む家や資産，家財の被害を受けた家族を示すダミー変数として把握されている。カーストは，指定カースト民，指定部族民，下位カースト，そして最下位カーストの各変数によって捉えられている。

　繰り返しになるが，ソーシャル・キャピタルの測定には，それぞれの研究対象の置かれた状況に応じて適切に指標を設定する必要がある（Krishna 2007, 944-945）。Serra（2001）は，1993年に公表されたPutnamによるイタリア南部と北部の比較研究で使われた識字率や投票率，各種団体への加入状況のような，西洋の研究で一般的に用いられるソーシャル・キャピタルの指標は，インドの生活実態にそのまま当てはめることはできないと主張している。同様にKrishna（2003, 9）は，「フォーマルな組織への参加率」を測定して指標とすることは，「ラージャスターン州の村においては極めて不適切である」と主張している。それよりもむしろ，インドにおいては「人々の大きな支えとなっている親族間の結束」こそが，人々が持つ社会的資源を映し出す最適の尺度になるとSerra（2001, 699）は断言している。

　このデータでは，外部の支援組織とのつながりを連結型ソーシャル・キャピタルの指標として使用している。回答者の家族が，インド政府からのみ支援を受けたのか，それとも非政府の支援組織からのみであったか，あるいはその両方から支援を受けたのかを把握している。被災者に話を聞くと，多くの人々が，少しでも多くの支援を受けるためにできるだけ多くの外部組織と接触しようと努力したとするが（著者のインタビュー調査より，2008年2月），人によって組織の意思決定者の関心を惹き付ける力に大きな開きがあったとされる（Mercks 2007）。住民の中には，復興を後押ししてくれるはずの支援を意思決定者が渋ったのはカーストが要因になっていると考える人もいれば，多くの資産を持っていることや災害前から権力者と面識があるかどうかが支援を受ける上での重大な要素であると考えている人もいた。インタビュー調査を基にして，それぞれの家族が災害発生の直前と直後（2004年12月〜2005年1月），およびその後の期間（2005年1〜2月）に政府だけと接触したかどうかを指標として加えた。

第5章　インド洋大津波（2004年）

　インドや東南アジアに関する先行研究における結束型ソーシャル・キャピタルの指標には，特に結婚式や葬儀などの重要な祭事をはじめ，住民間の互恵関係やコミュニティの結束を強める働きを持つと考えられる，地域に根差しているインフォーマルな社会慣行に焦点を当てたものが用いられている（Worthington, et al. 2006, 212；Adger 2003, 399）。例えば，世界銀行が行ったソーシャル・キャピタルに関するアンケート調査（問5.15）には，どのくらいの頻度で，家族や村，あるいは地域の祭事に参加しているかを問う設問があり，そこでも主要な例として結婚式や葬儀が挙げられている（Grootaert et al. 2003, 57）。インドにおけるソーシャル・キャピタルの定量的分析では，結婚式や葬儀が非商業的なネットワークを測定する指標としてよく使われている（Blomkvist 2003）。近年では，日本において毎年恒例で実施されている祭りのような地域の儀式が，その地域の人々の間の相互信頼やソーシャル・キャピタルの水準を高め，レジリエンスを構築しているといった研究が見られる（Bhandari et al. 2010）。この調査のデータでは，結束型ソーシャル・キャピタルの指標として，津波発生前の期間（2004年10〜12月）に家族が参加した葬儀の数と，同じ期間中に結婚式で家族が渡した祝い金の総額を用いた。災害発生以前に，結婚式や葬儀に数多く参加することによって自らが持つ資源を他人に差し出していた被災者は，多くの人々と関係性を築いている。そのことによって，広範なネットワークにおける互恵関係および互いが持つ責任への期待水準を高めていたと言える。なお，津波発生以前のデータを使用することによって，内生性の問題を回避し，誤った測定結果の解釈を防ぐことができる。つまり，ここで用いるソーシャル・キャピタルの指標は災害以前に測定したものであることから，津波によって「生じたもの」と考えることはできないということである。最後に，このデータでは家族が受け取った援助金の総額（ルピー）をデータとして加えており，これをこの分析の被説明変数として使用する。

　ここでは受援金の総額を被説明変数とした回帰分析（OLS）を行うが，この変数の最小値の境界がゼロとなることから，下限を設定したトービットモデル（被説明変数をゼロなどの境界で設定して推定することのできる最尤法）でその結果の確認を行うことにする。続いて，解釈しがたい係数の羅列に頼るのではなく，ここでもやはりシミュレーションと信頼区間を使って，注目すべき関係につい

てグラフで示したい（Tomz and Wittenberg 1999；King et al. 2000）。

（3）結　果

　最尤法を使用した回帰分析による推定結果はTABLE A8（付録１）に示している。予想されたとおり，年齢や教育水準，また婚姻関係は，人々が受け取った援助金額に対して統計的に有意な関係を持ち，かつ重要な影響を与えている。すなわち推定結果によれば，比較的高齢で教育水準が高く，そして既婚の人は，津波後により多くの支援を受け取ったことになる。同様に，津波によって家や家族を失った人々は，政府やNGOの援助方針に沿って，より多くの支援を受け取っている。というのも津波により家や家族を失った人々に対しては，その大きな損失を補填するために追加支援が与えられることになっていたからである。性別や職業については，人々が受ける支援の量に対して統計的に有意な関係は見られず，影響を与える重要な要因としては認められなかった。

　この分析でおそらく最も注目すべき結果は，住民間の結束を測定した結束型ソーシャル・キャピタルの指標と，住民の外部組織とのつながりを測定した連結型ソーシャル・キャピタルの指標が共に，支援を受けた量の水準の決定要因として大きく影響しているということである。異なる条件下での援助量を予測するために最尤法を用いた検証も行った。

　図16は，他のすべての説明変数をそれぞれ平均値に揃えて，他人とのつながりの指標として，津波発生前の一定期間内において支出した結婚祝いの総額と，受援総額の関係を予測値で示したものである。このとき，津波前の３カ月間に1,500ルピー以上を結婚祝いに使った人は，ほとんど使わなかった人に比べて，約３倍も多く（１万ルピーに対して３万ルピーもの）援助金を受け取ることが予測される。仲間である地域住民のためにより多くのお金を費やしていることは，社会儀礼や式典に定期的に参加したり祝い金を渡したりしていることを示唆し，それによって社会的な絆を強めていると考えられる。先行研究では，コミュニティレベルで儀式や祭式が行われることによって（それが都市部であっても地方や田舎町であっても）ソーシャル・キャピタルが高められ，災害に対して高いレジリエンスをもつコミュニティが形成されることが指摘されている（Bhandari et al. 2010）。人類学者は，田舎の人々にとって社会的な相互作用に重要な役割

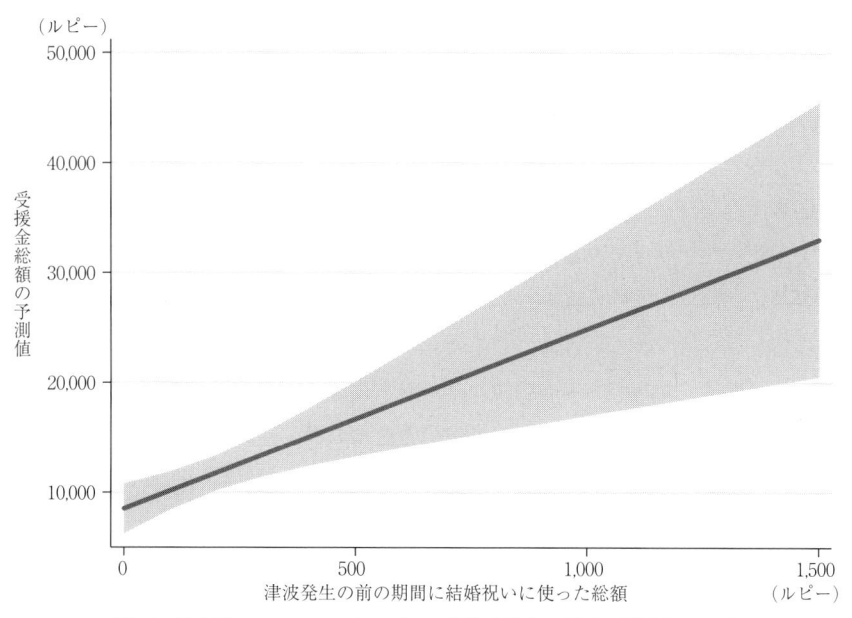

図16 結束型ソーシャル・キャピタルと津波被害に対する援助との関連

注：N＝1,590，シミュレーション回数＝1,000
結婚祝いに使った総額（2004年10〜12月）以外のすべての変数（年齢，教育水準，性別，世帯主との関係，婚姻関係，家族経営事業・自営業，被雇用労働者，主婦・家事手伝い，学生，漁師，農家，津波により家屋が全壊した，津波により家族を失った，津波により家や資産に被害を受けた，指定カースト民，指定部族民，下位カースト，最下位カースト，政府だけから支援を受けた，NGOだけから支援を受けた，政府とNGOの両方から支援を受けた，政府とのみ接触した［12〜 1 月］，家族が葬儀に参加した回数［10〜12月］）はそれぞれの平均値に揃えている。

を果たす「ライフサイクルのイベント」という広い括りの一部として結婚式や葬儀を捉えている。先進国でも，このようなライフサイクルのイベントに参加しない住民は，既存のソーシャル・ネットワークから関係を切り離されている人とみなされる（Hayes et al. 2008）。「特にインドの田舎では，重要な場面での対処や人生における重大な判断をしなければならないときに，多くの人々がインフォーマルかつ非商業的な社会関係に頼る」ことから（Blomkvist 2003, 13），結婚式や葬式はコミュニティのつながりを発展させ強めていく絶好の機会となる。より多くのお金を他人のために支出し，より多くのイベントに参加しているナーガッパッティナム地区の住民は，自らの金融資源を使うことによって彼らが住む地域内外の人々とのつながりのネットワークを発展させていると言え

る。そしてこうしたつながりが，津波後に仲間の被災者から彼らを「目立たせる」ことになる。それによって，援助が配分される際には，こうしたより多くのつながりを持つ被災者が支援を必要とする者のリストの上位に名を連ねることになるのである。

同様に，図17は，災害発生前の期間に参加した葬儀の回数に対して，受援金額を予測したグラフである。他の変数の条件を同じとしたとき，震災発生前の1カ月に10回以上という高頻度で葬儀に参加する人は，1度も参加していない人に比べて3倍も多く支援を受け取ることが予想される。葬儀は悲壮な儀式ではあるものの，地域の人々とのネットワークを広げ，地域イベントへと積極的に関わっていることを周囲に示す機会にもなる。例えば日本においては，地方議員や国会議員などの政治家は地元で行われる葬儀の情報に対して常にアンテナを張っており，葬儀に参列して遺族に弔意を示し，地元と密着していることを人々に示すのである（Aldrich and Kage 2003）。ケニアの社会科学分野の研究者は，協調して式典を開催したり葬儀の香典が慣習化されたりすることを，地域の市民社会の発達を示す指標として捉えている（Ouma and Abdulai 2009）。インドの村々では葬式に参列することによって住民と幅広くつながりを持つ人は，災害発生後に支援を受けようとする際に強い影響力と発言力を持つ。政府やNGOは，災害支援を必要とする程度，すなわち津波による被害の大きさを基準にして，支援が配分されることを目指しているのであるが，実際には被災者の持つネットワークが受援力に強く影響しているのである。

インド政府を飛び越えて，地域の外にある支援団体とつながりを持てるかどうかということが，多くの支援を望む被災者にとっては重要な意味を持っていると言える。NGOから支援を受けた被災者は，インド政府のみから支援を受けた人々よりも約2倍多くの支援を受け取ることが予測されている。さらに，村の外側の組織へと働きかけることは，それ自体に重要な意味を持つ。インド政府やNGOを含む複数の外部支援組織と接触した世帯では，受け取る支援の総額は3万1,817ルピーにも達する（他のすべての変数を一定としたとき。予測値の95％信頼区間は2万6,074～3万7,561ルピー）。一方で，政府だけにしか頼ることができなかった世帯は，予測値で見ると9,303ルピーしか支援を受け取ることができない（95％信頼区間は7,615～1万990ルピー）。つまり，政府とNGOの両

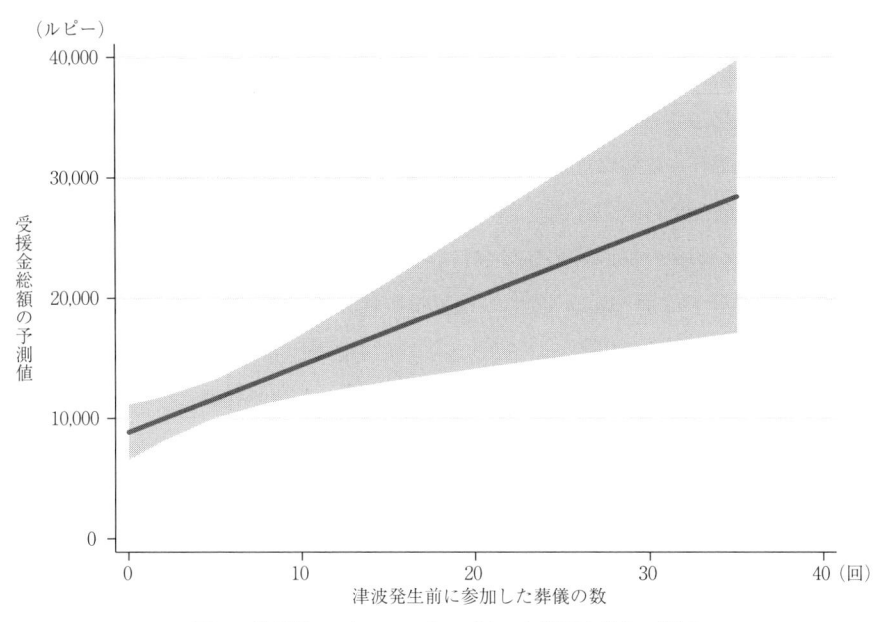

図17 結束型ソーシャル・キャピタルと災害支援との関連

注：N＝1,590，シミュレーション回数＝1,000
家族が葬儀に参加した回数（2004年10〜12月）以外のすべての変数（年齢，教育水準，性別，世帯主との関係，婚姻関係，家族経営事業・自営業，被雇用労働者，主婦・家事手伝い，学生，漁師，農家，津波により家屋が全壊した，津波により家族を失った，津波により家や資産に被害を受けた，指定カースト民，指定部族民，下位カースト，最下位カースト，政府だけから支援を受けた，NGOだけから支援を受けた，政府とNGOの両方から支援を受けた，政府とのみ接触した［12〜1月］，結婚祝いに使った総額［10〜12月］）はそれぞれの平均値に揃えている。

方に対してつながりを持つ被災者は，連結型ソーシャル・キャピタルを通じて，その持てる関係性を活かしながら確実に多くの支援を受けることができる。かたや，そうしたつながりを持たない被災者は，政府や行政，また地域の支援団体にもつながりを持たないことから，供給が不足していると感じても，配分制度を通じて届く援助に頼るほか術はないのである。

5 結　論

本章では，6つの村の事例検討による定性的データ，60以上の村における定量的データ，そしておよそ1,600人にも上る津波被災者を対象にしたデータと

いう3種類のデータを用いて，災害後における社会的資源が果たす重要な役割を明らかにしてきた。災害復興を説明する仮説の多くは，被害の大きさや人口動態的な条件，さらにその他一般的に想定される要因に基づくものであるが，本研究ではそれらの特性を加味した上で，ソーシャル・キャピタルが，受援および災害復興に不可欠の要因であることを立証した。またソーシャル・キャピタルは，集合問題の解決策をもたらすと同時に，特に外集団の人々や地域の組織に属さない人々に対してマイナス面の影響を与えるという証拠を示した (Berman 1997；Callahan 2005；Aldrich and Crook 2008)。本章ではさらに，これまでの研究を前進させて，ソーシャル・キャピタルが何の弊害も生むことなくレジリエンスを構築するという，社会的インフラに対する浅はかな認識の修正を試みた (Adger et al. 2005)。これまでの研究においては，東南アジアの漁民コミュニティに見られるような強い結束は，「同じ地域に住む人々同士の強い仲間意識とコミュニティへの帰属意識」の象徴であり，それが利他的な行動へとつながっているとされている (Rodriguez et al. 2006, 173)。しかし，Wetterberg (2004, 27) は，「ソーシャル・キャピタルは，それ自体を恩恵として捉えるよりもむしろ，恩恵の潜在的な源として捉えるべきである」と指摘している。そして，本研究によってさらにその理解が改められ，ソーシャル・キャピタルはある人には恩恵を，別の人には代償をもたらすという両面の供給源として捉える必要がある。

　災害による影響を緩和するという観点でのソーシャル・キャピタルの重要性がようやく認識されるようになってきたにもかかわらず (Hutton 2001；Mathbor 2007)，一般的に行われている災害支援の取り組みでは，いまだに物的インフラの再建ばかりに焦点が当てられ続けている。例えば，インドの沿岸部に位置するコミュニティへの補助金や貸付金についての話し合いの場面で，「災害後の状況において道路や橋は，救助隊の移動や，救援や生活再建のための物資の運搬において重要な導線となるだけでなく，被災者の避難ルートにもなる。したがって，道路や橋の重要性には議論の余地がない」と論じている (UN et al. 2006, 26)。それに加えて，被災地域のソーシャル・ネットワークの再建を助けるためには，被災者へのソーシャルワーカーによるコミュニティレベルでの働きかけや，地域イベントへの参加の促進を行う必要があることが認め

られている (UN et al. 2006, 34)。

災害時の避難計画を作る上で政策担当者が取り組むべきであるとして提言できることの一つは，災害後においても住民が持つソーシャル・ネットワークを維持できるようにすることである。これは，たとえ災害直後の混乱の中でも，あるいは避難所や仮設住宅での生活にあっても，コミュニティや近隣住民同士のつながりの維持に配慮した政策を実行することによって実現できる。災害対策の担当者は，社会的な集団を損なわないまま人々を避難させる方法を検討すべきであるし，仮に一時的にばらばらになったとしても，元のコミュニティの姿に戻す努力を行うべきである。インド洋大津波の被災者はインタビューで，ランダムに避難所を割り当てられ，そして「違うコミュニティの人々と一緒に置かれた」と話している (Case 7, TISS 2007)。避難していた人へのインタビューでは，「近所に住んでいた昔からの知り合いはここにはいない。同じ地域にはいるが，遠く離れたところにいる。避難所は抽選で決められた」という話が聞かれた（著者のインタビュー調査より，2008年2月20日）。地元の人々は，津波による被災後にネットワークを維持したり，結束を強めたりすることによる利点を認識していた。別の調査では，ある高齢の女性が「この避難キャンプには同じ通りに住んでいた人や同じ村に住んでいた人が大勢いるから，みんなで助け合って生活している」と答えている (HelpAge International 2005, 12)。一部の人々は自分たちで組織して避難を行っており，「津波後にある村では，特に肉親を失った人々を支えることを目的に団結し，住民全員が同じ避難小屋で生活する決断をした」という例もあるという (Gomathy 2006a, 218)。また，津波による被災者たちは，「女性は宗教的な聖地や市場，病院，親戚，友人，そしてその他の資源へのアクセスが可能であり，そのため彼女たちは虐待や搾取，また精神的苦痛をはるかに受けにくい」ことを直感的に認識している (Banerjee and Chaudhury 2005)。

災害対策の担当者にとってもう一つの目標は，排除されているグループを包摂するために，どのようにして結束型と連結型のソーシャル・キャピタルを広げていくかを検討することである。と同時に，それらの社会の周縁部に位置する人々が外部へ手を伸ばすことができるようになる技能を高めることを検討すべきである。すでにその動きの兆候が見られている。ムンバイを拠点とするタ

タ社会科学研究所は，インドの原住民グループや部族民の人々が効果的に仲間を動員できるようにするための，そして外部のコミュニティとつながりを持つことができるようにするためのリーダーシップ研修を開発中である。このようなプログラムによって，孤立しがちなグループの人々が連結型ソーシャル・キャピタルを形成し，新たな資源や組織とのつながりを持てるようになる可能性がある。インドYMCA同盟のような地元のNGOは，女性の生活手段の選択肢を広げるために，絨毯の織り方やダイヤモンドの研磨の仕方などの講習会を始めている（著者の現地取材より，2008年2月19日）。また，インド女性自営業者連盟は，女性の雇用の保障を向上させ，災害に対する脆弱性を軽減するための取り組みを行っている（Vaux and Lund 2003）。これらのような新たに身に付けた技能や，土地所有権に夫婦両名の氏名を併記することを課す新たな政府の規制は，女性が政治と経済の双方の領域で広く進出していくための後ろ盾を提供することになる。

今後の災害後の支援配分においては，支援プログラムを作成する際に被災地域の包括的な情報を把握することから始めることというプログラム・コーディネーターからの助言を参考にして進めていくことで，うまく機能するであろう。「被災地の情報なしに支援プログラムを作成すると，受益者の権利が満たされず十分な支援が行き届かない危険性があり，またそれが（非自発的に）差別へとつながっていく」ことが指摘されている（Brookings-Bern Project on Internal Displacement 2008, 11）。パンチャヤットに強く依存していることから，インド政府もNGOも，支援が必要な人々のリストの作成や援助の配分を，それら地元の評議会に任せるしかなかった。その結果，ダリットや女性，ムスラム，寡婦，そしてその他の辺縁にいる人々は，支援の網目からこぼれ落ちるか，あるいは数週間，数カ月にもわたって待たされることになった。つまり，インド南東部の沿岸地域のパンチャヤットは，門番としての役割を通じて援助を受ける資格のある人々への配分を拒み，持つ人と持たない人の間の格差をより一層拡大してしまっていた可能性がある。次章では，強固なソーシャル・キャピタルに伴う恩恵と代償の見られるもう一つの事例として，ハリケーン・カトリーナ発生後の仮設住宅の設置場所問題に注目したい。

第5章 インド洋大津波（2004年）

注

(1) 本章は著者の2010年に刊行された論文である"Separate and Unequal: Post-Tsunami Aid Distribution in Southern India", *Social Science Quarterly* 91 (4): 1369-1389, および2011年の論文"The Externalities of Social Capital: Post-Tsunami Recovery in Southeast India", *Journal of Social Capital* 8(1): 81-99を利用する。

(2) ダリットに対する様々な形の差別についての議論の展開は、Navsarjan Trust and RFK Center for Justice and Human Rights (2008) 参照。

(3) 津波の被害にあったタミル・ナードゥの村民と直接取り組んだNGOのリーダや研究者数人に会うために、彼らのオフィスがある近くの都市に向かった。ただし、これらの都市部そのものは研究の対象ではない。

(4) 漁業が生計手段の中心になっているコミュニティでは、通常その人口層のカーストが高カーストよりも上に位置する。このように、ある村にブラーミンのような高カーストがいたとしても、それが漁業コミュニティであれば、パッティナバーが支配的なカーストとなる。(Salagrama, pers. comm., 29 July 2009)。Srinivas (1987), Norr (1975) 参照。

(5) インドのカースト制度についての詳述はこの章の範囲を超えるが、概して、ダリット（アウトカーストや不可触民としても知られる）は4層のカースト制度外に位置する。ダリットはカースト制度内の者と結婚することができず、「霊的・精神的にも身体的にも不浄であり、カースト制度の中では分離されたコロニーに住まなければならず、異なる食事設備や給水施設を使わなければならず、カースト制度内のヒンドゥー教徒と決して接触してはならず、「不可触民」だとわかるように声を出して挨拶しなければならず、カースト内のヒンドゥー教徒がやるにはあまりに不浄だと考えられる仕事を引き受けなければならない。これらの仕事は、死んだ動物の死骸の除去、革を扱う仕事、助産の仕事、トイレの掃除、訃報の知らせや、特定のメタルを扱う仕事が含まれる」(Gill 2007, 20)。インド憲法は、以前に「不可触民」として知られていた人口集団の正式な分類を設立した（しばしば指定カーストがダリット、指定部族が*adivasis*と呼ばれた）。インド政府はこれらの集団に公的部門での雇用における一定枠を確保し、また、教育プログラムや制服、また他のサービスを提供しているタミル・ナードゥ州などの州もある (Ramachandran 2010)。カースト制度の民俗学的視点についてはNatrajan (2005) を、より広い視点からみた概要はBayly (2001) 参照。

(6) 同じように、アンダマン諸島とニコバル諸島の沿岸住民の間で、強い社会の絆が津波の影響を受けた村人と子ども達の間における速やかな集団内援助を可能にしたと言える。「tuhetのソーシャル・キャピタルはとても強固なので、どの部族コミュニティからの孤児に対しても、外部の支援組織は必要でない。tuhetは子ども達を、自分の子どものように扱うからだ」(Gupta and Sharma 2006, 74)。Nicobareseの

コミュニティのレジリエンスに関しては，Mehta（2007）参照。
(7) 同じように，バンダアチェでは，コミュニティ組織がNGOと個別の被災者らの間のギャップを埋めた。
(8) Tata Instituteのソーシャルワーカーによって記録された他のケースでは，家をなくしたダリット家庭は，「完全に村から切り離され，誰も，NGOや政府でさえ，助けに来なかった」。唯一，海外のNGO Action Aidだけがこれらの被害者を特定し，84の家庭が援助を受けた。
(9) イギリスの政府開発援助との共同出資によるスキーム（Wallace 1997, 42）や国際開発省などの組織と連携する「社会開発アドバイザー」の存在が，外国の寄付者が援助の提供や受給が十分に「客観的」でないと認識する証拠となることを議論する人もいるかもしれない。いずれにしても，これも津波後の実証研究を必要とするものである。
(10) これらの村は，実際のところ，救援過程においてコミュニティを「脇に追いやる」かもしれない。これらの周辺化され社会の主流から取り残された集落では誰がどれだけ受け取ったかについて量的に把握されておらず，これらの成果情報は援助物資の配達に関して広く実証的証拠を提示するものである。
(11) 救援パックには，サリー，ベッドシーツ，米，ケロシン，ターメリック，塩，その他香辛料，家庭用品や台所用品を購入するための現金が含まれていたとされる（Government Order 57 dated 4 February 2005）。
(12) 国際NGOの組織環境において激化する競争は，Cooley and Ron（2002）を参照。津波後のインドにおけるNGO間の競争についての要約はGauthamadas（n.d.）参照。
(13) 手法に関する専門家がいつも指摘するように，地域データや集合データから個人レベルの活動を推察することはできない。村人が単に村や集落の情報に基づいてどのように包括的な援助計画にアクセスできたのか，私たちは憶測を立てることはできないのである。村の集合データによって，カーストや連結型ソーシャル・キャピタルのような要因が，全体としてどのように村の状況に影響を及ぼしたかについて重要な見識を与える一方で，個人レベルの状況について正確に議論するためにはやはり個人レベルのデータが必要となる。

Separate and Unequal: Post-Tsunami Aid Distribution in Southern India[*]
by Daniel P. Aldrich
First published in Social Science Quarterly
©2010 by the Southwestern Social Science Association

Reprinted in Japanese by permission of John Wiley and Sons, Inc.
c/o Copyright Clearance Center, Inc., Danvers
through Tuttle-Mori Agency, Inc., Tokyo

第6章　ハリケーン・カトリーナ（2005年）

　2011年の春，著者はルイジアナ州ニューオーリンズの2つの地区を訪れた。そしてそこで目にしたのは全く異なる2つの光景であった(1)。堤防が決壊したあの日から5年以上が過ぎているにもかかわらず，ロウワー・ナインス・ワード（Lower Ninth Ward）地区では，雑草が生い茂り，人の姿は見当たらず，まるで世界の終末後の荒れ果てた姿を描写する映画のカットに出てくるゴーストタウンのような姿のままであった(2)。多くの住宅は破壊されて廃墟と化し，その壁や屋根には押し寄せた洪水が到達した高さにくっきりと跡が残っている。ある新聞では「窓を割られ略奪された家は一方に傾いていた」と描写されていた（Wilson 2011）。悲劇から5年が過ぎでも，この地区の人口はカトリーナ前の4分の1程度までにしか回復していない（*New York Times* 27 August 2010）。しかし，他の地区に移動してみると光景は一変する。たとえばニューオーリンズの北東部に位置し，住民の大部分がベトナム人やベトナム系アメリカ人によって占められているビレッジ・デ・レスト（Village de L'Est）地区のコミュニティを歩いてみると，堤防が決壊した街であることに誰も気づかないであろう（Weil 2010）。ビレッジ・デ・レスト地区もハリケーンによる大きな被害を受けており，貧困率もロウワー・ナインス・ワード地区と同程度なのにもかかわらず，災害から2年が経過した時点で人口回復率は90％に達しており，商業施設も営業を再開している（LaRose 2006 ; Faciane 2007）。つまり「Big Easy（ニューオーリンズの愛称）」のある地域では再建が中断してしまっているのに，別の地域では劇的に，そして速いスピードで復興が進んでいたのである。同じ市内にある被災地域の間で，なぜこのような差ができてしまったのであろうか。

　ビレッジ・デ・レスト地区をはじめとする早い復興を実現した地域では，避難の際においても，その後の再建過程においても，地域の活動家が住民同士をつなぐ強い結束型ソーシャル・キャピタルを維持するための行動を取っている（行政の復興支援担当者とソーシャル・キャピタルが果たした役割についての詳細は，

Krishna 2002参照)。メアリー・クイーン・ベトナム教会のVien Nguyen神父をはじめ，コミュニティ活動のリーダーたちは，ハリケーン・カトリーナの襲来によってテキサス州やアーカンソー州，そしてルイジアナ州などの緊急避難所へと避難していた，教会のメンバーやコミュニティのメンバーのもとを訪れている。ヴィエン神父は，「コミュニティのメンバーを見つけては，その全員の写真を撮影して，別々の町に避難した友人や家族の安否を一人ずつ確認した」という (Chamlee-Wright 2010, 62)。元地域住民がヒューストンやダラス，あるいはその他の遠く離れた地に単独で避難し，孤立していることを多くのコミュニティが確認していたが，このコミュニティのメンバーは避難の際，互いのつながりを確認し合うために最大限の努力をしていたのである。

　ヴィエン神父はベトナム人の避難者と共にベトナム語のラジオ局を開設し，コミュニティの再建計画をラジオ放送で伝えた。2005年10月にニューオーリンズ市が被災者の市内への立ち入りを許可した際，ビレッジ・デ・レスト地区の住民は一斉にコミュニティへと戻ってきた。この地域の教会は，戻ってきた住民に漂白剤や飲料水，食料，建築資材などへの必要物資を提供した。またこの地区の住民は地元の電力供給会社であるEntergy社が地域への電力供給を再開するためには，地域住民500名の署名が必要だと知り，その日の内に1,000名を超える住民から署名を集めている（著者のインタビュー調査より，2010年5月12日)。ビレッジ・デ・レスト地区は，請願書の署名集めにおいて，また被災したその地へと住民を一斉に呼び戻すことにおいて，復興が進むまで待つという待機戦術を取らず，集合行動の障壁を打破する能力を示したと言えるであろう。この地区の住民は，インフォーマルな保険として機能する互いの協力を必要とする際に，その潤沢なソーシャル・キャピタルを利用することができたのである。いまだ復興過程にあるニューオーリンズにおいて，この地区は復興の象徴となっている (Leong et al. 2007; Weil 2010)。この地区と同様に経済的な資源が不足していた他の地区においては，より効率的で協調的な復興を実現するために必要な「社会的結束」も欠落していたために，復興が進まなかったと言える。

　第2章では，「結束型」「橋渡し型」「連結型」という3つの異なるタイプのソーシャル・キャピタルについて取り上げ，それらを併せ持つことが，災害復興において非常に大きな意味を持つことを強調した。カトリーナ後の復興に関

する最近の研究から，ソーシャル・ネットワークの強さは地域によって異なり，複数のタイプの社会的資源の蓄えを持つ地域は高い復興力を示していることが明らかとなってきた。より正確に言うのであれば，ロウワー・ナインス・ワードのような地区は，強固な結束型ソーシャル・キャピタルを持っていたものの[3]，連結型ソーシャル・キャピタルを十分に持っていなかったために，地区の行政が麻痺している間，外側からの支援を受けることができなかったと考えられる。洪水によって大きな被害を受けていても，高い水準の結束型と連結型両方のソーシャル・キャピタルを持つ地域は，住民間の互いの結束を持つが外部の支援者や政府機関とのつながりを持たない地域よりも高い復興力を示している(Elliott et al. 2010)。ロウワー・ナインスワードにおいて，ある地域団体の代表を務めていた人の話によれば，「私たちの住む地域では，他の地域のグループと協力し合う必然性を感じていなかったことから，伝統的に外とのつながりを積極的に持とうとはしてこなかった」という（著者のインタビュー調査より，2010年5月11日）。この同じ地区の別の住民は，住民と地域活動の意思決定者との間に「溝」があることを指摘しており，地域団体のリーダーたちはコミュニティのメンバーを団結させることはできるかもしれないが，外側とのパイプを持つリーダーはほとんどいないとして，それが地域の声を外の世界へと伝える能力を弱めている原因になっていると彼女は結論づけている（著者のインタビュー調査より，2010年5月10日）。これらの証言は，災害後における結束型，連結型，また橋渡し型の形態の「つながり」が持つ役割の重要性を物語っていると言えるであろう。

　本章では，カトリーナ後のニューオーリンズの復興に関するデータを使用し，ソーシャル・キャピタルがそれぞれの地域の生活水準の向上にどのような役割を果たしたのか，そして一方で，いかに全体の復興を妨げる働きをしたのかを検証する。ハリケーンが去った後にFEMAのトレーラーハウスの設置に関する定量分析を行ったところ，地域住民が結束して多くの住民を活動に動員することができた地域では，地域住民が受け入れを望まない支援プロジェクトを跳ね返しえたことができたことが判明した。災害後の仮設住宅の立地選択における判断に影響したと考えられる様々な要因を考慮して分析をしても，社会的資源の指標となる要素がやはり重要な意味を持つことが示された。FEMAの責

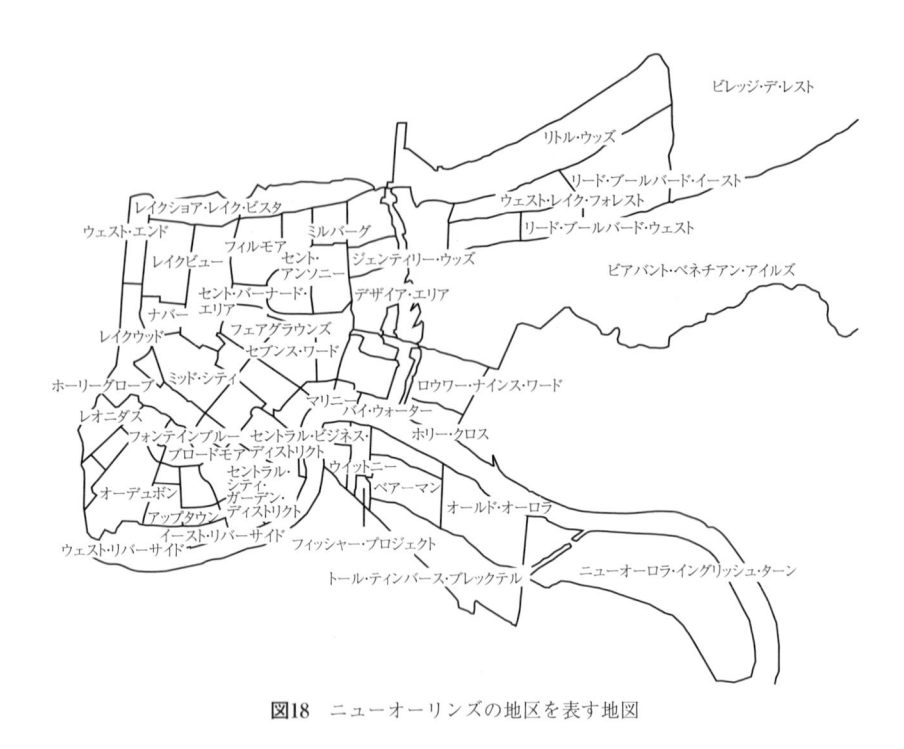

図18　ニューオーリンズの地区を表す地図

任者は，市民活動の規範が突出して高い地域へのトレーラーハウスの設置を避けるようになり，それによって全体的な仮設住宅の供給が遅らされた可能性がある。なお，図18はニューオーリンズの地区を表す地図である。

1　ハリケーン・カトリーナの被害

2005年8月の終わり頃，太平洋で発生したハリケーンはバハマの町を破壊し，その後アメリカのメキシコ湾岸地域へと向かっていた。カトリーナと名づけられたこのハリケーンによって，ミシシッピー州，フロリダ州，テキサス州の多くの海岸沿いの町が深刻な被害を受けたが，このハリケーンは本土上陸を前にいったんその勢力を弱め，当初のニューオーリンズからの報告では，比較的その風雨による被害は小さいとされていた。ハリケーンが近づく中，アメリカ国内ではダストボウル（砂嵐）以来となる史上最大規模の避難活動が行われ，

100万人以上の人々が高地を目指してニューオーリンズを後にした（Appleseed 2006, 1）。降り注ぐ雨量は14インチ（in.）（350mm）に達し，市のポンプによる排水では全く追いつかなかった。8月29日月曜日の朝には，海抜ゼロm以下の地域に広がるニューオーリンズを，それまで守ってきた陸軍工兵隊により作られた堤防が多くの箇所で破堤した。工業水路，17番通り水路，そしてロンドン通り水路の堤防で大規模な決壊が生じた。このような構造上の欠陥によって流れ込んだ水は，市内の80％近くを水で覆い尽くし，その水位は海水面の高さと同じにまでなった。このハリケーンによって1,500人以上が犠牲になり，その3分の2は洪水の流れ込んでくる水による溺死や事故死であり，他には低体温症，食料や水の不足，既往症などが死因とされている。これまでの調査から，堤防の決壊箇所近くに住んでいた住民が最も多く溺死していることがわかっている。過去の災害と同様，カトリーナによる被害者の多くは，避難できなかったり，洪水によって心に傷を受けたりした，高齢者や弱者であったハリケーン・カトリーナによる被害（死者1,500人，避難者200万人，建物の損壊30万棟，被害額1,300億ドル）は，1969年のハリケーン・カミール（カテゴリー5）や，1992年のハリケーン・アンドリュー（カテゴリー5）による被害を凌ぐ規模となった（USGAO, 2007）。

　ハリケーンによる被害と破壊の規模は甚大であったが，ニューオーリンズが水浸しになる可能性があるという認識自体は決して新しいものではなかった。実際のところ，過去にも堤防が決壊したことがある。1965年9月9日，ハリケーン・ベッツィーによって，ロウワー・ナインス・ワードを含む市内の広範囲に洪水被害が出ている（Rogers and Rogers 1965）。ニューオーリンズが海水面よりも低いところに広がっていることから，再び洪水が発生することを危惧する指摘が，これまでにジャーナリストや専門家から頻繁になされていた（McQuaid and Schleifstein 2002）。巨大な熱帯性の嵐やハリケーンが発生すれば，100万人が避難するが逃げ遅れる人が20万人に達し，堤防が決壊して押し寄せる洪水によって「アメリカの災害史上最大の被害をもたらす自然災害となる」ことを多くの人々が予測していた（Bourne 2004）。いくつかの組織は災害に備えて準備しており，例えばニューオーリンズ動物園は，事前に計画していた対策を速やかに講じて多くの動物の命を救っている。同様に，沿岸警備隊は少な

い資源を活用して称賛に値する活動をしたという指摘も多くある。ただし，活動成果がぱっとしない他の軍組織よりもメディアからの注目がないと言われている。批判の声の矛先はもっぱら，国の政治的リーダーやFEMA，そしてニューオーリンズ市警察に向けられている。

災害発生から間もなく，依然として100万人以上の人々が国内の各地に避難する状況下で，ニューオーリンズの市議や役人，そしてFEMAの職員は，住宅の確保が最優先課題であることを繰り返し強調してきた。堤防の決壊により，ニューオーリンズ市内の43万4,000軒の家屋が何かしらの被害を受け，14万軒の家屋が破壊された。ハリケーン・カトリーナによる被害からの復興を早める上で，住宅の問題が最も大きな障害となっていることには誰も反対しなかったが，仮設住宅の候補地をめぐる論争によってその政策は行き詰まることとなる。トレーラーパークや簡易組み立て型住宅のような施設が必要であることには大半の人々の賛同が得られていたが，自分の住んでいる地域以外の場所に作って欲しいと主張する人々も多かった。どこのコミュニティがトレーラーハウスや被災者を受け入れるのかという問題は，非常に重要であると認識されていた反面，簡単には答えが出なかったのである。

本章では，多くの地域が設置に反対する中で，ニューオーリンズ市内および近郊のどのコミュニティ，FEMAのトレーラーハウスやモービルホームの立地先として選定されたのかを調査した。多くの要因の影響を調整した上で分析した結果，ZIPコード（郵便番号）単位で見たときの地域レベルのソーシャル・キャピタルの強さが，トレーラーハウスやトレーラーパークの受け入れ地として決定に至る最も大きな要素であることが示された。本章においては，地域における強い社会的結束と市民活動規範の代理指標として投票率を用いたのであるが，政治に積極的に関わろうとする市民の多さを示す過去の選挙での投票率が高い地域においては，受け入れているトレーラーの数は少ないという傾向が見られている。逆に言えば，政府やFEMAは，政治的な活動気運の低い地域をトレーラーハウスの設置先として選択したということになる。行政施策の意思決定者らにとって，地元住民が結束して集団活動へと人々を動員できる地域は，賛否が分かれるようなプロジェクトをそこに持ち込もうとしたときに強い抵抗を受けた経験のある地域か，あるいはそれが予測される地域であると言え

る。これまでの，あるいは予測される地元住民の抵抗を考慮することによって，強固なソーシャル・キャピタルを持つと考えられる地域にはトレーラーを持ち込まずに，他の代替候補地を探すことになり，政策決定者は他の目的で利用することのできた人的資源や金融資源を代替地の選定作業につぎ込む結果となってしまっている。結果としては，強固なソーシャル・キャピタルを持つ地域では生活の質（QOL）が向上することになるかもしれないが，一方で全体の復興のスピードは弱められるかもしれないのである。

2　「公共悪」としてのトレーラー

　研究者と政策決定者は共に，緊急避難所や仮設住宅の供給，また住環境の整備が災害後の支援において不可欠であると主張している（Anderson and Woodrow 1998, 10 ; Richardson 2006）。「住むところがない状況で，経済活動へと参加して職に就こうとしたり，事業を再開しようとしたりする人や，サービスや商品を購入しようとする人はいないであろう」（Peacock et al. 2006, 259）と考えられるからである。しかしながら，ハリケーン・カトリーナが去った後のニューオーリンズでは，多くの地元住民がトレーラーパークを住宅問題の解決策としてではなく，さらなる厄介な問題として捉えてしまった。ニューオーリンズ南部のアルジェ（Algiers）地区にあるレイクウッド・エステイツ（Lakewood Estates）のコミュニティでは，新たな仮設住宅を設置するために連邦職員が建設や測量の機材を持ち込もうとするのを，地元住民らが人垣と自家用車で壁を作り阻止したという。

　ある住民が「それによって私の住む町を台無しにしたくはない」とレポーターに語っていたが，この発言がハリケーン後の仮設住宅の設置場所の問題を象徴していると言えるであろう。ニューオーリンズ市議会のCynthia Hedge Morrell議員は，地元住民の声を集約し，「その地域の聖域にまで踏み込んでそれを壊してしまったら，コミュニティの再建はできない」と語っている（Varney and Carr 2005）。また，Jay Batt議員は，自身の選挙用ポスターにFEMAのトレーラーのイメージ写真を使い，トレーラーを赤い丸で囲み斜線を入れて，その横に「私たちの子供が遊ぶ公園や運動場にトレーラーが置かれ

ることを許さず，A地区のコミュニティの平和を守ったのはJay Battだ」というキャッチフレーズを掲げている。

　ハリケーンが去ってすぐに，ルイジアナ州64郡のうちの半数が，新たなトレーラーパークの設置を禁止している。当初，FEMAや市当局が打診したトレーラーパークの新規設置候補地の約4分の1は，地元の反対によって変更を余儀なくされたと見られている（Davis and Bali 2008）。ニューオーリンズのRay Nagin市長は，蔓延する「自分の住む町にはお断り（NIMBY：Not in my backyard）」という身勝手な考え方を批判して，人々に「隣人として，そして友人として団結しよう」と協力を呼びかけた（Nelson and Varney 2005）。身勝手な考え方を批判したが，結局のところ，Nagin市長と市の住宅整備機構はFEMAと協力して，仮設のトレーラーや住宅の設置を許可する場所のリストを作成しては何度も改定を繰り返し，ようやくリストを完成させ公開したのであった。[4]

　「貧しい地区」に設置されることが多かったトレーラーパークは，非常に悪いイメージのレッテルを張られてしまっている（Takahashi 1998）。それが町にあることによって，人や車の通行量が増え，溜まり場となり，麻薬の使用や犯罪を引き寄せ，地域の資産価値を低下させると地元住民に捉えられている（MacTavish 2006）。さらに，仮設住宅はあくまでも一時的な住宅であり，恒久的なものではないという保証がされているにもかかわらず，例えばハリケーン・アンドリュー後の仮設住宅を受け入れたフロリダ州の町をはじめ，多くのコミュニティで，災害後数年が経過してもそれら住宅が設置されたままになっているのである（Peacock et al. 2000）。専門家の中には，トレーラーパークに対する地元住民の反発が，数十年来ニューオーリンズを悩ませてきた人種や階層の境界線がいまだに残っていることの証明であると解釈する人もいる（Nelson and Varney 2005）。人種や犯罪の問題を超えたところでは，FEMAのトレーラーからホルムアルデヒドやその他の有害な化学物質が発せられていることをいくつかの調査が明らかにしており，そこに住む住民や近隣住民の健康への影響が懸念されている（Blumenthal 2007）。また，別の研究者は，モバイルホームが「コミュニティ計画の観点からはあまり望ましくないと考えられているが，被災した地元住民がそのコミュニティの中，あるいは近くに残ることができる

という観点から考えれば受け入れられるだろう」と主張している（Nigg et al. 2006, 120）。

　本研究ではこのトレーラーハウスとトレーラーパークの政策を「公共悪」の一例として分類する。なぜなら，これらの政策は一部の地元のコミュニティへと集中的にその代償を負わせる一方で，市や州全体にまんべんなく恩恵をもたらすからである（Aldrich 2008a, 2008b）。公共悪は，公共財と対比して使われる言葉であり，公共財の代表例としては，代償も恩恵も社会全体でまんべんなく分かち合う灯台や国防が挙げられる（Frey et al. 1996, 1298n1；Reuter and Truman 2004）。トレーラーは被災者やその家族にとって必要な生活空間を提供する。そしてそれらの人々が働くことができるようになることで，市や州全体の経済状況が徐々に改善されていくことになるが，それを受け入れる地元のコミュニティにはマイナスの影響を押し付けることになる可能性がある。世界中の政府や開業者は日々，原子力発電所や火葬場，あるいは空港など，賛否が分かれる施設の建設候補地選びという難題に取り組んでいる。災害後の仮設住宅も例外ではないようである。

3　設置場所の決定に影響を与える要素

　賛否の分かれる施設の建設候補地を政策決定者がどのように決定するのかを明らかにしようとする際，その視点とアプローチは研究者によって大きく異なる。このテーマに関する初期の研究では，地元住民が望まない施設を結果的にコミュニティへ受け入れると決めたその決断に影響を与えた可能性のある要素を特定しようとした。ある研究者は，候補地となる土地の面積や人口密度など，建設上の技術的な基準に焦点を当てている。他の研究者は，民族や人種におけるマイノリティのコミュニティへとそれらの施設を故意に押し付けるなど，そこに人種差別が関わっている可能性に着目している。他にも貧困率や失業率，持ち家比率などの社会経済的な条件が，このようなプロジェクトの候補地選定に影響しているかもしれないとされる。ハリケーン・カトリーナのような巨大災害後には，地域ごとの被害の大きさが候補地の決定を説明する最も重要な要素となる可能性も否定できない。最後に，Hamilton（1993）やClingermayer

(1973)，そしてAldrich（2008b）をはじめとする研究において，政策決定者は地元コミュニティの人々による集合的な抗議活動の可能性を考慮に入れて決定するという主張を挙げることができる。第2章で説明したように，強い結束で結ばれたソーシャル・ネットワークを持つコミュニティは集合行動の障壁を打ち破り，地元住民が望まない政策を阻止するために集団として立ち上がることができる。

　賛否の分かれる施設の建設候補地がどのように選定されるかを解明するために，研究者はこれまでに5つのアプローチを提起してきたことになる。それらは，技術的判断基準，マイノリティに対する差別，社会経済的な特性，被害の大きさ，そして市民社会である。特定のエリアやZIPコードによる面積，付近の人口密度などの技術的判断基準は，開発業者がどのコミュニティをトレーラーパークの候補地とするか，あるいはそのリストから除外するかを選ぶときに，その判断を後押しするかもしれない。大都市圏などのように，空いた土地がほとんどなく人口の密集している地域は，田舎のずっと人口の少ない地域に比べると，候補地には適さないと考えるかもしれない。この仮説を検証するために，この研究ではZIPコードごとの面積（平方マイル〔mi^2〕）と人口密度（1平方マイル〔mi^2〕当たりの人口）を指標に含めた。

　人種差別による影響を支持する研究者は，原子力発電所や空港といった住民間で意見が分かれ，そしてどこも受け入れたがらないような施設が，民族的，人種的，あるいは宗教的なマイノリティのコミュニティに立地していると指摘する（Hurley 1995；Pastor et al. 2001）。そのような社会環境では，不利な条件を持ったグループに注目が集まり，それらの人々が公共悪の矢面に立つことになる。例えばアメリカにおいては，数多くのごみ処理施設や焼却炉が，アフリカ系アメリカ人やアメリカ先住民族，そしてヒスパニック系の人々が多く住むコミュニティに立地している（Bullard 1994）。有色人種のコミュニティを侵害していると考えられる政策を食い止めるために，様々な人権擁護団体が結成され活動を行っている。カトリーナ後の再建政策を批判する人々は，トレーラーなどの仮設住宅の立地選択には市内の人種による境界線が色濃く反映されていると主張している。ある研究によれば，アフリカ系アメリカ人のコミュニティにおけるFEMAのトレーラーの数と白人のコミュニティにおけるその数の間

には，統計的に有意な差があることが報告されている（Craemer 2010）。ここではZIPコード単位での非白人住民の比率を測定指標として用いている。

　公共悪の設置場所の決定に影響を与えるとする別の一般的な説明として，各コミュニティの経済的な条件に焦点を当てたものがある。自宅を保有する住民は，それによる不動産価値の下落を心配するかもしれない。教育水準が低く，それほど裕福ではない人々は，裕福で教育水準の高い人々に比べて，トレーラーパークの近くで生活するということに対してそれほど抵抗がないかもしれない。例えばノースカロライナ州の田舎の小さな町では，地域にある刑務所のことを，それが脱獄や暴動，その他の様々なマイナスの側面を持ちうるにもかかわらず，それによって雇用が創出され，経済的な恩恵を受けられるという側面があるために，公共財と捉えている（Hoyman 2002）。また，産業廃棄物の貯蔵施設や焼却炉は低所得層の人々のコミュニティで多く見られるという指摘もある（Mohai and Bryant 1992）。しかし，カナダにおけるごみ処理施設の立地に関する研究では，地域の所得水準や失業率を測定した結果，経済的基盤が弱いことを基準にそれら施設の立地が決定されているという仮説を棄却している（Castle and Munton 1996, 78）。これらのことを踏まえて本研究では，社会経済的条件を測定する指標として，所得水準，失業率，貧困ラインを下回る低所得者の人口比率，教育水準，そして住宅価格を用いることにした。

　地域ごとのトレーラーの数を決定するさらに別の仮説に，ハリケーン・カトリーナによるその地域の被害の大きさによる影響が考えられる。洪水による被害が比較的小さかった地域では，必要とされる仮設住宅の数が少ないことが想定されることから，ハリケーンで家を失った人々のためのトレーラーに対する関心は薄いかもしれない。一方で，壊滅的な被害となった地域では，地元住民の多くが被害を受けていることから，トレーラーパークの受け入れを容認する，あるいは歓迎すると考えられる。この研究では，被害の大きさを捉える指標として，ZIPコードで線引きした地域ごとのハリケーン・カトリーナによる洪水の水位を測定した3種類のデータを使って検証する。

　設置場所の分布を説明する仮説として最後に取り上げるのは，ソーシャル・キャピタルの保有量である。ソーシャル・キャピタルの測定においては，地域の人々の間のつながりを表す水平的な関係性の強さ，そして共有されている規

範や互いの行動への期待水準の高さを比較することに焦点が向けられることが多い。北アメリカにおけるある調査によれば，民間の開発業者は建設候補地を選択する際に，その建設プロジェクトに対して反対活動が起こる可能性の高そうな地域を候補から除外するという (Hamilton 1993)。同様に，人々の同質性が高い地域では，多様性の高い地域に比べて住民間に強い水平的な結束があることから，地元が望んでいないグループホーム建設の受け入れを排除するような区画規制の方針を固められる可能性が高いという研究結果もある (Clingermayer 1994)。すなわち，より高い水準のソーシャル・キャピタルおよび住民間の良好な関係性を持つコミュニティでは，地域が望んでいないプロジェクトに抵抗するために地元の人々が結束することができるということが指摘される (Aldrich 2008a；2008b)。

　これまでに行われた研究によれば，政府や民間の開発業者による事前の現地調査が，どの国においても，プロジェクトの形態を問わず実施されているようである。例えば多くの企業が，候補となっているコミュニティを車で走って現地を視察して，地域の弱いつながりや低い水準のソーシャル・キャピタル，そして貧困などの兆候を書き留める「車窓調査」を実施していることが報告されている。注目すべき事例としては，ある訴訟の議事録によれば，低レベルの放射性廃棄物の埋め立て候補地を調査していた一人が，候補のあるコミュニティについて「いたるところにトレーラーがある」と記述しており，そのコミュニティを将来の建設プロジェクトの候補地として「適している」と報告している (Sherman 2006)。イギリスをはじめいくつかの国では，市民社会からの反発を予測するために似たような調査が実施されており，ときには施設の誘致に関してコミュニティからの意見を率直に聞く形式の調査も行っている (Rüdig 1994, 84)。フランスでは，当局がノルマンディ地方のいくつかの地区を原子力発電所の建設候補地として選択する上で，それらの地区が他の地区よりも施設の受け入れに前向きであるという調査報告を参考にしたと言われている (Hecht 1998, 248)。これらのことからニューオーリンズにおいては，強い結束を持つコミュニティの存在が復興政策の進行を止めてしまったり遅らせたりするのを避けるために，政府やFEMAはトレーラーの設置場所としてより説得しやすいコミュニティを探そうとしたかもしれない。

地域レベルの市民社会が持つ，力の強さとトレーラーパークの設置場所の選定との間の関連を検証するために，この研究ではHamilton（1993）に倣って，災害発生の前年に行われた大統領選挙の投票率をソーシャル・キャピタルと市民の社会参加の代理指標とすることにした。[5]これまでの研究においても，投票行動のような市民の責任ある決断を通じて示される市民の政治参加は，市民のネットワークや活動における幅広い市民参加の水準と密接に関連するとされている（Verba and Nie 1972）。労力を使ってでも投票をする人は，投票しない人よりも政治的問題や社会的問題に対して高い意識を持っており，自分の時間をそのために犠牲にしても構わないという意思を示していると言えるであろう。例えば，Walsh and Warland（1983）が，700人近い「活動家」（反核の抗議活動への参加者）と「フリーライダー」（反核に賛同しているが活動には積極的に参加しない人々）にインタビューを行い，1976年と1980年の大統領選挙において投票した人の比率を比べた結果，活動家のグループの方が高いことを示している。この分野の先行研究の結果に基づき，ソーシャル・キャピタルを表す指標は時間が経過してもそれほど大きく変化しないものと仮定する。つまり，過去の大統領選挙で高い投票率が見られた地域では，将来の選挙においてもそうであることが推測され，それらの地域は頑健な市民社会と人々の結束によって侵入を防ぐ要塞を維持していると考えられる。

　本章では，ハリケーン・カトリーナによる壊滅的な被害の後に，市政府や連邦政府がニューオーリンズ市内外に設置しようとした数千にも及ぶトレーラーの最終的な設置場所に関するデータを使用して，これらの仮説について検証を行うことにする。

4　使用するデータと分析方法

　この研究において扱う地域は，ZIPコード単位であり，FEMAおよびニューオーリンズ市当局がハリケーン・カトリーナ後に提供した仮設住宅の設置場所になったと考えられる市内および近郊のすべての地域が含まれている。知事直轄の住宅復興作業チームとニューオーリンズ住宅整備局がまとめた2006年6月29日付のTAC-RC Master Listを使用して，設置許可が下りた地域とトレー

ラーの数をZIPコードごとに並べたリストを作成した。データセットには114のZIPコードの地域が含まれることから、実際の人口構成比にかなり近づけてマッチさせるための内生的なサンプリングや選択肢別サンプリング、あるいはウェイト付けなどは必要がないと考えた。むしろ、このデータセットには、市政府や連邦政府によって設置された可能性のあるニューオーリンズ市内および周辺一帯が含まれていると考えられる。

　この分析で使用する被説明変数は、ZIPコードごとのトレーラー数とZIPコードごとのトレーラーパーク数という2つのアウトカム指標である。これら2つの被説明変数間には高い相関（0.8に近い相関）が認められたが、それでもこの研究においては別々の変数として扱い分析を行っている。その理由は、同程度の数のトレーラーパークを持つ地域が、必ずしも同じ数だけのトレーラーを置いているとは限らないということが挙げられる。これらの変数はどちらも重要性が高いと考えられる。これらの被説明変数（トレーラー数とトレーラーパーク数）はカウントデータであり、最小値がゼロであることから、一般的な最小二乗法（OLS）による回帰分析を用いることは不適切になりうる。加えて、0で切断されたポアソン分布モデル（zero-truncated Poisson model）では、被説明変数に不正確な非ゼロカウントに関する想定が含まれていることから、このモデルも適切であるという確信をもって用いることができない。そこで、ここでは負の二項モデル（negative binominal model）を使用する。このモデルはポアソン分布モデルの派生形の一つであるが、ポアソン分布モデルを使う上での大きな問題点である、平均値と分散値が等しいという前提に縛られない。負の二項モデルでは、平均値と分散値が等しくなくても構わない。なお、多重代入法によってデータセットにおける5カ所の欠損値を補完している。

　この分析は、Nagin市長や市の住宅整備局のような意思決定者が、どのような基準でトレーラーの設置場所の決定を下したのかを一例一例のケースごとに推定するようなものではない。この研究の主張の中心は、ZIPコード単位で見たときに、一時避難用の仮設住宅数に影響する説明変数が何であるかということである。Nagin市長と専門家チームが、ハリケーン・カトリーナによる被害の発生直後にトレーラーパークの設置場所を最終的に決定する主体となっていたのは確かであろう。その時点でそれらの意思決定者が捉えていた地域レベル

第6章　ハリケーン・カトリーナ（2005年）

での社会経済的，人種差別的，専門技術的，そして市民社会の各要素に関する情報はおそらく，災害前に記録されていたデータや担当者の直感を頼りにしたものであると考えられる。そして同時に，狭い区画や個別のケースを単位としたのではなく，ZIPコードのような広い空間を単位にして捉えていたと考えられる。ZIPコードを単位として分析することによる潜在的な問題の一つが，近接する地域から受ける影響や作用という空間依存性の問題であろう。空間依存性の問題については，疫学研究の分野において様々な解決法が提案されているが，この研究では，あるZIPコードの地域にトレーラーが設置されることが，他の地域に設置されるかどうかに影響は与えないと仮定する。多くのトレーラーパークにおいて設置できるトレーラーの数が比較的少ないことから，あるZIPコードにおけるトレーラーやトレーラーパークの数が，近隣のトレーラー数と相互に作用したり影響し合ったりすると確信できるだけの実証的根拠また理論的な説明が見つからないからである。

　この研究では，投票率と集団活動の潜在能力を結びつけた先行研究に倣って（Hamilton 1993），る地域の市民社会の強さを測定する代理変数として2004年の大統領選挙における有権者の投票率を使用し，それをZIPコード単位で捉えることにする。この指標が有効であるという根拠は他にもある。例えば2006年と2007年にStudent Hurricane Network（ハリケーンの復興支援を行う学生ネットワーク）が，ニューオーリンズの住民を対象に実施した調査結果によれば，大統領選挙の投票行動と地域の市民組織への参加の間に強い相関が認められている（クロス集計におけるカイ二乗検定統計量の有意水準は0.001）。この指標は，Robert Putnamなどの権威がこの分野の研究において定義している市民社会の水準を表す指標とも合致している。彼は，国政選挙や地方選挙における投票行動を，市民の社会参加を表す行動の代表例の一つと位置づけている（Putnam 2000）。ルイジアナ州務長官のウェブサイトには，2004年の大統領選挙における，ZIPコードを境界とした地域ごとの投票数が掲載されている。また，同じウェブサイトのアーカイブには，各地域の選挙人名簿への登録者数も示されている。

　この研究では，大統領選挙直前の2004年10月29日付の選挙人名簿の有効登録者と停止中の登録者を合算したリストを使用した。社会経済指標となるデータ

表8　ニューオーリンズのデータにおける記述統計量

変　数	観測数	平均値	標準偏差	最小値	最大値
被説明変数					
トレーラーパークの数	114	5.64	10.49	1	73
トレーラーの数	114	465	624.1	3	3,787
説明変数					
技術的基準					
面積（平方マイル）	114	75.6	98.1	0.4	445.7
人口密度（平方マイル当たりの人口）	114	1,676.1	2720.3	7.4	12,836.9
マイノリティに対する差別					
白人以外の人口が占める比率	114	42.9	26.1	2.4	98.5
社会経済的指標					
66歳以上人口が占める比率	114	11.3	2.9	3.8	20.2
大卒以上の人口が占める比率	114	14.6	9.6	0	50.6
高卒以上の人口が占める比率	114	70	9.78	40.1	92.1
平均所得	114	30,544.7	8524.1	7448	52,375
平均住宅価格	114	79,577.1	25,839.1	42900	184,300
貧困層の人口が占める比率	114	23.1	10.3	5.6	71.9
失業率	114	4.5	1.9	1	10.3
被害の大きさ					
洪水の水位（ラスターイメージを使用した推定値から算出）	114	0.72	1.65	0	8.5
洪水の水位（少数観測地点の推定値から算出）	114	0.74	1.65	0	8.22
洪水の水位（LIDARの推定値のみから算出）	114	0.60	1.53	0	8.117
ソーシャル・キャピタルの水準					
投票率	114	0.60	0.06	0.39	0.77
一般変数					
ニューオーリンズ市内（ダミー変数）	114	0.1	0.366252	0	1
人　口	114	17,426.12	13,516.77	472	57,638
有権者数	114	71.5421	6.457607	14.3	86.8

は2000年の国勢調査から入手し，洪水の水位のデータはアメリカ海洋大気庁によるLIDARの記録や地域ごとの観測推計値を含む複数のデータソースを利用した。表8はこの調査データの記述統計量を示したものであり，変数全般で地域間に大きな差異があることが示されている。トレーラーパークの設置場所，すなわちトレーラーパーク数は，1つのZIPコード地域内に平均で5カ所あることがわかるが，ある地域では1カ所しかなく，またある地域では73カ所も受け入れている。さらに，トレーラー数で言えば，平均で1つのZIPコード当た

り465台（戸）を受け入れているが，少ない地域では3台，最も多い地域は3,800台近く引き受けている。

　これらの変数間の多重共線性を調べるために分散拡大要因（VIF）を測定した。このデータセットのすべての変数間で測定したところ，かなり強い共線性があることが判明し，中でも特に，有権者数と所得，また洪水の水位の各変数間のVIF値が高かった。Rabe-Hesketh and Everitt（2007, 69）は，「VIFの平均値が1よりもかなり大きい場合には共線性が示唆される」と報告されているが，合わせて3以下であれば許容範囲内であるともされている。強い多重共線性が認められた変数を外して再度測定したところ，VIFの平均値は2.45となった。続いて，被説明変数（トレーラーパーク数とトレーラー数）の分布を調べるために，歪度に関する検定を行ったところ，これらの変数は尖度が大きく，非対称の分布であることが示された（分布のグラフは先端が尖っていて薄い両裾となっている）。カウントデータである被説明変数が歪みを持つ非対称の分布を示したことから，これらは正規分布には当てはまらない。不均一分散の問題を解決するための頑強標準誤差（White 1980）を用いることにした。

5　結　果

　この研究では，負の二項回帰モデルを使って，また頑強標準誤差を用いて分析を行うことにより，ZIPコードごとのトレーラーやトレーラーパークの数に対してどの要素が影響を与えたのかを検証した。TABLE A9（付録1）に推定結果を示している。ZIPコードで見た地域がニューオーリンズ市内にあること，人口密度，失業率，そして投票率などの多くの要素が1％水準で統計的に有意であることを示している。それらの変数の中でも，ZIPコードのトレーラー数に最も大きな影響を与えた変数，すなわち推定された係数が大きかった変数は，ニューオーリンズ市内ダミーと直前の選挙での投票率である。ただし，負の二項分布回帰モデルの構造上の特徴から，一般的なOLS回帰モデルを使った場合と同じような扱いで推定された係数の解釈を行うことはできないことに注意する必要がある。負の二項分布モデルで推定された係数の持つ影響を理解するために，それらの発生率比を用いる研究者もいるが，ここではその代わりに，よ

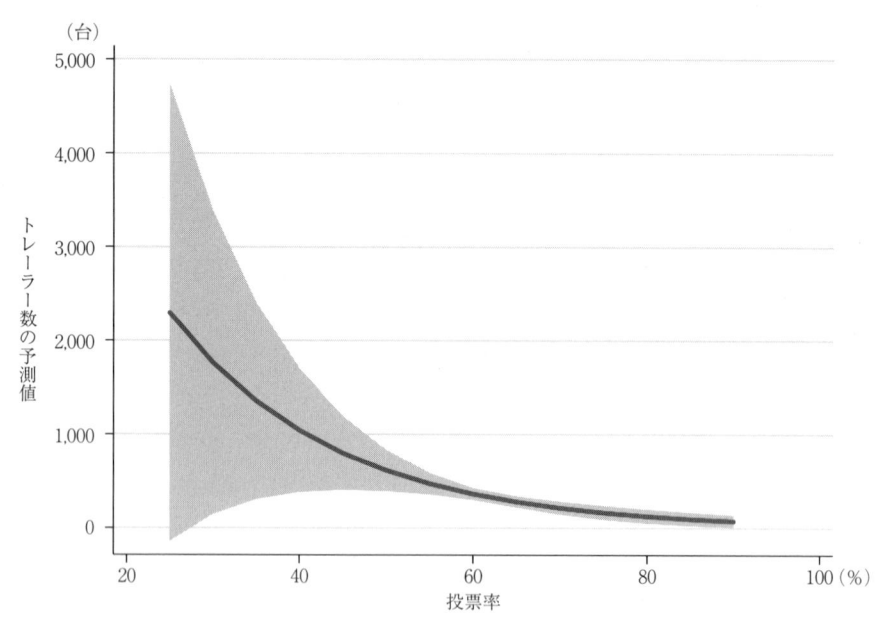

図19 ソーシャル・キャピタルとニューオーリンズ市内のZIPコード地域当たりのFEMAのトレーラー数との関係

注：N＝114，シミュレーション回数＝1,000
投票率を除くすべての変数（面積，人口密度，住宅価格，高卒以上の人口が占める比率，白人以外の人口が占める比率，失業率，洪水の被害）をそれぞれの平均値に揃えている。

り直観的に変数の影響を捉えることができるシミュレーションおよび信頼区間のグラフを提供することにする（King et al. 2000, 341）。この研究において関心のある数量は，ZIPコードごとのトレーラー数である。実践はシミュレーションによって導き出されたトレーラー数の予測値を示しており，その周りのグレーの帯は95％信頼区間を表している。このシミュレーションでは，ここで注目したい変数であるソーシャル・キャピタル（投票率）以外のすべての説明変数はそれぞれの平均値に揃えている。

　図19のグラフを見ると，より政治的活動に熱心な地域，すなわち市民社会が醸成されている地域は，そうではない地域よりも，少ない数のトレーラーしか受け入れないことがわかる。投票率以外のすべての変数（雇用状況，住宅価格，教育水準，人口密度，白人以外の比率など）をそれぞれの平均値に揃えた場合に，住民の大部分（80％近くの人）が投票する地域では，100台未満のトレーラーし

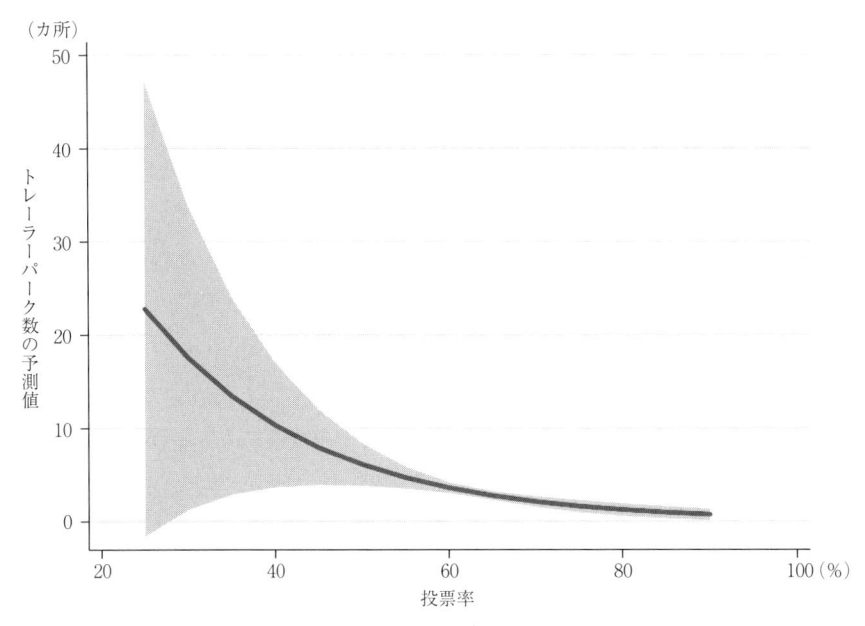

図20 ソーシャル・キャピタルとニューオーリンズのZIPコード地域当たりのFEMAのトレーラーパーク数との関係

注：N=114，シミュレーション回数=1,000
投票率を除くすべての変数（面積，人口密度，住宅価格，高卒以上の人口が占める比率，白人以外の人口が占める比率，失業率，洪水の被害）をそれぞれの平均値に揃えている。

か受け入れないことが予測されている。反対に，有権者の30％程度しか投票所に姿を見せないような社会活動にあまり熱心でない地域では，1,200台ものトレーラーパークの設置場所として選ばれるかもしれないことが示されている。予測値の曲線の周りのグレーの帯幅からわかるように，シミュレーションの不確実性の程度は投票率が40％未満において大きくなっている。なお，ニューオーリンズ市外のZIPコードでは278台のトレーラーを受け入れることが予測されるのに対して（95％信頼区間で見ると214〜342台），市内のZIPコードの地域では1,029台ものトレーラーを受け入れることになると予測されている（95％信頼区間は166〜1,893と幅広い）。これは，食料品店や医療サービスなどの住民の利便性を考慮して，ニューオーリンズ市内にトレーラーを設置することが多かったためと考えられる。

　この結果がトレーラー数に対してのみに見られる傾向ではないことを確認す

るために，これらの説明変数がトレーラーパーク数にも影響を与えたかどうかを検証した。回帰分析によって得られた係数はTABLE A10（付録1）に示している。ここでも，ニューオーリンズ市内ダミー，高卒以上の教育水準，そして投票率を含む多くの要素が統計的に有意な影響を持つことを示している。トレーラー数とトレーラーパーク数の両方の分析において1％水準で有意で，かつ被説明変数に対して強い影響を持っている説明変数は少なく，ニューオーリンズ市内のZIPコード地域（ダミー変数）と投票率だけであった。ここでも先ほどと同様に，シミュレーションと信頼区間を使って，市民社会の水準トレーラーパーク数へと与えうる影響をグラフで表してみたい。

　図20のグラフは，先ほどの結果をさらに支持するものであると言える。つまり，熱心に政治的活動を行う有権者による強固なネットワークを持つ地域は，地元が望まない政策や施策の候補地，この議論においてはトレーラーパークの設置先として選ばれない。このモデルによれば，80％の有権者が投票した地域ではトレーラーパークの受け入れがわずか1カ所となり，一方で投票率が40％に満たないような地域では15カ所以上も受け入れることが予測される。

6　考　察

　政府やFEMAの意思決定者がトレーラーパークの設置場所を決定する上で，地元の反発の可能性を深く考慮したことが示唆されるこれらの結果については，それらの機関による仮設住宅の立地の検討作業が緊急事態という特有の状況下で行われたことが影響したと想像するかもしれない。この考えに基づくと，ハリケーン・カトリーナ直後の住宅が極端に不足する中で，政府組織は記憶や過去の調査結果を頼りに，高い水準のソーシャル・キャピタルを持つ地域を特定し，それらの地域を避けることによって，大災害へと素早く対処しようとしたのかもしれないと推察されるであろう。

　しかし，この見方は過去の研究結果を見過しているといえる。たとえ緊急ではない状況においても，例えば何かしらの立地の検討に何十年とは言わないまでも，何年もの時間をかける中で，やはり意思決定者が候補地の地元の住民からの反発の可能性について真剣に議論しているのである。日本においては，原

子力発電所やダム，または空港などの地元の意見が分かれるような施設の建設候補地の検討において，決定までに30年近くを要することもあるというし，日本政府は地元の市民組織の結束の強さを考慮して立地を決める可能性が指摘されている（Aldrich 2008a；2008b）。Hamilton（1993）は，一般的に民間企業が賛否の分かれる既存事業を拡大しようとするとき，立地計画の担当者は地元住民の反発の可能性を表しうる地域のソーシャル・キャピタルに関する調査結果を基にしてその立地決定を行うことを解明している。他にも，Sherman（2006）は，放射性廃棄物の処分施設の立地の検討において，意思決定者がソーシャル・キャピタルの水準と密接な関連を持っている地域の社会的また人口統計的な指標に十分に注意を払って決定することを明らかにしている。端的に言えば，これらの結果は緊急事態がもたらした作用ではない。時間に追われている状況ではない場合でも，意思決定者は地元が望まないような施設を社会の結束が弱く反発が少なそうな地域の空き地に作ろうと模索するのである。

7 結 論

　ZIPコード単位のデータ分析の結果は，ニューオーリンズ政府とFEMAの意思決定者がトレーラーの設置場所を選択する上で，組織化され強い結束を持った地域に対する脅威を深刻に捉えているという主張を支持するものであった。Banfield and Wilson（1963）は，都市部の白人以外の民族からなる特定のコミュニティでは「個人志向」の行動が見られたり，また広く公共の利益を追求するのではなく私的な利得に関心が集中したりするという考え方が，全体効率と良い政府を支持する「公共志向」の世界観とは対照的なものであると主張し，当時大きな議論を呼んだ。本章で示した結果は，彼らが主張した対分類の概念を超えて，高い投票率という観点で見れば公共志向であるはずのコミュニティが，故意であるかどうかは別にして，望ましくない施設へ反発するという点では個人志向と捉えられる結果を作り出していることを示唆していると言える。この研究の分析結果は，意見が対立するようなプロジェクトの立地選択において市民社会が重要な働きを持つことを強調する過去の研究の主張と一致している（Hamilton 1993；Clingermayer 1994；Sherman 2006；Aldrich 2008b）。また，カ

トリーナ後のニューオーリンズで行われた政策の実行成果は投票率との関係が深く，投票率の高かった地域が選挙後の政策投資や開発予算において大きな恩恵を得ている（Logan 2009, 258）という議論についても支持する結果となっている。

再建計画の担当者は，反発の起こりそうな地域を避けることによって復興が早く進むことを願う。ニューオーリンズのアルジェ地区やフレンチ・クオーター（French Quarter）地区を拠点として活動するJacquelyn Clarkson議員は，仮に彼女の選挙区にトレーラーが設置されるとしても，「決して私たちの日々の生活を脅かすことはない」場所にしか設置しないという確約を政府に求めていくと公言している。クラークソン議員は，トレーラーに対する反発がNIMBYによる駆け引きではなく「社会常識」であるとした上で，アルジェ地区のレイクウッド・カントリー・クラブ周辺へのトレーラーの設置計画が，地元住民による組織的な反発によって「ばかげた候補地のリストから外れる」ことは確実であり，計画は頓挫するであろうと早くから予言していた（Nelson and Varney 2005）。政治家や意思決定者が「もっと私たちの地区のことを知るべきだ」という彼女の発言は，本章の分析によって予測されたモデルと適合する。すなわち，仮設住宅の立地を決めるのが必ずしもFEMAや市の役人とは限らないにしても，経験豊富な政治家であれば，政策や候補地の選定に積極的に関わろうとすることが予測されるコミュニティ，言い換えれば住民間の強い結束を持つコミュニティを把握しているであろうし，賛否が分かれるような厄介なプロジェクトの候補地を選択するときにはそれらの地域を除外して検討するであろうということである。

ニューオーリンズ市やFEMAの政策担当者が，復興政策の遅れや反発を避けるために，明らかにトレーラーの設置場所にソーシャル・キャピタル水準の低い地域を選んでいると仮定するならば，トレーラーの設置に対するこのような反論や抗議があることをどう説明できるであろうか。これには2つの説明が可能であろう。第1に，政策担当者自身が地元の反発の程度に対する判断を誤り，間違った見通しを立ててしまった可能性である。過去に起こった地域住民と行政との間の論争では，多くの場合，政策担当者が地元の反発を過小評価していたことがわかっている（Apter and Sawa 1984）。第2に，仮にもし予定地

の近くに住む人々からの反発がないとしても，地域外の人々からや，人権擁護や環境保護の活動団体，あるいはその他の活動家などが，自らの存在を示すためにそれらを問題として取り上げるかもしれない。十分に協議されて決定した最適と思われる候補地であっても，メディアを巻き込んだ論争へと巻き込まれることもある。

　研究者の多くは，高い水準のソーシャル・キャピタルと市民社会が，より高い成果と優れたガバナンスへと無条件に繋がっていくと信じているかもしれないが，本書では地元住民が結束して政府の計画に反発するという市民社会の「カウンターウェイト」理論が支持されている。たとえ災害の後という状況であっても，強固で深遠な地元住民のネットワークは両刃の剣としての機能を持ち，身近な人へは支援するかもしれないが，同じように離れた人に対してもそうするとは限らないのである。

注

(1) 本章は著者の2008年の論文 "Strong Civil Society as a Double-Edged Sword: Siting Trailers in Post-Katrina New Orleans," *Political Research Quarterly* 61 (3): 379-89（Kevin Crook氏と共著）を用いる。
(2) 街の被害についての視覚的な説明については，Polidori（2006）参照。
(3) ロウワー・ナインス・ワード地区の回答者は近隣住民の名前も知っており，レイクビュー地区のもともと白人の住む裕福な地域よりも居住期間が長く，現在の居住地に借地権を持っていた。(Elliott et al. 2010, 631)
(4) 災害後の住宅開発計画への地元の反対はよくあることである。ミズーリ州のセントチャールズ郡では洪水が繰り返し発生するにもかかわらず，1994年に役所が「古いトレーラーハウスの駐車場が位置したところからそう遠くないより安全なところに」計画したとき，地元住民は抗議し，中断させた（Steinberg 2000, 114）。
(5) 市長選挙のような地元の選挙では，ソーシャル・キャピタルの水準をより詳細に捉えると考える研究者もいるだろう。私はこの論理を現職のニューオーリンズ市長 Ray Naginが勝利した最近の2006年5月20日の市長選挙のデータを用いて検証した。しかし，114のZIPコードのなかで，ニューオーリンズではたった17の選挙区しか持たず，この少数の観測値をデータセットに含めて定量分析を試みたところ，分析効率性の低さと共に高い多重共線性が見られた（都会の単位に合わせるために100近くの観測値を落とさなければならなかった）。その上で，Nagin市長へのZIPコード単位でみた投票率は有意であったものの（*p*値が0.014），市長選挙の投票率がZIPコードごとのトレーラー数に無視できないほどの影響は及ぼさなかった。さら

に，これらの17の地区データの係数推定に基づくと，Nagin市長に投票したZIPコード地区はトレーラーハウスの受け入れ候補地にされがちであり，結果は直感に反したものとなった（Naginは僅差の勝利だった選挙後すぐに支持者を苦しめたくなかったので）。これらの検証の結果，ここでは大統領選挙の結果を信頼することにした。人種間関係や2006年の市長選挙に関しては，Cecil（2009）参照。

第7章 国家と市場の狭間で
——進むべき方向性

　地域のレジリエンスを高めるために社会的資源が必要不可欠であることを立証するために，本書では4つの災害を取り上げて3つの分析，すなわち人口増加率，受け取る支援量，そしてトレーラー数に関する定性的および定量的分析を行い，それらに基づき根拠を提示してきた。1923年の関東大震災後の人口回復の水準を，東京の39の警察管轄地区で見ると，地区間で大きな差が認められた。クロス集計と傾向スコアマッチング，そして時系列・横断面のパネルデータによる分析結果は，社会的資源が復興の原動力となるという仮説を支持するものであった。また犯罪による損失額や工場労働者数比率，人口当たりのトラック台数，質屋の利用額，地震による被害の大きさ，人口密度，そして各地区の面積を含む変数をそれぞれの平均値に揃えた上で，人口増加を説明する最も大きな要因となっているのがソーシャル・キャピタルであった。さらに，1929年と1933年の市議会議員選挙での投票率が高かった地区や，政治集会やデモ活動への参加が多く見られた地区では，災害後の復興過程において高いレジリエンスが示された。すなわちこれらの地区の住民は，政治的・社会的な範疇だけでなく，地域の再建においても互いに協力して活動したと言える。しかし，市内の一部の地区が力強い復興を示したその裏側では，市民社会の負の側面を露呈した出来事も発生していた。暴徒化した被災者によって，マイノリティへの暴力と攻撃行動が起こり，数千人もの在日朝鮮人が殺害されたのである。

　本書で次に取り上げたのは，1995年の阪神・淡路大震災からの復興である。人口減少や高齢化，そして高い人口密集度といった問題を同じように抱え，互いによく似た特性を持つ真野地区と御蔵地区について定性的データによる比較を行った。真野地区の住民は豊富なソーシャル・キャピタルを保有しており，地域住民が結束して，地震直後に発生した火災の延焼を食い止めるために，バケツリレーによる消火活動などの協調行動を取ることができたのに対して，一方の御蔵地区では真野地区に見られたような地域住民間の協調行動が取られず，

炎が自分たちの自宅や商店を焼き尽くすのをただ茫然と見つめていたのであった。続いて，神戸市の9つの区における震災後18年間のデータを使用して定量的分析を行った。被害の大きさや生活保護受給世帯の比率，人口密度，そして社会経済的格差といった人口変動に影響した可能性のある要素をそれぞれの平均値に揃えて分析しても，やはり社会的資源を表す指標が人口回復に最も大きな影響を持つことを立証した。つまり住民が地域の再建を支援するためにいくつものNPOを立ち上げた真野地区のような地域では，それができなかった他の地区よりも人口増加率がずっと高かったのである。

　2004年のインド洋大津波の事例では，被害を受けたインド沿岸部の6つの村を対象に定性的分析を行った。結束型と連結型のソーシャル・キャピタルを両方持つ集落では，どちらか片方しか持たないか，あるいはどちらも持たない集落よりも，よりレジリエンスが高いことが明らかとなった。パンチャヤットを持つ集落は，NGOや政府の関係者に対する効果的な働きかけによって，食料や避難所，その他の支援物資を確実に入手することができる一方，そのような外部とのつながりを持たない集落は，支援の輪から外れてしまった。すなわち，強固なソーシャル・キャピタルが負の側面の影響を持つことが認められた。言い換えれば，高い水準の結束型と連結型のソーシャル・キャピタルを持つ村においては，ダリットや女性，または地域を支配する地元組織に属さない人々への差別が見られた。もっと言えば，それらの人々は故意に，あるいは見落とされてしまうことによって支援のリストから外されてしまったのである。続いて，タミル・ナードゥ州の62の村に関する定量的データを使って分析を行った。経済的条件や立地条件などの要素を考慮した上で，カースト，金銭的豊かさ，そして家族構成の特性が，受け取る支援量に強く影響していることを示した。またインドにおける研究では，これらの地域の1,600人の住民から得られた大標本データの分析を行った。この分析では，他のすべての要素を考慮した上で，より多くのつながりを持つ被災者が，災害後により多くの支援を受け取っていることがわかった。結婚式や葬儀に参加する住民はソーシャル・ネットワークに深く浸透していることから，それが彼らの生活再建の力を強め，壊滅的な被害をもたらした津波の後においても，より効率的に支援を入手できたのである。

　本書で取り上げた中でもっとも最近の災害事例である2005年のハリケーン・

第7章　国家と市場の狭間で——進むべき方向性

カトリーナの研究では，洪水の被害後のニューオーリンズにおいて，組織化され強い結束を持った地域の住民が「公共悪」として捉えた政策の受け入れをどのようにして避けることができたのかを，ZIPコードで見た地域の分析から示した。自分自身の時間や労力を犠牲にする行動である投票（政府への信頼や市民参加への規範を映し出すものであると考えた）に行く人が多い地域では，少しの数だけしかFEMAのトレーラーハウスを受け入れずに済んでいることが，人種構成や面積，人口密度，年齢，所得水準，住宅価格，失業率，そして被害の大きさによる影響を考慮した上で明らかとなった。つまり，地元住民が望まない仮設住宅のプロジェクトに対して，住民らが協調して活動して設置反対の姿勢を示すことができる地域では，自分たちの生活圏にそれらが設置されるのを避けることができるのである。

　このように，時代背景や文化，政府のガバナンス能力，そして経済発展の度合いが異なるにもかかわらず，4つの事例すべてにおいてより高い水準のソーシャル・キャピタルを持つ地域が，協調した取り組みと結束した活動によって，災害からの効果的で効率的な復興を達成していることが示されたのである。この研究で取り上げた災害復興の事例は，大災害の発生前，発生直後，そして復興過程において，保有する社会的資源がその地域のレジリエンスを生み出すという，まさにそのメカニズムの重要性を示したと言える。第1に，高い水準のソーシャル・キャピタルは，災害後の状況においてインフォーマルな保険として機能し，地域住民間の相互支援を促進することになる。例えばハリケーン・カトリーナ後，「災害による衝撃を和らげるという観点では，被災後のルイジアにおいて強い結束を維持できていた家族のネットワークこそが，政府からのどんな援助よりも重要な役割を果たしていた」という主張がなされている（Brinkley 2007, 435）。知人や友人のネットワークを通じて必要な道具や情報，生活空間，そしてその他の不足する資源を分かち合い，政府や民間団体の支援が行き届かない部分を補っているのである。災害現場に最初に駆けつけるのは，警察や消防隊などの訓練された救助のプロではなく，ほとんどの場合にそれは地域住民である（Zhao 2010）。

　第2に，密接かつ数多くの社会的なつながりを持つことは，再建を阻むような集合行動の問題に直面した被災者がそれを解決しようとするときに有利に働

く。例えばハイチのような発展途上の地域であっても，互いの強い信頼関係で結ばれた住民が，略奪や犯罪を防ぐために自警団を結成したり，がれきを撤去し公共空間を確保するために協力し合ったり，さらには支援提供者へと支援を求める声を届けたりすることができる。地域住民は互いに協力してコミュニティのメンバーへと支援物資を分配したり，インド南東部で見られるパンチャヤットのような拠点を通じて政府の意思決定者やNGOへと支援を要請することができる。ニューオーリンズのビレッジ・デ・レスト地区の住民が地元の電力会社へと電力供給の再開を求めるために結束したのに対して，マンションの所有者間でこのようなつながりを持っていなかった神戸市の一部の地域では，がれきの撤去要請においてすら協力し合うことができなかったのである。ニューオーリンズのレイクビュー地区では，ある市民活動のリーダーが「私たちは，それぞれのブロック（街区）の代表者らによるネットワークを形成し，誰かを通して全員を知ることのできる状態をつくり，また各街区における情報役として貢献してもらった。そのネットワークを使って，地区全体の状況を把握するための調査活動をスタートさせた」と語っている（Weil 2010, 6）。

　最後に，社会における強固な絆は，被災者が声を上げる土壌を作ったり，地域を離れる決断をする可能性を低下させたりする機能を持っている。住民は大災害の後に他の地域へと移り住むという選択肢もあるが，高い費用を負担してでも住宅を再建しその地に残る決断をすることもできる。ある精神科医は，当時のニューオーリンズの人々のムードを要約して，「人々はその被害の状況を見て希望を失い，街を出て行ってしまった。将来に対してあまりにも不確かな部分が多かったためだ。ここで生活していくことは容易いことではない」と語っている（McCulley 2006）。Nossiter（2007）は，「当時のニューオーリンズでは，友人や知人を結ぶネットワークが，精神的に不安定になる恐れのある，散り散りになった家族や近隣住民の心の支えとなっていた」と指摘している。被災地における，友人や家族，また地域の団体との強い結束は，それが途方もなく大変な作業だとしても，がれきを取り除き，家を再建してその地に住み続けようとする強い意志を被災者に持たせるのである。そのような地域に根差した人々は，政府や報道機関に対して彼らの要求や目標を力強く訴えていく。すなわち，それらの被災者は，彼らが持つソーシャル・キャピタルを政治的資本

へと変換していると言える（Birner and Wittmer 2003）。地域で少しのつながりしか持たない人々は，他の地に移住して新たな生活を始めることを選択する可能性が高いであろうし，地域とのつながりを全く持たない人々であれば，犯罪や略奪に手を染めて復興を妨げることもあるかもしれない。さらには，移住すること自体が，被災者間のソーシャル・キャピタルの量を減らすことになる（Iuchi 2010, 215）。

しかし，他のすべての資源と同様に，強固なソーシャル・キャピタルは負の外部性を同時にもたらす。ある研究によれば，近隣住民と密接な関係を持ち，奉仕活動への参加傾向の高い住民は，他の人々を助けようとする気持ちが強く働き，ハリケーンが発生したときに避難しないでいる可能性が最も高いとされる（Horney et al. 2010）。それよりもっと深刻な問題となるのは，社会的資源の乏しい被災住民や被災地域全体が支援の輪から外される可能性があることであったり（Kruks-Wisner 2011），結束の強いコミュニティの反発によって弾き返されてしまった仮設住宅であったり，受け入れ先の見つからないプロジェクトといったものがそれらの地域へと押し付けられてしまうかもしれないという点である。また，結束の強い住民グループの要求を受け入れることによって，街全体の再建計画の実行が遅らされる可能性もある（Edgington 2010, 173）。最悪のシナリオは，社会の周縁に追いやられているグループや少数民族，あるいは集団の約束事を破ってしまった人々が，組織的な暴力の標的とされる場合である。本書で取り上げた4つの事例のうち，東京，タミル・ナードゥ，そしてニューオーリンズの3つの事例においては，弱いつながりしか持たない人々が，強い結束を持ち活動に多くの人々を動員できる集団との関わり方の問題に直面し，復興に困難を伴っているという明確な証拠が得られたのである。

本章では，これらの議論に基づいて，ソーシャル・キャピタルが災害後の復興に影響するプロセスにおいて導かれた3つのテーマを検証していく。著者は，再建における中核要素としてソーシャル・キャピタルを包含した，根拠に基づく政策プログラムにより焦点を当てることを政治家やNGOに推奨したい。概して言えば，物的インフラを主眼に置いた従来のハード面での復興プログラムから，社会的インフラというソフト面へと目を向けて，災害復興のプログラムを地域，国家，国家間のあらゆるレベルにおいて再検討することが求められる。

それによって，世界中に存在する脆弱なコミュニティのレジリエンスを高めていくことができるであろう。また特に，中央集権による復興政策の計画は，大胆な目標を掲げるもののうまくいかないことが多いことを指摘したい。つまり，現在の復興計画や減災計画は，地域が持つソーシャル・キャピタルの機能を少なくとも軽視しているし，最悪の場合にはそれを損なう政策となってしまっている。公的部門および民間部門の意思決定者は，災害前後のそれぞれの段階においてソーシャル・キャピタルを高めるような，新たな政策を構築し適用していく必要があるであろう。これらの議論は，政府や市場における従来の仕組みの中で，災害後の社会的資源の役割へと焦点を移していくことになる。

1 政府による計画は大がかりではあるがうまくいかない

James C. Scottは，地元住民なら当然知っているような実用的な知識（ギリシャ語の*mētis*）が，「政府による計画の単純化」や「ユートピア計画」を必然的に打ち負かすのはなぜかについて説明しており，その中で「個々の特性を無視して包括的なルールを機械的に適用することは，実用における失敗や社会的な幻滅への誘いであるか，あるいは多くの場合にその両方である」と指摘している (Scott 1998, 318)。本書で取り上げた災害事例のほとんどにおいて，政府は既存の組織や体制を，ときに議論を呼ぶほどの計画によって新しいものへと変えるための機会として大災害を捉えている。再建計画の担当者の中には，管轄地域内の物理的空間を再構築しようする人もいれば，労働や娯楽といった文化に合わせて土地利用の規制基準を変えようと考えている人もいる。どの事例を見ても，災害対応において「地方の主体（NPOや地方の政府機関）の方が，連邦政府や国の機関よりもずっと柔軟性があり機能的である」とされている (Appleseed 2006, 6)[1]。北アメリカの緊急事態管理システムに見られるようなトップダウン型の命令系統による災害対応は，決して理想の姿とは言えないことがすでに明らかになっている (USGAO 1991；Birkland 2006, 6)。研究者らは，政府の中央集権政策や標準化された運営手法が実行過程において柔軟性を欠けるものになっているとして批判している (Comfort 2005；Perrow 2007)。それぞれの災害における政府の政策担当者は，自身が作った計画を合理的で実用的な

ものであると考えているかもしれないが、そのようなトップダウン型の計画は、地元の支持を得られずに途中で空中分解するか、あるいは地域住民からの反発を受けることは必至である。[2]

　1923年の関東大震災後には後藤新平のようなパワフルな政治家が再建を指揮し、首都の街を近代的で安全な大都市へと完全に生まれ変わらせようと計画した。彼が目指したのは、街の大部分に張り巡らされ、道路として利用されている曲がりくねった細い路地をなくすことであり、地震を何とか耐え抜いた古い木造の住宅や、震災後にキノコのように続々と現れる仮設の小屋をなくすことであった（Seidensticker 1991）。この大胆な計画の実現には、当時の東京市が40億円（当時としては天文学的な金額）をかけて市内全域の倒壊した家屋と土地を買い上げて、都市空間全体を合理化する必要があった（Schencking 2006, 836；望月 1993, 82-83；Hanes 2000, 132）。政敵からの攻撃を受けたり、予算の使い道で競合した他の省庁に押さえ込まれたりしても、後藤は彼の野心的な計画の実現が不可能とは考えていなかった。彼の計画に異議を唱えたのは政治家だけではなかった。地域住民が生活環境が悪化することを理由に、がれきやごみを処分するための焼却炉の建設のような、災害後に「必要不可欠」なプロジェクトに反発していたのである（山田 1973）。

　それから約70年後、神戸市長は、2カ月間の建設待機期間を設けようと考えた。都市計画の担当者に都市構造を設計する時間を与え、将来的に起こりうる震災を想定したより強いレジリエンスを備え、また災害後の支援体制が整ったまちづくりを進めていくことを望んだのである。神戸市の再建計画は市の都市計画の担当者によって管理され、当初は市が作成する計画に大きく依存していたが、徐々に地域住民との双方向性を持つようになった。市は再建計画において幅広い戦略を展開し、都市計画担当者を各地区に派遣してコミュニティ側の対案の聞き取りを行った（立木茂雄氏への著者インタビューより、2010年3月25日）。再建にかかる大部分の負担を地域住民へ課すという最終的な再建計画が発表されると、多くの人々はそこに書かれた大規模公営住宅や個人所有の住宅に関する標準化された建設計画に従うのではなく、別の戦略を取った。高い水準のソーシャル・キャピタルを持つ真野地区やその他のコミュニティでは、被災者が独自の集合住宅の建設計画を進めていくために共同出資を行った（Evans

2001；Nakagawa and Shaw 2004；Yasui 2007)。また，それらの地区の起業家グループが協力して，共有のリビングと各家族の専用の寝室を兼ね備えた耐震性・耐火性の高い集合住宅を建設した (Sekikawa et al. 2006)。地域住民は，地域の再建を協力して実行していくために新たなNPOを設立し，地域の再建計画を家やマンションの所有者の立場で考えるだけでなく，コミュニティのメンバーとしての視点で考えるようになっていたのである。政府のトップが地域住民を無視して「より優れた街への再生」を目指そうとする先進工業国は日本だけではない。

　アメリカにおける災害対応と災害復興のプロセスの大半はボトムアップであるが，ハリケーン・カトリーナによってメキシコ湾岸の被災したコミュニティに対して行った資金提供においては，連邦政府がその分配に深く関わっている。アメリカ政府が拠出した被災地支援金の多くは (1,205億ドルの内の750億ドル)，復興支援のための活動ではなく，緊急救援活動に向けられた (Ahlers et al. 2008)。地域再建のための資金の予算全体に占める割合が小さかった上，その資金が9層にも重なる下請け業者を通じて少しずつ注入されたために，地域の活動家らは正確にどのくらいの額が実際にコミュニティの再建に使われたのかと首を傾げていた (Frederick Weil氏への著者インタビューより，2010年3月25日)。ある証言によれば，「ハリバートンやショー・グループといった大手企業など，それによって最も多くの利益を得たと考えられる事業者は，FEMAや陸軍工兵隊といった元請から大規模な請負契約を受注している」という (King 2009, 170)。このような実態は，グローバルに事業展開する大企業が災害や危機的局面において巨額の利益を獲得していることを揶揄する「災害資本主義」に対する批判と一致する (Klein 2007)。連邦政府の支援と地元のニーズが噛み合わない中，ニューオーリンズ市の再建計画担当者は，政府と地元住民の両方に受け入れられる実現可能な再建計画を作ろうと奮闘していた。Bring New Orleans Back Commission (ニューオーリンズ復興委員会)[3]は，「より小規模で，より安全な街」を目指す取り組みを行っている唯一の組織であり，長期的に見て実現可能性が高い地域へと集中的に金融資源や新たなインフラを投入することを考えている。その一方で，ニューオーリンズ市議会は2006年の初めに，災害調査手法と地域復興計画について独自案の作成に着手している (これらに対する批判に

ついてはSanyika 2009参照)。また，連邦政府の拠出した資金はルイジアナ州復興局の道路住宅復興プログラムへと投入され，そこでは「無保険，あるいは過小保険の住宅所有者への住宅再建助成金の提供」が行われた（Bates and Green 2009, 236)。

そして最も新しい包括的な再建計画は，6カ月にも及ぶ協議を経て，2007年6月に市から正式に承認を受けたニューオーリンズ統合復興計画（UNOP）であった。この計画の策定にあたっては，一般に開かれた意思決定を実現するために，協議会や計画策定の様々なプロセスにおいて「透明性と公平性を担保する」ことを目指した（Johnson 2007)。湾岸地区の各所で行われた会議や討論会の多くが市民参加の元で行われ，都市計画の担当者や建築家，そして各専門分野の市民からも提案や計画が提起された。このUNOPによる計画が，NGOや地域団体，コンサルタント，そして都市計画の専門家らの協力による協調的な取り組みであったことは間違いないが，このようなデータに裏打ちされた綿密な計画であっても，すべての地域住民から支持されたわけではなかった。例えば，ブロードモア地区などいくつかの地域では，人々が生活を営んできた町の一部を減らして緑地を増やす内容が含まれるトップダウン型の計画に対して，怒りをもって反発する数多くの地元住民が地域団体へと加入し，それら団体の加入者数は過去最大にまで膨れ上がった（Warner and Darce 2006)。それらの計画によって巻き起こったのは怒りだけにとどまらず，強い結束を持つ住民が協力し，仮設住宅を増やそうとする計画へ反対する活動まで繰り広げた（Davis and Bali 2008)。最終的に多くの住民は，市からの指示や通達，また公式声明を無視して，代わりに近隣住民や友人，そして関連する民間団体の動向を注視するようになった（Chamlee-Wright 2010)。つまり「市による組織的な復興は，被災から数カ月後に発表されたトップダウン型の再建計画に対する反発から始まっており，それによって持ち上がった議論が解決されずにその後にもずっと尾を引いた」のである（Robertson 2010)。

インド政府もやはり同様に，津波後の復興を普段の状況下では決してできないような行政施策を進めていく機会として捉えていた。政府は沿岸部の住民を，以前住んでいた海岸線近くの津波による被害を受けやすい場所から，より内陸側へと移住させようとした。この沿岸開発規制区域に基づく政策は，海岸線近

くに古くから生活する漁民にとっては伝統的に受け継がれてきた慣習に反するものとなっているだけでなく，正式な書類を受け取れなかった住民は再建計画の対象外になり，大きな痛手を受けた（HelpAge International 2005, 2）。特に「独身女性が世帯主である家族，高齢で困窮した人々，そして財産を持たない漁民といった村の最貧困層の人々が最も海岸線に近い場所に住居を持っていた。一方で，漁船やその他の資産を持ち，政治的かつ社会的に強い発言力を持つ富裕層の人々は海からずっと離れた場所に住宅を持っていた」という指摘がある（Salagrama 2006a, 45）。沿岸開発規制区域は，1986年に施行された環境保護法に準拠する形で1991年に新たに定められ，これによって政府は「環境を保護し，環境の質を改善し，そして環境汚染を防ぎ，管理し，また減らしていくという目的において」行動ができるようになった（Sridhar 2005, 4）。

インド政府は，2005年3月30日に政令第172号によって，海岸近くに位置する住宅に住み続けようとする家族を強制的に移住させるというそれまでの強硬な政策を取り下げて，代わりにそれらの家族には再建支援を拒否するという政策を導入した（TISS 2005, 7）。満潮時の海水到達地点から200m以内にある住宅の所有者がその家の所有権を放棄する場合には，新しい家が支給された（多くの場合，海岸からかなり離れた場所に建てられたものであったが）。いくつかの村ではその政策の条件を住民の満場一致で受け入れることを決めていたが，デバナンパッティナムの村などでは，対象となる1,695世帯のうち646世帯が政府の条件を受け入れたにすぎないというように，他の多くの村々での反応は様々なものであった。（Mahapatra 2005）。沿岸部に住む住民の多くは，家の所有権を持っていなかったか，あるいは所有権を証明する書類を持っていなかったことから，政府から不当請求者として扱われた（Sudarshan Rodriguez氏への著者インタビューより，2010年3月25日）。また，大規模商業施設や観光ホテルなどの施設が「浜辺へのアクセスが便利である必要がある」（実際の規制に関する文書から引用）ことから海岸線近くの元の場所に再建することを許可されて，大きな恩恵を受けているのに対して，最貧困層の地元住民は移住の対象とされがちであるという批判の声もある（Rodriguez 2008）。被災前には，インド沿岸部の漁民の多くが，自宅と海の間に広がる浜辺を魚を干す場所として，あるいは，漁網を広げて修繕したり漁船を保管したりする場所として利用していた。大規模な観

光客向けのホテルは,宿泊客のために浜辺へのアクセスを確保しておきたいと考えており,浜辺の近くで営業することを許可するよう政府の規制当局に対して圧力をかけていた。その結果,「商業的利益のためのロビー活動と政府との間の16年に及ぶ馴れ合いは,この法律による規制の力を事実上弱めていった」(Menon et al. 2007, 5)。さらにこうした規制は,古くから住んでいた住民を内陸側に移住させたことによって,以前は地域の共有スペースであった浜辺を特定の人々の利益を生むための土地へと変えてしまうことになった[5]。

上意下達の災害復興計画は,地元住民から受け入れられなければ棚に並んで埃をかぶったままになるか,あるいはそれらの計画が自分たちの意見を軽視している,または地域に損害を与えると感じたコミュニティからの強い反発と対峙しながら進められていくことになるであろう[6]。被災者への支援ややコミュニティの復興を推し進めようとして導入したはずのこうした政策には何が欠けていたのであろうか。

2 現行の政策は社会の絆を軽視しているか,あるいは損なってしまっている

上意下達の政府主導による復興計画は,地域の再建過程における社会的資源の果たす役割を必然的に見過ごしてしまっており,資金や物的インフラ,そして専門家のアドバイスさえあれば,最も効率的で効果的な復興が実現できると思い込んでいる。ソーシャル・キャピタルや地域のネットワークが語られることが全く無いとは言わないまでも,その議論は枝葉末節となっている。例えば北アメリカでは,災害後の精神面の健康問題については,危機カウンセリング支援トレーニングプログラム(CCP)を通じて助成金を利用できるが,それらの支援は精神的苦痛を経験した人々の治療を対象としており,被災者が持つネットワークを維持したり,再開するため,あるいは発展させていくためには使えない(USGAO 2006, 39)。さらには,この限定された個人レベルでのカウンセリング支援を国から受けるためには,厳しい基準を満たしている必要があり,「CCP助成金の申請には,その被災した地域における被災者のカウンセリングが州や地元だけでは対応できない場合にのみ適用される」と定められている(USGAO 2008b, 2-3)。

国連津波復興支援チームは，被災者にとって「地域社会の再集結」が必要であることを明確に認めているが，それをどのように達成するのかという点については具体策を提示できていない（UNTRS 2005）。アメリカの複数の政府委員会は，赤十字や救世軍，そして災害対応ボランティア組織連合といった，NGOや市民団体の持つ資源や能力を，国の災害復興計画の中に統合するようにFEMAや国土安全保障省へ求めている（USGAO 2008a）。このような非政府系の組織の果たす役割は，特に災害時の貢献においてある程度認知されているが，現在の災害支援計画では，地元が持つソーシャル・キャピタルを損なう可能性がある。

　被災者を最寄りの一時避難所や長期入居型住宅へと無作為に割り当てる方針のように，現在行われている多くの被災者支援政策の提供手法は，現存するソーシャル・キャピタルのストックに悪影響を及ぼす可能性がある。被災者を速やかに避難所へ割り当てる方法は，どの事例においても良い結果が得られていない。復興政策の調整役としては，素早く避難所を割り当てる方が時間のかかる地域単位での避難よりも多くの命を救えると考えているかもしれないが，その想定は誤りである場合が多い。仮設住宅に関する無作為な割当を性急に実行することは，災害直後の最も支援を必要とする人々を仮に運が良かったとしても社会関係が限られた環境に置くことになるし，まったく知り合いがいないという最悪の環境に置いてしまうことも想定される（辻 2001）。例えば，1995年の阪神・淡路大震災の後には，数多くの高齢者を団地型の大規模な集合住宅に入居させたが，その際に友人や家族を近くに入居させるといった配慮もなかったことから，数多くの「孤独死」が発生している（「毎日新聞」1997年1月17日付：菅 2007）。これらの犠牲は明らかに防ぐことができたと多くの人が指摘している。もし，それらの高齢者を友人や知人，また古くから付き合いのある隣人の近くに入居させていれば，新しいコミュニティにおいてもつながりを感じられたかもしれない。あるいは様子を見に来てくれる親戚が近くにいて，生きる糧を見つけることができていたならば，こうはならなかったかもしれない。概して言えば，神戸市の政策は，人々が同じ仮設住宅や長期入居型の住宅へと一緒に移り住もうとしたのを難しくしたと言える（Yoshimune 1999）。2011年3月11日の東日本大震災後に東北地方の被災地を訪れたところ，数多くのコ

ミュニティで，長期入居型住宅へと入居する高齢者や要介護者を決めるためにくじ引きが行われているのを目にした。

　2004年に発生した津波後のインド南東部の村では，仮設住宅の再割り当ての際に行先を無作為に決められて，子供の世話や仕事の手伝い，そして日々の生活の支援をしてくれる友人や家族とのつながりが絶たれてしまったことについて，地元住民が辛らつに批判していた。これらの社会関係なしに，津波の被災者が元の生活を取り戻すことは容易でない。またいくつかの研究が，これらの無作為な割り当てが復興の成果を低下させたことを立証している（HelpAge International 2005, 12）。他の事例では，2005年8月，ニューオーリンズを離れて一時避難所へと向かうバスには，被災者に行先を知らせる表示さえ出されていなかったという。また，航空機を使って他州へと避難する人々の中には，「座席に腰を下ろして機長からのアナウンスで到着地が告げられるまで，自分がどこへ向かっているのかを知らない人もいた」という（Brinkley 2007, 558）。

　ほんのちょっとした情報を提供することによって，ニューオーリンズの被災者は家族や友人がいる市や町へと避難することができたかもしれない。現実には，多くのカトリーナ被災者が一人の知り合いもいない見知らぬコミュニティへと避難させられた。この問題だらけの避難計画により，コミュニティが分断されたり，見知らぬ土地へと避難させられ，そのことによって被災前に彼らが持っていたネットワークへの経路が損なわれてしまったのである。ニューオーリンズの中でも，ビレッジ・デ・レスト地区のように，被災後にも住民間の結束を持ち続けることができた地区は，それらの困難に打ち勝ってきたと言えるであろう（Chamlee-Wright 2010）。被災者は，以前住んでいた地域に自宅を再建したいという自らの意思を政府に対してたびたび訴えていた。ある被災者は「もし資金を提供してくれるのであれば，私たちはこれまで通り互いに近い場所で生活していきたい」と語っている（Krupa and Coleman 2006）。これらの事例から得られた教訓は，避難の際あるいはその後に，被災者が互いのつながりを維持できるようにする必要がある，ということである。これは，街区や町内などが同じ人々を同じ避難所へと計画的に割り付けることによって可能となる。あるいは，避難所にいるすべての被災者が電子メールや携帯電話やデータ通信端末を利用できる環境を整備することによって，自身がもつネットワークの

人々とつながりを持ち続けることができるかもしれない(7)。ソーシャル・ネットワークを考慮に入れた避難計画は(8)，より効果的な災害復興や減災の計画を策定するための基礎部分でしかない。

3 進むべき方向性
──ソーシャル・キャピタルを育む新たな政策と取り組み──

　災害復興における現在の考え方は，1950年代の発展途上国に対する投資と援助における考え方と酷似している。長年の間，西側諸国の官僚や支援提供者らは，資金を送り込み，物的インフラを整備することによって，東南アジアやアフリカ，そして南アメリカの貧しい国々の経済発展と開発を始動していくことができると想定していた。富裕国である西側諸国は貧しい国々へと資源を提供する倫理的な義務があるという信念に基づいて行動しているが（Singer 1972），多くの国が体系的な観点や社会的資源の観点を考慮することなくそれを実行し続けてきた。Ahn and Ostrom（2008, 89）は，「学識者や政府関係者は過去50年に渡り，道路や発電所，ダム，そして工場といった物的資本への投資を，国の発展を支える重要で欠くことのできない要素として捉えてきた。したがって，二国間あるいは多国間で交わされる支援において，支援提供側の国々は数十億ドルもの資金を提供して，世界中の貧しい国の開発を始動させるために重要と考えられる『欠くことのできない資本』を注入してきた」と説明している。

　しかしながら，橋や道路，そしてその他の施設を建設することが，支援を受けた地元住民の生産性や技能を高めたり，あるいは創業に向けた行動を促進したりすることはほとんどなかった。研究者らが指摘するように，「ただ単に，物的資源や金融資源を貧困国へと注ぎ込むだけでは，うまくいったとしても，ほんのわずかな効果が得られるにとどまる」と考えられる（Woolcock and Radin 2008, 415）。実際のところ海外からの支援は，それが開発に使われる場合も，あるいは災害復興に使われる場合も，支援を受け取る側に予期せぬ誘因を作り出してしまい，それによって経済や社会を成長させていくための幅広い取り組みを後退させてしまう可能性がある（Gibson et al. 2005）。開発の専門家らによる典型的な従来型のアプローチはうまくいっておらず，代わりにもっと実現可能なフレームワークを導入する必要があると主張する研究も発表されてい

る（Easterly 2001；2006；Moyo 2009，戦後の再開発におけるGraciana del Castilloの実行成果に対する否定的見解についてはCoyne 2010参照）。1990年代の半ば頃になり，世界銀行はそれまでの50年間の貧困国に対する投資に，それらの国々が持つ社会的インフラへの視点が欠けていたことを認識しはじめるようになった。世界銀行はそれまで長年培ってきた考え方を改め，地域の信頼関係や絆，また地域社会のネットワークに焦点を当てた新たな視点を取り入れることによって，投資計画の策定において物的インフラばかりではなく，社会的インフラを含めた検討を行うようになった。これまでの研究によって，地域に信頼関係があることによって他国からの支援成果を高めることが示されている。例えば，信頼関係の水準が高い社会においては，国際援助によって整備された新たなインフラを効果的に利用して，生産性や教育水準などを高めることができる（Woolcock 2002）。災害復興の分野においても同様に，政策担当者はソーシャル・ネットワークや社会的資源の観点に目を向けて検討を始めるべきであり，計画の策定において多くの市民の声を取り込んでいく必要があるであろう（Kondo 2008）。

　1700年代の半ば頃，地震と津波によってリスボンの街の大半が崩壊し，その大規模な被害に対処しなければならなくなった際，ポルトガル国王の側近は，国王に向かって「死者は埋め，生存者には食料を与えましょう」という助言しかできなかったという（Shrady 2008, 24）。それから2世紀半が経過した今，私たちはもっとうまく災害に対処できるようになった。専門家が強調してきたのは，可能であれば，将来起こるであろう災害による被害を緩和するための取り組みをすべきであるということである。そのためには，災害に対して脆弱な対象が1カ所に集中している状況を改善し（Perrow 2007），市民や企業が保険やインダストリー・ロス・ワランティ（損失保険の再保険），あるいはキャット・ボンド（大災害債券）のようなリスクを分散する仕組みを利用しやすくするための，新たな金融政策や市場主導の施策を導入することなどが挙げられる（Kunreuther and Useem 2010）。さらに，生活に不可欠な電力供給網などのインフラの脆弱性を考えれば，民間部門が公共社会の安全を守るために直接的な役割を担うべきである（Auerswald et al. 2006）。これらはすべて重要でかつ有効な最初のステップであり，意思決定機能の分散に加えて，地元企業やコミュニティ，そして地域住民への権限の委譲が必要であるという前提の上に成り立っ

ている。例えば，地域に根差した研究所を設置する必要性を強調する研究者もおり，それによって災害後の復興の進行を脅かす環境上や健康上の数多くの問題点を特定し，解決策を提案していくことができると指摘されている（Nance 2009）。多くの専門家が，コミュニティによって運営される診療所（Banerjee et al. 2004）や学校（King and Orazem 1999；Jimenez and Sawada 1999）の必要性を主張しているほか，地元主導型の貧困者支援（Galasso and Ravallion 2005），市民と軍による共同予行演習（避難訓練）の必要性についても指摘している（Moore et al. 2010）。災害復興計画の担当者らは，赤十字やジューイッシュ・ファミリー・サービス，そしてYMCAのような組織を通じて行われるような，地域レベルや州レベル，そして国家レベルの非営利団体や慈善団体によって運営される活動に注目しはじめている（Boris and Steuerle 2006）。

そして災害対策の担当者と専門家は，本書で取り上げた時代も場所も異なる4つの巨大災害の研究から得られた実証的根拠が示唆する知見を認識して，地域のソーシャル・ネットワークとソーシャル・キャピタルを減災と復興の計画へと包括しようと努力するべきである（Zhao 2010）。ある災害支援計画の担当者は，「他の災害でも同様であるが，地域の復興においては，見知らぬ他人（政府やNGOなど）からの支援以上とまでは言わないまでも，少なくともそれと同程度は，近隣住民や友人から提供される支援に頼ることになる」と指摘する（Darcy 2004, 5）。別の解釈をすれば，「人々にとっての復興はインフラの復興だけにとどまらず，社会的な日々の生活を取り戻すことを含み，ゆえに，身体的そして精神的な健康を増進し，幸福感を増大させる支援をしてくれるソーシャル・ネットワークを再起動することが含まれる」（Chandra and Acosta 2009, 1）。私たち研究者の使命は「地域の草の根運動が新たな形で組織されるところに過去の教訓を適用して，災害復興における重大な課題に取り組んで行く新たな市民組織への参加やその設立を後押しすること」であるべきだろう（Berke and Campanella 2006, 205）。被災した都市の再建が「社会的インフラや人的インフラの再建を伴わない物的な再建」に終始してしまっては，それがうまくいった場合でも，もはや以前の面影の見られない街へと変わってしまうのである（Lang and Danielson 2006, 247）。

災害復興へと対処しようとするときに，民間部門および公的部門の意思決定

者は，他の代替可能な資産と同様に，ソーシャル・キャピタルについても内外からの介入によってその備蓄量を増やす（または減らす）ことができることを，まず認識しておくべきである（Tatsuki 2009）。過去に起きた災害データを蓄積した地理情報システム（GIS）と国勢調査のデータを組み合わせた地図のおかげで，社会的に脆弱な地域を明確に特定できるようになった（Cutter and Emrich 2006 ; Cutter and Finch 2008）。ゆえに次のステップは，災害の前後におけるそれらの脆弱な地域の人々の信頼関係とネットワークを構築することである。貧しい発展途上国の集落や町村であっても，構造的ソーシャル・キャピタルおよび認知的ソーシャル・キャピタルの蓄えを増加させることは可能である。長年にわたるインドの地方の村に関する研究によれば，自発的に結成される地域組織とそのリーダーの存在によって，信頼関係や社会的な関わり合い，そして非公式のネットワークが徐々に発展し，強められていくことが立証されている（Krishna 2007）。さらに，地元が自発的に始めたものばかりでなく，外部からもたらされる施策でも，現存する市民社会をさらに強固なものにし，住民の間に新たなつながりを作り出し得ることがわかっている。内戦後のニカラグアにおける200世帯のデータを使用した研究によれば，管理手法とリーダーシップ能力を向上させるための研修プログラムによって，地域の信頼関係と市民の社会参加への意識が向上したという。このプログラムを受講した地元住民は，受講後に多くのコミュニティの集会に参加するようになっただけでなく，地域組織でより大きな貢献をしており，抗議行動や抗議集会への参加頻度も非参加者より高い傾向にあることが示されている（Brune and Bossert 2009）。

同様に，南アフリカで2年の期間をかけて行われた無作為抽出による実地調査では，外部からの介入が他人への信頼度を高め，そのことによってコミュニティの活動への積極的な参加を促すことを強く示唆する結果が報告されている。信頼構築，HIV，そしてジェンダーに関する研修会を実施するとともに，マイクロ・ファイナンスに関するグループワークを行った結果，これらに参加した人々は，地元の不正事件後に抗議行動を行うといったような集団的活動へ参加する頻度が他の人々よりも高いことが示された（Pronyk et al. 2008）。これらの研究の対象地域は決して富裕層の多い土地柄とは言えず，むしろその多くが住民の教育水準の低い地域であったが，そのような環境下においてもソーシャ

ル・キャピタルは育まれることが立証されているのである。

　近年実施されているソーシャル・キャピタルを高めるための実験的取り組みとしては，地域活動への参加にインセンティブを与える政策が挙げられる。日本とアメリカでは，ボランティア活動へと参加した人々に，コミュニティ内のサービスや商品と交換できる地域通貨を提供するプログラムが行われている (Lietaer 2004)。地域通貨には，紙幣形式や電子マネー，そしてエコマネーなど様々な形態のものがあるが (Doteuchi 2002)，その目的は，地域のタウンミーティングやごみ拾い活動のような非商業活動へと地域住民の参加を促し，住民間や地元自治体との交流を活発にすることにある。ホームレスの寄宿所への食料提供や高齢者向けの旅行宿泊施設での支援活動，青少年指導者としての活動，あるいは新たな福祉施設の建設への協力活動などに市民の参加を促すことによって，地域のソーシャル・キャピタルの保有量を増加させ，人々の間の信頼関係を強めることができる。日本における1,200人の個人を対象にした調査研究では，地域通貨のプログラムに参加することによって，地域の人々の互いの信頼水準が高まることを定量的分析から明らかにしている (Richey 2007)。さらに，被災地の子ども達を地域のボランティア活動やボーイズ・ガールズ・クラブ（青少年の健全な成長を目的とした地域施設），その他のコミュニティ活動へと参加させることは，被災による子供たちの精神的ダメージや損傷したソーシャル・ネットワークの回復を早めることになる。(Pfefferbaum et al. 2009) また，別の実験的な試みとして，ニューヨークのある1人の男性がコミュニティの人々とより強いソーシャル・ネットワークを築くことを決心し，20人の同じコミュニティに住む人々に互いのことを知り合うために一晩泊まらせてくれるよう頼んだところ，そのうちの半分の人々がそれを承諾したという。そして，そのコミュニティに住む1人の女性が乳がんになり困っていることを知った彼は，コミュニティの仲間に声をかけて彼女の支援をしたのである (Lovenheim 2008)。

　災害に対して脆弱な地域，あるいは被災した地域のソーシャル・キャピタルを高めるためのさらに別の取り組みとしては，青少年ホールや地域振興センター，またはプレイ・スクールのような地域施設を設置したり，あるいは再建したりすることが挙げられる。これらの施設は，地域住民同士あるいは外部機

関とのつながりを作るだけでなく，地域住民にとっての新たな情報源となる。他にも，被災後の地域住民へと情報や資源を提供し，地域のボランティア活動や慈善募金活動の拠点となる，いわゆる「地域復興センター」としての役割を果たす施設を設置することの意義を多くの専門家が指摘している（Vale 2006, 164）。それらの活動を通じて，地域住民は地域イベントを週ごとや毎月，または毎年主催するであろうし，そういった活動が実施されること自体が，コミュニティに高い水準の信頼関係とソーシャル・キャピタルが生まれていることの表れであると考えられる（Bhandari et al. 2010）。そのような特定の場所を持たないとしても，例えば幼稚園や小学校（小野 1998；小林 2006；Small 2009），あるいは信仰に基づく組織であったり，集合住宅（室崎 1973；関川ら 2006）といった，ごく一般的に存在する地域の組織はすべて，ソーシャル・ネットワークの集積地かつ中継拠点としての重要な役割を果たす。また，それらの組織はフォーマルな形態であっても，あるいはインフォーマルな形態であっても，コミュニティの中心地としての機能を果たす。すなわち人々にソーシャル・ネットワークを再建するための手段を提供し，食料やカウンセリング，また相互支援の供給源となって地域住民に平常心と安心感をもたらす（Kilmer et al. 2009）。ユダヤ教会やキリスト教会，そしてモスクにおいても，被災後に家族や信徒同士を再びつなぎ合せる機能を持つことから，それらの人々のソーシャル・ネットワークを修復したり，構築したりする手助けとなるのである（Phillips and Jenkins 2009）。

　都市部や郊外のコミュニティにおけるインフラ構築のデザインそのものも，ソーシャル・キャピタルの水準に影響を及ぼすと考えられる（Jacobs [1961] 1992）。それが災害による被害からの再建過程であろうとなかろうと，新たなコミュニティのデザインを検討する際には，地域住民間の交流を増加させるようなレイアウトへと変える必要がある。都会のコミュニティにおける「防御可能な住空間」というOscar Newmanが考案したデザインでは，コミュニティ全体の環境を計画的に構成するによって，住環境の安全性を高めて発展させることができると強調されている。彼が提案するのは，コミュニティ空間をデザインすることで地域住民はそれ全体が自分たちの住空間であることを認識して，互いの社会規範を強化し，地域の共有資産や安全性を大切にしようとする意識

を持つようになるということである (Newman 1972；1996)。商業施設や住宅が共存する複合型のコミュニティ (Leyden 2003) や，特定の価値観を共有するインテンショナル・コミュニティまたはシェア・ハウス (Poley and Stephenson 2007) といったものが，人々に日常的な交流を促進する空間を提供することによって，住民間の結束が深められていくことが，いくつかの研究によって指摘されている (Putnam 2000；Williamson 2010；これに対する反論についてはFreeman 2010やBrueckner and Largey 2006参照)。例えば，「道路から少し距離を開けて建てられ (ただし，ガレージや車の通り道のための空間ではない)，張り出し玄関を持つ家は，家の正面を車のためではなく人がコミュニケーションするための空間としてデザインしているという印象を強調することができる」という (Berke and Campanella 2006, 197)。実社会における組織や街の空間デザインが地域住民の結束を強める上で効果的に機能してきたのは確かであるが，これからの時代においては仮想空間のコミュニティがソーシャル・キャピタルを高めるための政策の新たな活動の舞台となるかもしれない。

　コミュニケーションのための技術は，この1世紀の間に飛躍的に進歩してきた。1920年代の東京では地域の人々へと情報を伝えるために掲示板が使われていたが，2012年に生活する大部分の人々は携帯端末やスマートフォンを使用して，友人のネットワークと常に連絡を取り合える環境にある[11]。ソーシャル・ネットワークを維持するためのインターネットを活用した仕組みは，災害などの危機的状況，あるいはその後の状況における様々な場面においてその真価が認められ始めている[12]。何人かの研究者は，災害後にFacebookやLinkedIn，またはTwitterやOrkutなどの一般的によく知られているソフトウェアと類似する作りのSNSを活用して実験的研究を行っているが，その効果ははっきりとしない結果となっている。その理由はいろいろと考えられるが，サポート体制の不備や，電源やインターネットと接続できる端末がなかったこと，あるいは機能を使いこなせなかったことなどが原因であると考えられている (Schellong 2007)。IT技術の活用に関する他の研究では，緊急時に通常の手段が使えないような場合には，状況を多くの人々へと伝達する手段として有効であることが報告されている (White et al. 2009)。しかしながら，近年の災害においては，管理の甘いこれらの技術が悪用される可能性があることも明らかになってきた。

例えば，2011年3月の東日本大震災と津波の後に，Googleは「パーソン・ファインダー（Person Finder）」という日本語と英語の2カ国語をサポートしたウェブサイトを立ち上げ，被災者同士が互いに安否を確認し合うためのサービスの提供を開始した。ある情報（事例証拠）によれば，安否が確認できていない家族を探す被災者のために14万件の情報が提供されたという。しかし，そのサービスが抱えるセキュリティ面の脆弱性から，まだ生きている人々の死亡情報を故意に流すなど，ひどいデマやいたずらが横行した（*MetroNews UK*, 14 March 2011 ; *Japan Probe*, 14 March 2011）。

インターネット上の組織であるNeighborhood Partnership Network（NPN，ウェブサイトはnpnnola.com）は，ニューオーリンズでカトリーナ後の人々の生活水準向上のための活動を行っている数百にも上る地域組織やNGO，ボランティア組織，そして宗教団体を結集するための活動を行っている（Rick Weil氏への著者インタビューより，2010年3月25日）。ハイチの地震後には多くのボランティアグループが，国中の被災者へと救助や医療支援，そして食料などを速やかに供給するためにGIS技術を活用している（Zook et al., 2010）。また，携帯電話の技術がまだ十分に普及していない発展途上の国々では，ラジオのような旧式の技術が有効であることが立証されている。例えば，インドのタミル・ナードゥ州では，地元の活動家が先頭に立って低出力の自前の地域ラジオ局（Radio Alaakal）を開設し，漁業を営む地域住民に対して日々の出来事やデータ（天気情報や魚の取引価格，イベント情報など）を提供したり，緊急時（津波など）には警報を発信したりする役割を担った（Nandakumar 2006）。災害時に人々のつながりを形成したり，維持したり，あるいは重要な情報を広く発信したりするために，どのように仮想空間のコミュニティを効果的に活用できるのかを検討するには，今後のさらなる研究が必要である（Jaeger et al. 2007）。

最も広く捉えれば，ソーシャル・キャピタルは，地域住民が自分たちの市民としての力の有効性を信じており，住民間の相互の信頼や政治への信頼が存在するなどの政治的かつ文化的な環境が整っている場において繁栄すると考えられる（Bailer et al. 2007）。例えばハイチのように政府がうまく機能していない国が被災した場合，支援国や国連の担当者には，単に食料や水，そして医療物資を届けるといったこと以上の貢献が求められる。つまり，それらが持つ活力

は，地域のガバナンスの仕組みを整備して，社会的資源に対して能動的に関わりを持てるようにする新たな体制を作り出すための支援へと振り分けられるべきである。効果的に機能する政府を持たない地域では，強固な結束を持つ市民社会や高いレジリエンスを維持していくことは困難であると主張する研究者もいる（Paker 2004；Savitch 2007）。イタリアの地方によるガバナンス水準の差に見られるように，強い力を持つ市民文化はそれ自体がガバナンスへと影響を及ぼしうるが，ガバナンス構造と効果的な政府を兼ね備えている場合には，双方を強化し合う好循環を生むことになる（Putnam 1993）。特に，従来の「都市の再生計画」が現実には地域のボランティア組織の動員能力を低下させてしまう可能性を考慮に入れれば（Widestrom 2008），政府が強い権力と豊富な資源を持つことを認識した上で，政策形成に市民の参加を高めるためには，政府が市民の社会参加に加えて，政府と市民の協働によるガバナンスを促進していくことが強く求められる（Sirianni 2009）。仮に政府の意思決定者が，国内外で災害が発生した場合の対応を決定してきた従来型かつ時代遅れの構造から脱却して前に進みたいと考えるのであれば，地域通貨から制度改革に至るまでのすべての政策の実現可能性を議題に乗せるべきである。

　最後に，再建計画の担当者は，減災や地域再建に向けた計画に社会的資源を組み入れるのであれば，高い水準のソーシャル・キャピタルがもたらしうる負の側面についても認識する必要がある。カースト制度が（法的には廃止されているものの）今も根強く残るインドのような国の再建計画の担当者は，カーストがそこに作用していることを認識すべきであるし，カーストとソーシャル・キャピタルの相互作用によって起きている事象を見つめ直す必要がある。つまり，「災害後の支援提供におけるカーストや性別，また経済的地位に基づく差別の問題に取り組む必要がある」のである（Banerjee and Chaudhury 2005, 43）。本書の事例においても，強固な結束型ソーシャル・キャピタルが，被災後において社会の周縁部にいる人々に対して負の影響をもたらしがちであった。それはインドで見られたカーストのように根強い階層社会によるものや，1920年代の東京で見られた高い同質性に起因する在日朝鮮人などの外国人に対する偏見によるもの，または，ニューオーリンズに20世紀の終わりになっても続いていた人種差別や排除のような蔓延する不平等によるものであった。これら負の側

面の結果をもたらす原因となった正確な条件を特定するためには，今後さらに研究を進めていく必要があるが，政策決定者はこの問題の大局的な理解の上に立って解決策の検討を始めることができるであろう。

　これまでの広範な研究から，結束型ソーシャル・キャピタルだけではコミュニティが「なんとかその場をしのぐ」のを支えることしかできないことが示唆されている。そのことから，効果的な政策を策定するためには，地域の結束を深めていくと同時に，橋渡し型と連結型のソーシャル・キャピタルを向上させていくための取り組みを検討することが必要となる（De Souza Briggs 1998, 178 ; Woolcock and Narayan 2000, 227 ; Elliott et al. 2010）。復興支援に携わる政府や行政の担当者と交流を持ち，その関係を深められる地域住民は，同じコミュニティの人々の社会参加に対する意識を向上させる働きを持っている。中国における研究では，行政担当者と交流を深めることよって地域の復興速度が速まることや，行政官との関係構築が有効であることに対する地域住民の認識が強まることがわかっている（Chen et al. 2011）。インドにおいては，ムンバイのタタ研究所のような組織が，社会的資源や外部とのつながりを十分に持たない少数民族やその他のマイノリティのために，リーダーシップ研修などのトレーニング・セミナーを開催している。

　社会の仕組みから除外されがちであるダリットや女性，あるいはその他のグループの人々は，これらの取り組みによって得た新たなつながりや習得した技能を活かして，支援物資の入手経路や外部の支援組織との連絡手段を獲得できるかもしれない。例えば，インド女性自営業者連盟が災害復興や自立支援において，地域の女性向けの雇用促進や長期的な生活設計支援に焦点を当てたプログラムを提供しているという重要な取り組みに注目している研究者もいる（Vaux and Lund 2003）。これらのプログラムを通して，支援を巡る競合相手となりうる各グループ間の社会的資源の格差を平準化することが目指されている。ニューオーリンズや北アメリカの都市における政府の担当者は，計画を構想するにあたって，個人的または組織的な人種差別という障壁があったとしても，再建計画が実行できるように注意深く検討しなければならない。ソーシャル・キャピタルの不足するグループがその蓄えを増やすことのできる取り組みを行いながら，将来に向けた政策の検討においては，この分野の初期の研究によっ

て指摘された点を徹底的に究明し（Djupe et al. 2007），ジェンダー，ソーシャル・キャピタル，そして支援の分配の間の関連性をさらに明確にする必要がある。

　先駆的な取り組みを行う担当者によって，災害後の社会的インフラの重要性に着目し，それらを復興政策に適用しようとする動きも見られている（Koh and Cadigan 2008）。アメリカ農務省は，*Homeowners, Communities, and Wildfire : Science Findings from the National Fire Plan*（「自家所有者，コミュニティ，そして山火事——国家消防計画による科学的知見」）というタイトルの報告書を発行しており，そこにおいても，山火事に対するコミュニティの備えを向上させる対策としてソーシャル・キャピタルを盛り込む必要のあることが認識されている（Jakes 2002）。日本の警察学論集においても，災害が直撃した地域のことをよく知り，政府の災害対策よりも効率的に対処することができる地元のボランティアの人々が果たす重要な役割について言及されている（Araki 2003）。シアトル緊急事態管理局は，Seattle Neighborhoods Actively Prepare（SNAP）という災害対応計画を策定しており，その中には地域住民が果たすべき役割が明確に記述されている。SNAPのガイドラインには，「健全な地域組織と優れたリーダーを持つコミュニティでは，災害対応の計画がなくても，それほど素早く人々を組織できるのかという点で驚くものがあった。（中略）健全なコミュニティは，それらの資源を迅速に特定し，その資源をどのように分配するべきであるかについて合意できる。政府による支援が利用できるようになったときには，彼らはそれと協調して活動することができるだろう」と指摘されている。このプログラムでは，地域住民が協調して活動する手段を検討するための支援を行っており，心肺停止の蘇生救急や応急手当，またその他の対処に関する訓練の機会を提供している。

　ルイジアナ（Louisiana Family Recovery Corpsと合わせて），フロリダ，カリフォルニアの各州や，サンフランシスコやロサンゼルスといった都市では，地域住民やコミュニティが直接的な役割を担うことが明記された災害対応計画を持っている。[13]サンフランシスコでは，1989年に発生したロマ・プリータ地震の復興記念行事として市が地区ごとのブロックパーティを開催し，この地域イベントを通じて住民に災害への備えを促している（McKinley 2009）。また，ソー

シャルワーカーは復興において，コミュニティの内側と外側の両方の「ソーシャル・キャピタルの源泉」となり得る拠点を特定するための支援ができることを強調している (Hawkins and Maurer 2010)。同様に，テューレーン大学のコミュニティ組織研究プロジェクトは，NPOやボランティアグループが復興過程において最大限有効に機能するための支援を行っている (Pyles 2007)。

国際的な支援プログラムでも，公共政策の施策にソーシャル・ネットワークをうまく融合させることが目指されており，様々な取り組みに社会的資源が包括されるようになってきている。例えばアメリカ国際開発庁（USAID）は，イラクのコミュニティ・アクション・プログラムとして1億4,000万ドルを提供し，政策決定への市民参加を促すことによって，地域のガバナンス強化という活動を行っている。国宝を略奪から守るための活動を続けている考古学者は，ペルーやイラクなどにおいて遺跡の略奪を防ぐことに最も貢献しているのは地元警察ではなく，地元住民であることを説明している (Atwood 2009)。災害復興に関する最近の研究では，個人レベルの指標だけでなく，コミュニティレベルの指標にも焦点を当てるようになってきており，地域の再建においてコミュニティやNGOの働きが不可欠であるという認識がされるようになっている (HEM21 2009)。これらのような計画は現時点ではごく稀であり，実証的な研究に裏打ちされ，かつ理論的基礎をもって作られた計画はわずかしかないのが現状である。ソーシャル・キャピタルの研究者は，災害前および災害後に実行される政策に対してソーシャル・ネットワークと社会的資源が果たし得る役割を明確に表現すべきである。

学問や公共政策の議論において，明らかに進展の兆候が見られるようになっている。例えばニューオーリンズでは，立法の倫理改革と並んで議論されているFastStart（就労支援プログラム）のような新たなプログラムによって，復興をもっと目に見える形で支えるための仕組みの構築を模索している (*Economist*, 17 October 2009)。また，Mercy CorpsやKids with Cameras, Architecture for Humanity，そしてGlobal Greenといった様々なNGOや市民社会団体は，ニューオーリンズの資源が不足する地域の住民の生活再建を支援しようとしている (Curtis 2007, 26)。他にもRoots of MusicのようなNPOが，就学年齢の子供に大人の指導者を付けて，子供たちの音楽的才能を育成するだ

けでなく，地域組織の人々と広く交流させるという新たな社会の仕組みを提供している（著者によるインタビューより，2010）。これらのようなプログラムは，普段はあまり積極的に地域の実力者や意思決定者と接点を持とうとしないであろう被災者に対して，連結型ソーシャル・キャピタルや新たなつながりを提供することになる。

いまだに多くの政府の意思決定者および研究者が物的な社会構造に注目しているようであるが，「経済的な，そして社会的なネットワークは，街のビル群よりも高い回復力を持っている。ビルは崩れ落ちるが，人的な資源はそこに残る」ということを，今日私たちは認識している（Olshansky 2006, 17）。今こそ，ソーシャル・ネットワークが持つ力に関する知識を活用して，物的なインフラではなく，人々の行動力を加味し，綿密に計画した政策によって，被災者や政府の再建計画の担当者がレジリエンスを育んでいくのを後押ししなければならないのである。ソーシャル・キャピタルを確実に議題に乗せることによって，効果的で効率的な復興を創造する将来計画が作り上げられ，さらに高いレジリエンスを持つコミュニティを育てることが可能となるのである。

注

(1) 例として，ハリケーン・カトリーナ後のニューオーリンズでは，地元のNPOやNGOが彼らのボランティアによって行われた多くの仕事を記録している（Bradley Center for Philanthropy and Civic Renewal 2006）。
(2) インドでの救助機関や政府支援の肯定的なレビューについては，Kapur（2009）参照。
(3) 研究者たちが指摘するように，（災害後の連邦政府による州政府と地方政府への支援を構成する）Stafford Actに関連する規制が「大災害での初動対応と長期的な人的回復の両方を妨げるバリケードになりうる」（Chandra and Acosta 2009, 8）。
(4) 研究者らは自宅へ回帰するためのプログラムは失敗であったと言っているが，これは「資金がタイミング良く自家所有者の元に届かなかった」からである（Whelan and Strong 2009, 198。良いタイミングでの実行に対する妨害に関しては，Burns and Thomas〔2008〕を参照）。ビレッジ・デ・レストのベトナムコミュニティの活動家らはインタビューで，「とても長い時間がかかったので，私たちは自分たちの貯金を代わりに使った」と述べている。
(5) 復興に関しての批評には，観光ホテルが地元村民を犠牲にして利益を得たことを指摘するものがある。例えばケラーラ州では，職員が地元の津波復興資金を，外国

人観光客のためや沖に人口漁礁を作ることに流用しようとした。(Shaji 2008, 18)
(6) 多くの津波後地での復興では，NGOと契約者らが地元住民の要望を無視し，台所や浄化槽，そして祈りの部屋といった不可欠なものが無い家を作った。(*Hindu*, 18 December 16) 地元のニーズを復興機関と政府がコミュニティとのやりとりを通じて見定めた村では，住民は新しい家に対して高い満足度を示している。
(7) 例えば，海外の軍事基地は人々が故郷にいる家族や友人と連絡をとれるように定期的に電話やインターネットによるアクセスを無償で提供している。
(8) 地方レベルの防災計画は全体的な復興に有益な効果があることが様々な研究で明らかになっている (Wu 2003)。
(9) 研究者は，ウォルマートのような民間営利部門の企業の方が連邦政府よりも災害に対応するのに良い情勢にあると議論している (Cosh 2008; Horwitz 2008)。
(10) 大災害に対する法的また政治的応答に関する調査については，Sarat and Lezaun (2009) 参照。
(11) しかしながら，2011年3月の東日本大震災では被災県の福島と宮城の住民が，行方不明の人を見つけるために，ノートを掲示板にピンでとめている姿が見られたと，夏に被災地を訪れた訪問者が確認している。
(12) 発展途上国と反体制運動のコーディネートでも，インターネットと携帯電話が政府の透明性を向上するのに重要であることが示されている (Auletta 2011)。例えば，2011年1月下旬，エジプト政府は全国的な反政府運動の緊張下において，インターネットアクセスを効果的に遮断する「kill switch」を使った。これは明らかに，反対勢力のFacebook上などでの動きを抑える試みである。一方で，5500万の携帯電話を持つエジプト人と2,000万インターネットユーザーがこの方策の影響力を痛感したため，結果として抗議者を消失させる効果はなかった (*Economist*, 12 February 2011)。
(13) LFRCのミッションは「国内にいる，ルイジアナから移住し，一時的住宅に居住している家族に支援サービスを提供するために，事業者，組織，政府機関のネットワークをコーディネートし，活用することである」(Louisiana Family Recovery Corps 2005)。なお，ハリケーン・カトリーナから3年もたたない内に解散した。

付録 1　統 計 表

TABLE A1. Means of treated and control groups and reduction in bias

Variable	Sample	Mean for treated	Mean for control	Percent bias	Percent reduction |bias|	t-test	p>t
Area of the precinct (square km)	Unmatched	2.1309	1.92	21.1		1.49	0.138
	Matched	1.8505	1.7306	12	43.1	0.03	0.977
Crime damage (in yen) per capita	Unmatched	14.97	2.7439	41.9		3.85	0.000
	Matched	3.0993	2.8058	1	97.6	-0.22	0.828
Factory workers per capita	Unmatched	0.1293	0.04819	58.2		5.34	0.000
	Matched	0.04215	0.05055	-6	89.6	-1.4	0.164
Number of commercial cars and trucks per capita	Unmatched	0.03411	0.00511	50.2		4.75	0.000
	Matched	0.00624	0.00628	-0.1	99.9	-1.54	0.125
Pawnbroker lending per capita	Unmatched	10.18	9.6944	10		0.7	0.482
	Matched	10.93	10.816	2.3	76.5	-1.22	0.223
Percentage of residents killed in the quake	Unmatched	0.01593	0.03279	-29.8		-1.8	0.073
	Matched	0.02183	0.02429	-4.3	85.4	0.74	0.461
Shitamachi dummy variable	Unmatched	0.55357	0.60112	-9.6		-0.63	0.530
	Matched	0.65789	0.60526	10.6	-10.7	0.74	0.460

TABLE A2. Average treatment effects for the social capital variables

Matching method	ATE for higher than average number of political gatherings	Number of observations on common support	ATE for higher than average voter turnout	Number of observations on common support
Kernel	0.019545	207	0.03337	53
Radius	0.020617	207	0.038703	55
Nearest neighbor without replacement	0.02391	76	0.037115	52
Nearest neighbor	0.02011	207	0.040164	55
Mahalanobis	0.02319	207	0.034442	55

Note: Matching was carried out on area of the precinct (square km), crime damage (in yen) per capita, factory workers per capita, number of commercial cars and trucks per capita, pawnbroker lending per capita, percentage of residents killed in the quake, and Shitamachi dummy variable.

TABLE A3. Estimated variable impact on population growth rate

Variable	Coefficients from TSCS model 1 (random effects, GLS)	Coefficients from TSCS model 2 (random effects, GLS)	Coefficients from TSCS model 3 (fixed effects)	Coefficients from TSCS model 4 (panel-corrected standard errors)
Area of the precinct (square km)	0.00306 (0.0045)	.00126 (.0075)	...	.00126 (.0029)
Crime damage (in yen) per capita	-0.00014 (.0003)	-.00026 (.0013)	-.000143 (0.0004)	-.00026 (.0016)
Factory workers per capita	-0.0424 (0.073)	-.0451 (.126)	-.928 (0.35)	-.045 (.093)
Number of commercial cars and trucks per capita	-0.0552 (0.245)	-.00835 (1.08)	-.243 (0.335)	-.00835 (1.39)
Pawnbroker lending per capita	-0.00079 (0.00093)	-.00059 (.0015)	-.003 (0.001)	-.00059 (.001)
Percentage of residents killed in the quake	0.0876 (0.0611306)	.0889 (.0979)	...	.0889 (.056)
Shitamachi dummy variable	0.0208** (0.0098)	.0363** (.0176)	...	.0363 (.029)
Voter turnout in municipal elections (1929 and 1933)	...	.00165* (.00094)	...	.00165*** (.0004)
Higher than average numbers of political gatherings per year (dummy)	.0181** (0.0083)	.0209** (.011)	.0440*** (0.012)	.0209*** (.0085)
_cons	0.0055	-.11	.104	-.11
sigma_u	0.0000	0.0000		
sigma_e	0.0490	0.0470		
Observations	234	78	234	78

Note: Standard errors are listed underneath the estimated coefficients. *$p<0.1$, **$p<0.05$, ***$p<0.01$.

TABLE A4. Coefficients for three models of population growth rate

Dependent variable: population growth rate	Model 1: fixed effects	Model 2: panel-corrected standard errors	Model 3: Prais-Winsten regression (panel-corrected standard errors with first-order autocorrelation)
Population growth rate (lagged)	0.131***	0.267***	0.230***
	0.042	0.063	0.059
Percentage of population affected by the earthquake	(dropped)	0.011**	0.011**
		0.004	0.005
Welfare-dependent households per capita	−0.983***	−1.73***	−1.69***
	0.334	0.388	0.414
NPOs created per capita (lagged)	43.01**	90.1***	84.7***
	20.950	27.700	28.00
Population density	−0.00001	−0.000008***	0.00***
	0.000	0.000	0.000
Socioeconomic inequality (lagged)	0.027	0.022***	0.021***
	0.018	0.006	0.005
_cons	0.074	0.035	0.035
	0.059	0.006	0.007
sigma_u	0.024		
sigma_e	0.003		
rho	0.989		0.215

Note: Standard errors are listed underneath the estimated coefficients. **$p<0.05$, ***$p<0.01$.

TABLE A5. Estimated coefficients for days spent in IDP camps

Dependent variable: days spent in IDP camps	Negative binomial (IRR)
Nagapattinam District (dummy)	0.314***
	0.13
Cuddalore District (dummy)	0.356***
	0.14
Thiruvallur District (dummy)	0.153***
	0.08
Scheduled Tribe percentage	1.24
	0.77
Scheduled Caste percentage	2.26**
	0.88
Most Backward Caste percentage	1.83
	0.83
Homes owned per family	2.34
	1.46
Percentage of families making between 0 and 500 rupees per week	1.33
	0.40
Contact only with the government of India	1.22
	0.48
Contact only with NGOs, private organizations, political parties, or the villagers themselves	1.85
	1.06
Contact with the government and at least one other group	2.31
	1.23
/lnalpha	−0.52
	0.20
alpha	0.59
	0.12
N	61

Note: Standard errors are listed underneath the estimated coefficients. ***$p<0.01$, **$p<0.05$, *$p<0.1$.

付録 1　統計表

TABLE A6. Estimated coefficients for percentage of eligible families receiving supplies

Dependent variable: percentage of eligible families receiving relief supplies	Two-limit tobit
Nagapattinam District (dummy)	0.206**
	0.091
Cuddalore District (dummy)	0.171*
	0.097
Thiruvallur District (dummy)	−0.157
	0.125
Homes owned per family	0.669***
	0.164
Percentage of families making between 0 and 500 rupees per week	0.003
	0.074
Contact only with the government of India	−0.032
	0.105
Contact only with NGOs, private organizations, political parties, or the villagers themselves	0.283**
	0.145
Contact with the government and at least one other group	0.224
	0.137
Constant	−0.099
	0.255
/sigma	0.217
	0.021
N	62

Note: Standard errors are listed underneath the estimated coefficients. ***$p<0.01$, **$p<0.05$, *$p<0.1$.

TABLE A7. Estimated coefficients for percentage of eligible families receiving 4,000 rupees

Dependent variable: percentage of eligible families receiving 4,000 rupees	Two-limit tobit
Nagapattinam District (dummy)	0.839***
	0.32
Cuddalore District (dummy)	0.36
	0.36
Kanyakumari District (dummy)	1.348***
	0.52
Scheduled Caste percentage	−0.555*
	0.29
Percentage of families making 300 rupees per week or less	−0.10
	0.35
Homes owned per capita	5.3*
	2.72
Constant	−0.48
	0.77
/sigma	0.56
	0.14
N	43

Note: Standard errors are listed underneath the estimated coefficients. ***$p<0.01$, **$p<0.05$, *$p<0.1$.

TABLE A8. Estimated coefficients for amount of relief aid

Outcome: amount of relief aid (rupees)	OLS standardized coefficient	Standard error
Age (at tsunami)	113.2983*	69.87
Education	531.3972**	215.89
Sex (male = 1)	1348.45	2336.88
Position in family (head, wife, child, parent, grandchild, grandparent, nephew, parent-in-law)	-462.69	1049.46
Marital status (1 = married, 2 = not married, 3 = divorced, 4 = widow)	3632.174*	2194.69
Family business/self-employed (dummy)	7508.94	6305.45
Hired worker (dummy)	3422.71	5098.57
Housewife/unpaid family worker (dummy)	2554.76	3823.82
Student (dummy)	2508.93	2972.72
Fisher (dummy)	-3765.36	5717.20
Farmer (dummy)	-5657.78	6096.20
Family lost house in tsunami (dummy)	63248.08***	4344.40
Family lost member in tsunami (dummy)	62705.87***	3858.21
Family's house or assets damaged by tsunami (dummy)	4774.193*	2600.10
Family Scheduled Caste	(dropped)	
Family Scheduled Tribe	(dropped)	
Family Backward Caste	19692.5***	5832.24
Family Most Backward Caste	24140.7***	5662.22
Family relief aid from government only	6630.818*	3955.60
Family relief aid from NGO sources only	12295.28**	5773.28
Family relief from government and NGO	6796.793*	3440.31
Family contact with government only (Dec.-Jan.)	-1923.06	2736.80
Family contact with government only (Jan.-Feb.)	-22514.87***	3092.38
Number of funerals family attended (Oct.-Dec. '04)	558.8231***	187.86
Amount of money family gave at weddings (Oct.-Dec. '04)	16.32697***	4.76
Constant	-27144.27	10009.67

Note: *$p<0.1$, **$p<0.05$, ***$p<0.01$.

付録1　統計表

TABLE A9. Negative binominal regression model coefficients

Dependent variable: number of trailer units (negative binomial model)	Co-efficient	Robust standard error	z	P>|z|	Low 95 percent confidence interval	High 95 percent confidence interval
New Orleans (dummy variable)	0.986198	0.412185	2.39	0.017	0.17833	1.794065
Area	-0.001488	0.001146	-1.3	0.194	-0.00374	0.000758
Population density	-0.000165	0.000044	-3.74	0.001	-0.00025	-7.8E-05
House prices	-8.72E-07	5.47E-06	-0.16	0.873	-1.2E-05	9.85E-06
Percentage of population who attended high school	0.033492	0.013797	2.43	0.015	0.006451	0.060533
Percentage of population who are not white	0.014204	0.005586	2.54	0.011	0.003255	0.025154
Percentage of population who are unemployed	-0.211801	0.064027	-3.31	0.001	-0.33729	-0.08631
Voter turnout	-5.26376	1.495056	-3.52	0.000	-8.19402	-2.3335
Flood damage	0.20741	0.085361	2.43	0.015	0.040106	0.374714
_cons	7.249693	1.08301	6.69	0	5.127032	9.372355
/lnalpha	/lnalpha	-0.127247	0.120351		-0.36313	0.108637
alpha	alpha	0.880516	0.105971		0.695496	1.114757

TABLE A10. Negative binominal regression model coefficients

Dependent variable: number of trailer parks (negative binomial model, robust standard errors)	Coefficient	Robust standard error	z	P>|z|	Low 95 percent confidence interval	High 95 percent confidence interval
New Orleans (dummy variable)	1.182	0.397	2.980	0.003	0.405	1.959
Area	-0.001	0.001	-1.210	0.224	-0.003	0.001
Population density	0.000	0.000	-0.210	0.835	0.000	0.000
House prices	0.000	0.000	-0.940	0.347	0.000	0.000
Percentage of population who attended high school	0.038	0.010	3.670	0.000	0.018	0.059
Percentage of population who are not white	0.006	0.005	1.380	0.168	-0.003	0.016
Percentage of population who are unemployed	-0.078	0.052	-1.490	0.135	-0.181	0.024
Voter turnout	-5.278	1.460	-3.610	0.000	-8.140	-2.416
Flood damage	0.186	0.096	1.920	0.054	-0.003	0.374
_cons	2.115	0.897	2.360	0.018	0.358	3.873
/lnalpha	-1.109	0.190	-1.482	-0.736		
alpha	0.330	0.063	0.227	0.479		

付録2　インタビュー訪問先

（1）インド
・27人への個人インタビュー。
NPO・NGO関係
・NGO Coordination and Resource Center（NGOCRC）
・South Indian Federation of Fishermen Societies
・People's Watch

学術組織関係
・Tata Institute of Social Sciences
・Jawaharlal Nehru University
・Dakshin Foundation
・M. S. Swaminathan Research Foundation

（2）日　本
・20人への個人インタビュー。
地方自治体関係
・神戸都市問題研究所

NPO・NGO関係
・芝生スピリット
・被災地NGO協働センター
・なかよし会
・神戸・市民交流会
・東灘地域助け合いネットワーク

学術組織関係
・神戸大学
・東京大学
・首都大学東京
・石巻専修大学

（3）ニューオーリーンズ

・30人への個人インタビュー。

地方政府関係
・New Orleans City Hall

NPO・NGO関係
・Bywater Neighborhood Association
・Central City Partnership
・Chabad Lubavitch of New Orleans
・Committee for a Better New Orleans（CBNO）
・East New Orleans Neighborhood Advisory Commission
・Gentilly Terrace and Gardens Improvement Association
・Holy Cross Neighborhood Association
・Jewish Federation of New Orleans
・Kid Camera Project
・Louisiana Association of Nonprofit Organizations（LANO）
・Louisiana Family Recovery Corps
・Mary Queen of Vietnam Catholic Church and Community Development Center
・Roots of Music
・Touro Bouligny Neighborhood Association
・Trinity Christian Community
・United Jewish Communities

学術組織関係
・Tulane University
・University of New Orleans

コンサル・計画関連企業関係
・AFL-CIO Investment
・Trust Concordia, LLC

参考文献

Acheson, James. 1981. Anthropology of Fishing. *Annual Review of Anthropology* 10: 275-316.

Adger, W. Neil. 2003. Social Capital, Collective Action, and Adaptation to Climate Change. *Economic Geography* 79(4): 387-404.

Adger, W. Neil; Hughes, Terry P.; Folke, Carl; Carpenter, Stephen R.; and Rockström, Johan. 2005. Social-Ecological Resilience to Coastal Disasters. *Science* 309: 1036-1039.

Agrawal, Arun. 2005. Environmentality: Community, Intimate Government, and the Making of Environmental Subjects in Kumaon, India. *Current Anthropology* 46(2): 161-190.

Ahern, Jennifer, and Galea, Sandro. 2006. Social Context and Depression After a Disaster: The Role of Income Inequality. *Journal of Epidemiology and Community Health* 60(9): 766-770.

Ahlers, Douglas; Plyer, Allison; and Weil, Frederick. 2008. Where Is the Money? Presentation downloaded from http://gnocdc.s3.amazonaws.com/reports/HurricaneFundingGap.pdf.

Ahn, T. K., and Ostrom, Elinor. 2008. Social Capital and Collective Action. In Dario Castiglione, Jan W. van Deth, and Guglielmo Wolleb, eds., *The Handbook of Social Capital*, 70-100. New York: Oxford University Press.

Albala-Bertrand, J. M. 1993. *Political Economy of Large Natural Disasters: With Special Reference to Developing Countries*. Oxford: Clarendon Press.

——. 2000. Complex Emergencies versus Natural Disasters: An Analytical Comparison of Causes and Effects. *Oxford Development Studies* 28(2): 187-204.

Aldrich, Daniel P. 2005. Controversial Facility Siting: Bureaucratic Flexibility and Adaptation. *Journal of Comparative Politics* 38(1): 103-123.

——. 2008a. Location, Location, Location: Selecting Sites for Controversial Facilities. *Singapore Economic Review* 53(1): 145-172.

——. 2008b. *Site Fights: Divisive Facilities and Civil Society in Japan and the West*. Ithaca, NY: Cornell University Press.

——. 2008c. The Crucial Role of Civil Society in Disaster Recovery and Japan's Emergency Preparedness. *Japan aktuell* [Journal of current Japanese affairs] 3 (September): 81-96.

——. 2011. Between Market and State: Directions in Social Science Research on Disaster. *Perspectives on Politics.* 9(1): 61-68.

Aldrich, Daniel P., and Crook, Kevin. 2008. Strong Civil Society as a Double-Edged Sword: Siting Trailers in Post-Katrina New Orleans. *Political Research Quarterly* 61(3): 378-389.

Aldrich, Daniel P., and Kage, Rieko. 2003. Mars and Venus at Twilight: A Critical Investigation of Moralism, Age Effects, and Sex Differences. *Political Psychology* 24(1): 23-40.

Alesch, Daniel; Arendt, Lucy A.; and Holly, James. 2009. *Managing for Long Term Community Recovery in the Aftermath of Disaster*. Fairfax, VA: Public Entity Risk Institute.

Alexander, Rajan. 2006. *Tsunami-Build Back Better: Mantra Aside, an Aid Gone Wrong Story?* Bangalore: Development Consultancy Group.

Almond, Gabriel A., and Verba, Sidney. 1963. *The Civic Culture: Political Attitudes and Democracy in Five Nations*. Princeton, NJ: Princeton University Press.

Anderson, Mary, and Woodrow, Peter. 1998. *Rising from the Ashes: Development Strategies in Times of Disaster*. Boulder, CO: Lynne Rienner.

Angrist, Joshua D., and Krueger, Alan B. 1999. Empirical Strategies in Labor Economics, In Orley Ashenfelter and David Card, eds., *Handbook of Labor Economics*, 3:1277-1366. Amsterdam: North-Holland.

Appleseed. 2006. *A Continuing Storm: The On-going Struggles of Hurricane Katrina Evacuees*. Washington, DC: Appleseed.

Apter, David, and Sawa, Nagayo. 1984. *Against the State: Politics and Social Protest in Japan*. Cambridge, MA: Harvard University Press.

荒木二郎 (2003)「少年警察とボランティア」『警察学論集』56(2):10.

Arrow, Kenneth. 1999. Observations on Social Capital. In Partha Dasgupta and Ismail Serageldin, eds., *Social Capital: A Multifaceted Perspective*. Washington, DC: World Bank.

Arvin, Mak; Piretti, Anna; and Lew, Byron. 2002. Biases in the Allocation of Foreign Aid: The Case of Italy. *Review of Economic Conditions in Italy*, no. 2 (May-August): 305-312.

Arya, Anand; Mandal, G. S.; and Muley, E. V. 2006. Some Aspects of Tsunami Impact and Recovery in India. *Disaster Prevention and Management* 15(1): 51-66.

Athukorala, Prema-Chandra, and Resosudarmo, Budy P. 2006. The Indian Ocean Tsunami: Economic Impact, Disaster Management and Lessons. *Asian Economic Papers* 4(1): 1-39.

Atkinson, Matthew, and Fowler, Anthony. 2010. The Effect of Social Capital on Voter Turnout: Evidence from Saint's Day Fiestas in Mexico. Working paper available at http://papers.ssrn.com/sol3/papers.cfm?abstract_id=1808110.

Atwood, Roger. 2009. To Catch a Looter. *New York Times*, 13 October.

Auerswald, Philip; Branscomb, Lewis; La Porte, Todd; and Michel-Kerjan, Erwann, eds. 2006. *Seeds of Disaster, Roots of Response: How Private Action Can Reduce Public Vulnerability*. New York: Cambridge University Press.

Auletta, Ken. 2011. The Dictator Index: A Billionaire Battles a Continent's Legacy of Misrule. *New Yorker*, 7 March, 42–55.

Axelrod, Robert. 1984. *The Evolution of Cooperation*. New York: Basic Books.

Bailer, Stefanie, Bodenstein, Thilo, and Heinrich, V. Finn. 2007. What Makes Civil Society Strong? Testing Bottom-Up and Top-Down Theories of a Vibrant Civil Society. Paper presented at Effective and Legitimate Governance Conference, 13–14 July, Darmstadt, Germany.

Bakewell, Oliver. 2001. Refugee Aid and Protection in Rural Africa: Working in Parallel or Cross-Purposes? Working Paper no. 35, United Nations High Commission for Refugees.

Baltagi, Badi. 2005. *Econometric Analysis of Panel Data*. 3rd ed. West Sussex, UK: John Wiley.

Banerjee, Abhijit; Deaton, Angus; and Duflo, Esther. 2004. Health Care Delivery in Rural Rajasthan. *Economic and Political Weekly* 39 (9): 944–949.

Banerjee, Paula, and Chaudhury, Sabyasachi Basu Ray. 2005. Report on a Symposium on Tsunami and the Issues of Relief, Rehabilitation and Resettlement. *Forced Migration Review* (special issue), 42–43.

Banfield, Edward, and James Wilson. 1963. *City Politics*. New York: Vintage Press.

Bankston, Carl, and Zhou, Min. 2002. Social Capital as Process: The Meanings and Problems of a Theoretical Metaphor. *Sociological Inquiry* 72(2): 285–317.

Bates, Frederick, and Peacock, Walter Gilis. 1989. Long Term Recovery. *International Journal of Mass Emergencies and Disasters* 7(3): 349–366.

Bates, Lisa, and Green, Rebekah. 2007. Misuses of Data: What Counts as Damage in Post- Katrina New Orleans Recovery Planning. Working paper, University of Illinois, Urbana-Champaign.

———. 2009. Housing Recovery in the Ninth Ward: Disparities in Policy, Process, and Prospects. In Robert Bullard and Beverly Wright, eds., *Race, Place, and Environmental Justice after Hurricane Katrina*, 229–245. Philadelphia: Westview Press.

Baum, Dan. 2006. Deluged: When Katrina Hit, Where Were the Police? *New Yorker*, 9 January, 50–63.

Bavinck, Maarten. 1997. Changing Balance of Power at Sea: Motorisation of

Artisanal Fishing Craft. *Economic and Political Weekly* 32 (5): 198-200.

———. 2001. Caste Panchayats and the Regulation of Fisheries along Tamil Nadu's Coromandel Coast. *Economic and Political Weekly* 36(13): 1088-1094.

———. 2003. The Spatially Splintered State: Myths and Realities in the Regulation of Marine Fisheries in Tamil Nadu, India. *Development and Change* 34(4): 633-657.

———. 2005. Understanding Fisheries Conflict in the South—a Legal-Pluralist Perspective. *Society and Natural Resources* 18(9): 805-820.

———. 2008. Collective Strategies and Windfall Catches: Fisher Responses to Tsunami Relief Efforts in South India. *Transforming Cultures eJournal* 3(2): 76-92.

Bayley, David. 1991. *Forces of Order: Policing Modern Japan*. Berkeley: University of California Press.

Bayly, Susan. 2001. *Caste, Society, and Politics in India from the Eighteenth Century to the Modern Age*. New York: Cambridge University Press.

Beck, Nathaniel, and Katz, Jonathan. 2004. Time-Series Cross-Section Issues: Dynamics. Draft paper available at http://polmeth.wustl.edu/mediaDetail.php?docId=36.

———. 2009. Modeling Dynamics in Time-Series Cross-Section Political Economy Data. Working paper available at http://ideas.repec.org/p/clt/sswopa/1304.html.

Becker, Gary. 2005. And the Economics of Disaster Management. *Wall Street Journal* (Eastern edition), 4 January, A12.

Beggs, John; Haines, Valerie; and Hurlbert, Jeanne. 1996a. Situational Contingencies Surrounding the Receipt of Informal Support. *Social Forces* 75(1): 201-222.

———. 1996b. The Effects of Personal Network and Local Community Contexts on the Receipt of Formal Aid during Disaster Recovery. *International Journal of Mass Emergencies and Disasters* 14: 57-78.

Begley, Sharon, and McKillop, Peter. 1995. Lessons of Kobe. *Newsweek*, 30 January, 24.

Bellah, Robert; Madsen, Richard; Sullivan, William; Swidler, Ann; and Tipton, Steven. 1985. *Habits of the Heart: Individualism and Commitment in American Life*. New York: Harper and Row.

Benning, Tom. 2010. Katrina Population May Help Texas Gain 4th U.S. House Seat. *Dallas Morning News* 20 January.

Benson, Charlotte, and Clay, Edward. 2004. *Understanding the Economic and Financial Impacts of Natural Disasters*. Washington, DC: World Bank.

Berke, Philip; Beatley, Timothy; and Feagin, Clarence. 1993. *Hurricane Gilbert Strikes Jamaica: Linking Disaster Recovery to Development*. HRRC Article 89A.

College Station: Texas A&M University, Hazard Reduction and Recovery Center.

Berke, Philip, and Campanella, Thomas. 2006. Planning for Postdisaster Resiliency. *Annals of the American Academy of Political and Social Science* 604: 192-207.

Berman, Sheri. 1997. Civil Society and the Collapse of the Weimar Republic. *World Politics* 49(3): 401-429.

Bhandari, Roshan; Yokomatsu, Muneta; Okada, Norio; and Ikeo, Hitoshi. 2010. Analyzing Urban Rituals with Reference to Development of Social Capital for Disaster Resilience. *IEEE Systems, Man, and Cybernetics Conference Proceedings*, 10-13 October, 3477-3482.

Bhavnani, Ravi, and Backer, David. 2007. Social Capital and Political Violence in Sub-Saharan Africa. Paper presented at the 1 September annual meeting of the American Political Science Association, Chicago.

Bindra, Satinder. 2005. *Tsunami: 7 Hours That Shook the World*. New Delhi: HarperCollins.

Birkland, Thomas. 2006. *Lessons of Disaster: Policy Change after Catastrophic Events*. Washington, DC: Georgetown University Press.

———. 2009. Disasters, Catastrophes, and Policy Failure in the Homeland Security Era. *Review of Policy Research* 26(4): 423-438.

Birner, Regina, and Wittmer, Heidi. 2003. Using Social Capital to Create Political Capital: How Do Local Communities Gain Political Influence? A Theoretical Approach and Empirical Evidence from Thailand. In Nives Dolsak and Elinor Ostrom, eds., *The Commons in the New Millennium: Challenges and Adaptations*, 291-334. Cambridge, MA: MIT Press.

Blomkvist, Hans. 2003. Social Capital, Political Participation, and the Quality of Democracy in India. Paper presented at the annual meeting of the American Political Science Association, 28-31 August.

Blumenthal, Ralph. 2007. Stalled Health Tests Leave Storm Trailers in Limbo. *New York Times*, 18 October.

Boin, Arjen; McConnell, Allan; and 'T Hart, Paul. 2008. *Governing after Crisis*. New York: Cambridge University Press.

Boix, Carles, and Posner, Daniel. 1998. Social Capital: Explaining Its Origins and Effects on Government Performance. *British Journal of Political Science* 28(4): 686-693.

Boris, Elizabeth, and Steuerle, C. Eugene. 2006. *After Katrina: Public Expectation and Charities' Response*. Urban Institute and the Hauser Center for Nonprofit Organizations. Cambridge, MA: Harvard University.

Borland, Janet. 2005. Stories of Ideal Japanese Subjects from the Great Kanto Earthquake of 1923. *Japanese Studies* 25(1): 21-34.

———. 2006. Capitalising on Catastrophe: Reinvigorating the Japanese State with Moral Values through Education following the 1923 Great Kanto Earthquake. *Modern Asian Studies* 40(4): 875-907.

Bourdieu, Pierre. 1986. Forms of Capital. In John Richardson, ed., *Handbook of Theory and Research for the Sociology of Education*, 241-60. Westport, CT: Greenwood Press.

Bourne, Joel. 2004. Gone with the Water. *National Geographic Magazine*, October. Accessible at http://ngm.nationalgeographic.com/ngm/0410/feature5.

Bowden, Martyn; Pijawka, David; Roboff, Gary; Gelman, Kenneth; and Amaral, Daniel. 1977. Reestablishing Homes and Jobs: Cities. In J. Eugene Haas, Robert Kates, and Martyn Bowden, eds., *Reconstruction following Disaster*, 69-145. Cambridge MA: MIT Press.

Bowman, Michael. 2010. Obama Calls New Orleans a "Symbol of Resilience" on Katrina Anniversary. *Voice of America*, 29 August.

Bradley Center for Philanthropy and Civic Renewal. 2006. Service in the Storm. Transcript from September conference, Hudson Institute, Washington, DC.

Breiger, Ronald. 2004. The Analysis of Social Networks. In Melissa Hardy and Alan Bryman, eds., *Handbook of Data Analysis*, 505-526. London: Sage.

Brinkley, Douglas. 2007. *The Great Deluge: Hurricane Katrina, New Orleans, and the Mississippi Gulf Coast*. New York: Harper.

Brookings-Bern Project on Internal Displacement. 2008. *Human Rights and Natural Disasters: Operational Guidelines and Field Manual on Human Rights Protection in Situations of Natural Disaster*. Washington, DC: Brookings Institution.

Brueckner, Jan, and Largey, Ann. 2006. Social Interaction and Urban Sprawl. Working paper 1843, Center for Economic Studies and the Ifo Institute.

Brune, Nancy, and Bossert, Thomas. 2009. Building Social Capital in Post-conflict Communities: Evidence from Nicaragua. *Social Science and Medicine* 68: 885-893.

Buckland, Jerry, and Rahman, Matiur. 1999. Community Based Disaster Management during the 1997 Red River Flood in Canada. *Disasters* 23 (2): 174-191.

Bullard, R. D. 1994. *Dumping in Dixie: Race, Class, and Environmental Quality*. Boulder, CO: Westview Press.

Bullard, Robert, and Wright, Beverly, eds. 2009. *Race, Place, and Environmental Justice* after *Hurricane Katrina*. Philadelphia: Westview Press.

Bunch, Martin J.; Franklin, Beth; Morley, David; Kumaran, T. Vasantha; and Suresh, V. Madha. 2005. Research in Turbulent Environments: Slums in Chennai, India and the Impact of the December 2004 Tsunami EcoHealth Project. *Ecohealth* 2: 1-5.

Burnett, John. 2010. Haitian Communities Set Up Neighborhood Watches. National Public Radio, *Morning Edition*, 22 January.

Burns, Peter, and Thomas, Matthew. 2008. The Fiscal Politics of Reconstruction: The Case of New Orleans. Paper presented at the annual meeting of the American Political Science Association, 27-31 August, Boston.

Burnside, Craig, and Dollar, David. 2000. Aid, Policies, and Growth. *American Economic Review* 90 (4): 847-868.

ブッシュ・ノエル・F (1967) 2005.『正午二分前』早川書房.

Bryant, Bunyan, and Mohai, Paul, eds. 1992. *Race and the Incidence of Environmental Hazards: A Time for Discourse*. Boulder, CO: Westview Press.

Callahan, William A. 2005. Social Capital and Corruption: Vote Buying and the Politics of Reform in Thailand. *Perspectives on Politics* 3 (3): 495-508.

Capewell, Elizabeth. 2004. Working with Disaster: Transforming Experience into a Useful Practice. PhD diss., University of Bath.

Caputo, Marc. 2010. New Orleans Is Recovering, and Offering Lessons for Haiti. *Miami Herald*, February.

Cardinas, Juan Camilo, and Carpenter, Jeffrey. 2008. Behavioral Development Economics: Lessons from Field Labs in the Developing World. *Journal of Development Studies* 44 (3): 337-364.

Case, Donald O. 2002. *Looking for Information: A Survey of Research on Information Seeking, Needs, and Behavior*. Amsterdam, NY: Academic Press.

Castiglione, Dario; van Deth, Jan W.; and Wolleb, Guglielmo, eds. 2008. *The Handbook of Social Capital*. New York: Oxford University Press.

Castle, Geoffrey, and Don Munton. 1996. Voluntary Siting of Hazardous Waste Facilities in Western Canada. In Don Munton, ed., *Hazardous Waste Siting and Democratic Choice*. Washington, DC: Georgetown University Press.

Cavallo, Eduardo; Powell, Andrew; and Becerra, Oscar. 2010a. Estimating the Direct Economic Damages of the Earthquake in Haiti. *Economic Journal* 120 (546): F298-F312.

———. 2010b. Catastrophic Natural Disasters and Economic Growth. Working paper, Inter- American Development Bank, Washington, DC.

Cave, Damien. 2010. Fighting Starvation, Haitians Learn to Share Portions. *New York Times*, 25 January.

Cecil, Katherine. 2009. Race, Representation, and Recovery: Documenting the 2006 New Orleans Mayoral Elections. Master's thesis, University of New Orleans.

Chambers, Simone, and Kopstein, Jeffrey. 2001. Bad Civil Society. *Political Theory* 29(6): 837-865. Chamlee-Wright, Emily. 2008. Signaling Effects of Commercial and Civil Society. *International Journal of Social Economics* 35(7/8): 615-626.

———. 2010. *The Cultural and Political Economy of Recovery: Social Learning in a Post-disaster Environment.* New York: Routledge.

Chamlee-Wright, Emily, and Rothschild, Daniel. 2007. *Disastrous Uncertainty: How Government Disaster Policy Undermines Community Rebound.* Mercatus Policy Series, Policy Comment no. 9. Arlington, VA: Mercatus Center at George Mason University.

Chamlee-Wright, Emily, and Storr, Virgil. 2009a. Club Goods and Post-disaster Community Return. *Rationality and Society* 21(4): 429-458.

———. 2009b. There's No Place Like New Orleans: Sense of Place and Community Recovery in the Ninth Ward after Hurricane Katrina. *Journal of Urban Affairs* 31(5): 615-634.

———. 2010. Expectations of Government Response to Disaster. *Public Choice* 144 (1): 253-274.

Chandra, Anita, and Acosta, Joie. 2009. The Role of Nongovernmental Organizations in Long-Term Human Recovery after Disaster. RAND Occasional Paper.

Chandra, Anita; Acosta, Joie; Meredith, Lisa; Sanches, Katherine; Stern, Stefanie; Uscher-Pines, Lori; Williams, Malcolm; and Yeung, Douglas. 2010. Understanding Community Resilience in the Context of National Health Security: A Literature Review. Rand Working Paper WR-737-DHHS.

Chandran, P. n.d. Role of National Disaster Management System in the Context of South Asia Tsunami 2004. Accessed at http://info.worldbank.org/etools/docs/library/239529/Best%20 End%20of%20Course%20Project-P%20Chandran.pdf.

Chandrasekhar, Divya. 2010. Understanding Stakeholder Participation in Post-disaster Recovery (Case Study: Nagapattinam, India. PhD diss., University of Illinois at Urbana-Champaign.

Chang, Stephanie. 2000. Disasters and Transport Systems: Loss, Recovery and Competition at the Port of Kobe after the 1995 Earthquake. *Journal of Transport Geography* 8: 53-65.

———. 2001. Structural Change in Urban Economies: Recovery and Long-Term Impacts in the 1995 Kobe Earthquake. *Journal of Economics and Business Administration* (『国民経済雑誌』) 183(1): 47-66.

Chen, Yi Feng; Yi, Kang; Tjosvold, Dean; and Guo, Cathy Yang. 2011. Recovery from the 2008 Great Sichuan Earthquake in China: Constructive Controversy and Relationships. Paper presented at the annual meeting of the Academy of Management, 12-16 August, San Antonio, TX.

Chenoweth, Erica, and Stephan, Maria. 2011. *Why Civil Resistance Works: The Strategic Logic of Nonviolent Conflict*. New York: Columbia University Press.

Christakis, Nicholas, and Fowler, James. 2007. The Spread of Obesity in a Large Social Network over 32 Years. *New England Journal of Medicine* 357 (4): 370-379.

Clancey, Gregory. 2006a. *Earthquake Nation: The Cultural Politics of Japanese Seismicity, 1868-1930*. Berkeley: University of California Press.

———. 2006b. The Meiji Earthquake: Nature, Nation, and the Ambiguities of Catastrophe. *Modern Asian Studies* 40(4): 909-951.

Clark, George E. 2001. Vulnerability to Coastal Flood Hazards in Revere, Massachusetts: A Social Component of Risk. PhD diss., Clark University.

Clarke, Lee. 1999. *Mission Improbable: Using Fantasy Documents to Tame Disaster*. Chicago: University of Chicago Press.

Clingermayer, James. 1994. Electoral Representation, Zoning Politics, and the Exclusion of Group Homes. *Political Research Quarterly* 47(4): 969-984.

Coffé, Hilde, and Geys, Benny. 2005. Institutional Performance and Social Capital: An Application to the Local Government Level. *Journal of Urban Affairs* 27(5): 485-501.

Cohen, Charles, and Werker, Eric. 2008. The Political Economy of "Natural" Disasters. *Journal of Conflict Resolution* 52(6): 795-819.

Cohen, Jean, and Arato, Andrew. 1992. *Civil Society and Political Theory*. Cambridge, MA: MIT Press.

Cohen, Joshua, and Rogers, Joel, eds. 1995. *Associations and Democracy*. New York: Verso Books.

Coleman, James S. 1988. Social Capital in the Creation of Human Capital. *American Journal of Sociology* 94, suppl., Organizations and Institutions: Sociological and Economic Approaches to the Analysis of Social Structure, S95-S120.

———. 1990, *Foundations of Social Theory*. Cambridge, MA: Harvard University Press.

Comfort, Louise K. 2005. Fragility in Disaster Response: Hurricane Katrina, 29 August 2005. *Forum* 3(3): 1-8.

Committee on Homeland Security and Governmental Affairs [HSGAC]. 2008. Hearing before the Ad Hoc Subcommittee on Disaster Recovery of the

Committee on Homeland Security and Governmental Affairs, United States Senate, 110th Congress, 23 September.

Cooley, Alexander, and Ron, James. 2002. The NGO Scramble: Organizational Insecurity and the Political Economy of Transnational Action. *International Security* 27(1): 5-39.

Cosh, Colby. 2008. In Wal-Mart We Trust. *National Post*, 1 April.

Cox, Kevin R. 1982. Housing Tenure and Neighborhood Activism. *Urban Affairs Review* 18(1): 107-129.

Coyne, Christoper. 2010. Critical Dialogue: Review of Graciana del Castillo's Rebuilding War- Torn States. *Perspectives on Politics* 8(1): 302-304.

Craemer, Thomas. 2010. Evaluating Racial Disparities in Hurricane Katrina Relief Using Direct Trailer Counts in New Orleans and FEMA Records. *Public Administration Review* 70(3): 367-377.

Cuaresma, Jesus; Hlouskova, Jaroslava; and Obersteiner, Michael. 2008. Natural Disasters as Creative Destruction? Evidence from Developing Countries. *Economic Inquiry* 46(2): 214-226.

Curtis, Donald E.; Hlady, Chris; Pemmaraju, Sriram; Segre, Alberto; and Polgreen, Phil. 2010. Social Network Influence on Vaccination Uptake among Healthcare Workers. Paper presented at the 5th Decennial International Conference on Healthcare-Associated Infections, Atlanta.

Curtis, Wayne. 2007. Block by Block. *Preservation*, September/October, 22-37.

Cutter, Susan; Boruff, Bryan; and Shirley, W. Lynn. 2003. Social Vulnerability to Environmental Hazards. *Social Science Quarterly* 84(2): 242-261.

Cutter, Susan, and Emrich, Christopher. 2006. Moral Hazard, Social Catastrophe: The Changing Face of Vulnerability along the Hurricane Coasts. *Annals of the American Academy of Political and Social Science* 604: 102-112.

Cutter, Susan, and Finch, Christina. 2008. Temporal and Spatial Changes in Social Vulnerability to Natural Hazards. *Proceedings of the National Academy of Sciences* 105(7): 2301-2306.

DaCosta, Elsa, and Turner, Sarah. 2007. Negotiating Changing Livelihoods: The Sampan Dwellers of Tam Giang Lagoon, Viet Nam. *Geoforum* 38: 190-206.

Dacy, Douglas, and Kunreuther, Howard. 1969. *The Economics of Natural Disasters: Implications for Federal Policy*. New York: Free Press.

Dahal, Ganga Ram, and Adhikari, Krishna. 2008. Bridging, Linking, and Bonding Social Capital in Collective Action: The Case of Kalahan Forest Reserve in the Philippines. CAPRI Working Paper 79, Washington, DC.

Dahlmann, Joseph. 1924. *The Great Tokyo Earthquake: September 1, 1923:*

Experiences and Impressions of an Eye-Witness. Translated by Victor Gettelman. New York: America Press.

Daniel, Sam. 2005. Tsunami Relief: Tranquebar Faces Problem of Plenty. New Delhi Television, 24 December.

Daniels, Thomas, and Steinberg, Harris. 2006. Lessons from Sri Lanka. In Eugenie Birch and Susan Wachter, eds., *Rebuilding Urban Places after Disaster: Lessons from Hurricane Katrina*, 244-255. Philadelphia: University of Pennsylvania Press.

Darcy, James. 2004. The Indian Ocean Tsunami Crisis: Humanitarian Dimensions. Working paper, Humanitarian Policy Group.

Dash, Nicole; Peacock, Walter; and Morrow, Betty. 2000. And the Poor Get Poorer: A Neglected Black Community. In Walter Peacock, Betty Morrow, and Hugh Gladwin, eds., *Hurricane Andrew: Ethnicity, Gender, and the Sociology of Disasters*, 206-225. Miami: International Hurricane Center.

Davis, Belinda, and Bali, Valentina. 2008. Examining the Role of Race, NIMBY, and Local PoliGtics in FEMA Trailer Park Placement. *Social Science Quarterly* 89 (5): 1175-1194.

Davis, Donald R., and Weinstein, David E. 2002. Bones, Bombs, and Break Points: The Geography of Economic Activity. *American Economic Review* 92 (5): 1269-1289.

De Allesi, Louis. 1975. Towards an Analysis of Postdisaster Cooperation. *American Economic Review* 65(1): 127-138.

DeFilippis, James. 2001. The Myth of Social Capital in Community Development. *Housing Policy Debate* 12(4): 781-806.

de Hart, Joep, and Dekker, Paul. 2003. A Tale of Two Cities: Local Patterns of Social Capital. In Marc Hooghe and Dietlind Stole, eds., *Generating Social Capital: Civil Society and Institution in Comparative Perspective*, 153-169. New York: Palgrave.

De Souza Briggs, Xavier. 1998. Brown Kids in White Suburbs: Housing Mobility and the Many Faces of Social Capital. *Housing Policy Debate* 9(1): 177-221.

Diez de Ulzurrun, Laura Morales. 2002. Associational Membership and Social Capital in Comparative Perspective: A Note on the Problems of Measurement. *Politics and Society* 30(3): 497-523.

Djupe, Paul; Sokhey, Anand; and Gilbert, Christopher. 2007. Present but Not Accounted For? Gender Differences in Civic Resource Acquisition. *American Journal of Political Science* 51(4): 906-920.

Donner, William, and Rodriguez, Havidan. 2008. Population Composition, Migration and Inequality: The Influence of Demographic Changes on Disaster Risk and

Vulnerability. *Social Forces* 87(2): 1089-1114.

Dorairaj, S. 2005. Critical Gaps in Rebuilding Tsunami Hit Villages. *Hindu*, 23 October, 1.

——. 2009. Spreading Menace. *Frontline* 26(8): 11-24.

Doteuchi, Akio. 2002. Community Currency and NPOs-a Model for Solving Social Issues in the 21st Century. Research Paper 163, NLI Research Institute.

Dow, Kirstin. 1999. The Extraordinary and the Everyday in Explanations of Vulnerability to an Oil Spill. *Geographical Review* 89(1): 74-93.

Dowling, J. M., and Hiemenz, Ulrich. 1985. Biases in the Allocation of Foreign Aid: Some New Evidence. *World Development* 13(4): 535-541.

Dueñas-Osorio, Leonardo; Buzcu-Guven, Birnur; Stein, Robert; and Subramanian, Devika. 2011. Engineering-Based Hurricane Risk Estimates and Comparison to Perceived Risks in Storm-Prone Areas. *Natural Hazards Review* 13(1): 45-56.

Dynes, Russell. 1989. Conceptualizing Disaster in Ways Productive for Social Science Research. Seminar on Research in Socio-economic Aspects of Disaster, Bangkok, Thailand, 22-24 March.

——. 2005. Community Social Capital as the Primary Basis of Resilience. Preliminary Paper 344, University of Delaware Disaster Research Center.

Dynes, Russell, and Quarantelli, E. L. 2008. A Brief Note on Disaster Restoration, Reconstruction, and Recovery: A Comparative Note Using Post Earthquake Observations. Preliminary Paper 359, University of Delaware Disaster Research Center.

Easterly, William. 2001. *The Elusive Quest for Growth: Economists' Adventures and Misadventures in the Tropics*. Cambridge, MA: MIT Press.

——. 2006. *The White Man's Burden: Why the West's Efforts to Aid the Rest Have Done So Much Ill and So Little Good*. New York: Penguin Books.

Eaton, Leslie. 2007a. New Orleans Recovery Is Slowed by Closed Hospitals. *New York Times*, 24 July.

——. 2007b. Critics Cite Red Tape in Rebuilding of Louisiana. *New York Times*, 6 November.

Edgington, David. 2010. *Reconstructing Kobe: The Geography of Crisis and Opportunity*. Toronto: UBC Press.

Eisenstadt, S. N. 1951. The Place of Elites and Immigrant Groups in the Absorption of new Immigrants in Israel. *American Journal of Sociology* 57(3): 222-231.

Elliott, James R.; Haney, Timothy J.; and Sams-Abiodun, Petrice. 2010. Limits to Social Capital: Comparing Network Assistance in Two New Orleans

Neighborhoods Devastated by Hurricane Katrina. *Sociological Quarterly* 51(4): 624-648.

Elliott, James R., and Pais, Jeremy. 2006. Race, Class, and Hurricane Katrina: Social Differences in Human Responses to Disaster. *Social Science Research* 35: 295-321.Elster, Jon. 1990. Selfishness and Altruism. In Jane J. Mansbridge, ed., *Beyond Self-Interest*, 44-53. Chicago: University of Chicago Press.

EM-DAT. 2010. International Disaster Database. http://www.emdat.be/.

Enarson, Elaine, and Morrow, Betty. 2000. A Gendered Perspective: The Voices of Women. In Walter Peacock, Betty Morrow, and Hugh Gladwin, eds., *Hurricane Andrew: Ethnicity, Gender, and the Sociology of Disasters*, 116-140. Miami: International Hurricane Center.

Enia, Jason. 2008. Shaking the Foundations: The Effects of Disasters and Institutional Quality on Violent Civil Conflict. Paper presented at annual meeting of the American Political Science Association, 28-31 August, Boston.

Eoh, Min Sun. 1998. A Comparative Study of Recovery Time between Counties That Experience Floods Frequently and Infrequently. PhD diss., Texas A&M University.

Erikson, Kai. 1976. *Everything in Its Path: Destruction of Community in the Buffalo Creek Flood*. New York: Simon and Schuster.

Erselcuk, Muzaffer M. 1947. Electricity in Japan. *Far Eastern Quarterly* 6(3): 283-293.

Etzioni, Amitai. 1988. *The Moral Dimension: Toward a New Economics*. New York: Free Press.

Evans, Neil. 2001. Community Planning in Japan: The Case of Mano, and Its Experience in the Hanshin Earthquake. PhD. diss., School of East Asian Studies, University of Sheffield.

———. 2002. Machi-zukuri as a New Paradigm in Japanese Urban Planning: Reality or Myth? *Japan Forum* 14(3): 443-464.

Faciane, Valerie. 2007. Vietnamese Community Thriving in Eastern New Orleans. *New Orleans Times-Picayune*, 23 April.

Fafchamps, Marcel. 2006. Development and Social Capital. *Journal of Development Studies* 42(7): 1180-1198.

Farr, James. 2004. Social Capital: A Conceptual History. *Political Theory* 32(1): 6-33.

Farrell, Henry, and Knight, Jack. 2003. Trust, Institutions, and Institutional Change: Industrial Districts and the Social Capital Hypothesis. *Politics and Society* 31(4): 537-566.

Field, John. 2003. *Social Capital*. London: Routledge.

Fine, Ben. 2001. *Social Capital versus Social Theory: Political Economy and Social Science at the Turn of the Millennium*. London: Routledge.

Fischer, Henry W. 1998. *Response to Disaster: Fact versus Fiction and Its Perpetuation*. Lanham, MD: University Press of America.

Flanagan, Barry; Gregory, Edward; Hallisey, Elaine; Heitgerd, Janet; and Lewis, Brian. 2011. A Social Vulnerability Index for Disaster Management. *Journal of Homeland Security and Emergency Management* 8(1): article 3.

Fletcher, Michael. 2010. Uneven Katrina Recovery Efforts Often Offered the Most Help to the Most Affluent. *Washington Post*, 27 August.

Foley, Michael W., and Edwards, Bob. 1996. The Paradox of Civil Society. *Journal of Democracy* 7(3): 38-52.

Foner, Nancy, ed. 2005. *Wounded City: The Social Impact of 9/11*. New York: Russell Sage Foundation.

Food and Agricultural Organization of the United Nations [FAO]. 2006. *Report of the Regional Workshop on Rehabilitation in Tsunami Affected Areas*. Bangkok: FAO UN.

Freeman, Lance. 2001. The Effects of Sprawl on Neighborhood Social Ties: An Explanatory Analysis. *Journal of the American Planning Association* 67 (1): 69-77.

Frey, Bruno; Oberholzer-Gee, Felix; and Eichenberger, Reiner. 1996. The Old Lady Visits Your Backyard: A Tale of Morals and Markets. *Journal of Political Economy* 104(6): 1297-1313.

Fritz Institute. 2005a. *Recipient Perceptions of Aid Effectiveness: Rescue, Relief, and Rehabilitation in Tsunami Affected Indonesia, India, and Sri Lanka*. San Francisco: Fritz Institute.

――. 2005b. *Lessons from the Tsunami: Survey of Affected Families in India and Sri Lanka*. San Francisco: Fritz Institute.

復興局(1930)「復興完成記念東京市街地図」東京日日新聞.

Fukuyama, Francis. 1999. Social Capital and Civil Society. Paper presented at the IMF Conference on Second Generation Reforms, 8-9 November, Washington, DC.

――. 2001. Social Capital, Civil Society and Development. *Third World Quarterly* 22(1): 7-20.

Galasso, Emanuela, and Ravallion, Martin. 2005. Decentralized Targeting of an Antipoverty Program. *Journal of Public Economics* 89(4): 705-727.

Galster, George; Cutsinger, Jackie; and Lim, Up. 2007. Are Neighbourhoods Self-stabilising? Exploring Endogenous Dynamics. *Urban Studies* 44(1): 167-185.

Gangadharan, Nipin. 2006. Homeless Blues. *Tsunami Response Watch*, 12 January.

Garvin, Glenn. 2010. Managua a Model of How Not to Rebuild after Quake. *Miami Herald*, 14 February.

Gauthamadas, Udipi. n.d. Social Transformation of the Tsunami Affected Fishing Community: The Concept and the Need. Working paper, Academy for Disaster Management Education Planning and Training.

Geertz, Clifford. 1962. The Rotating Credit Association: A "Middle Rung" in Development. *Economic Development and Cultural Change* 10(3): 241-263.

George, Alexander, and Bennett, Andrew. 2004. *Case Studies and Theory Development in the Social Sciences*. Cambridge MA: MIT Press.

Gerring, John. 2004. What Is a Case Study and What Is It Good For? *American Political Science Review* 98(2): 341-354.

Gibson, Clark C.; Andersson, Krister; Ostrom, Elinor; and Shivakumar, Sujai. 2005. *The Samaritan's Dilemma: The Political Economy of Development Aid*. New York: Oxford University Press.

Gilbert, Roy, and Kreimer, Alcira. 1999. Learning from the World Bank's Natural Disaster Related Assistance. Working paper 2, World Bank, Washington, DC.

Gill, Timothy. 2007. Making Things Worse: How "Caste Blindness" in Indian Post-tsunami Disaster Recovery Has Exacerbated Vulnerability and Exclusion. Dalit Network, Netherlands.

Girard, Chris, and Peacock, Gillis. 2000. Ethnicity and Segregation: Post-hurricane Relocation. In Walter Peacock, Betty Morrow, and Hugh Gladwin, eds., *Hurricane Andrew: Ethnicity, Gender, and the Sociology of Disasters*, 191-205. Miami: International Hurricane Center.

Giroux, Henry. 2006. *Stormy Weather: Katrina and the Politics of Disposability*. Boulder, CO: Paradigm.

Goffman, Erving. 1959. *The Presentation of Self in Everyday Life*. New York: Anchor Books.

Golec, Judith Ann. 1980. Aftermath of Disaster: The Teton Dam Break. PhD diss., Ohio State University.

Gomathy, N. B. 2006a. Pattinavar Panchayats 2: Post Tsunami. Presentation at TRINet Workshop, 15 February.

——. 2006b. Pattinavar Panchayats 1. Presentation TRINet Workshop, 15 February.

——. 2006c. The Role of Traditional Panchayats in Coastal Fishing Communities in Tamil Nadu, with Special Reference to Their Role in Mediating Tsunzami Relief and Rehabilitation. Presented at ICSF Post-tsunami Rehab Workshop, 18-19

January.

Granovetter, Mark. 1973. The Strength of Weak Ties. *American Journal of Sociology* 78(6): 1360-1380.

Grenier, Paola, and Wright, Karen. 2004. Social Capital in Britain: An Update and Critique of Hall's Analysis. Working paper 14, London School of Economics, Centre for Civil Society.

Grootaert, Christiaan; Narayan, Deepa; Jones, Veronica; and Woolcock, Michael. 2003. World Bank Social Capital Thematic Group: Integrated Questionnaire for the Measurement of Social Capital (SC-IQ). World Bank, Washington, DC.

Grootaert, Christian, and van Bastelaer, Thierry. 2002. Understanding and Measuring Social Capital. Paper for The Institutional Approach to Donor-Facilitated Economic Development: Session on Social Capital, 11 January, Washington, DC.

Gupta, Manu, and Sharma, Anshu. 2006. Compounded Loss: the Post Tsunami Recovery Experience of Indian Island Communities. *Disaster Prevention and Management* 15(1): 67-78.

Haas, J. Eugene; Kates, Robert W.; and Bowden, Martyn J., eds. 1977. *Reconstruction following Disaster*. Cambridge, MA: MIT University Press.

Haas, J. Eugene; Trainer, Patricia; Bowden, Martyn; and Bolin, Robert. 1977. Reconstruction Issues in Perspective. In J. Eugene Haas, Robert Kates, and Martyn Bowden, eds., *Reconstruction following Disaster*, 25-68. Cambridge MA: MIT Press.

Haas, Peter. 2004. When Does Power Listen to Truth? A Constructivist Approach to the Policy Process. *Journal of European Public Policy* 11(4): 569-592.

Haddad, Mary Alice. 2007. *Politics and Volunteering in Japan: A Global Perspective*. Cambridge: Cambridge University Press.

―. 2010. From Undemocratic to Democratic Civil Society: Japan's Volunteer Fire Departments. *Journal of Asian Studies* 69(1): 33-56.

萩原泰治・地主敏樹 (2005)「阪神淡路大震災野被害と復興――地域的分析」神戸大学阪神淡路大震災10周年記念学術シンポジウム，神戸大学．

Hamilton, James. 1993. Politics and Social Costs: Estimating the Impact of Collective Action on Hazardous Waste Facilities. *RAND Journal of Economics* 24(1): 101-125.

Hammer, Joshua. 2006. *Yokohama Burning: The Deadly 1923 Earthquake and Fire That Helped Forge the Path to World War II*. New York: Free Press.

Hanes, Jeffrey. 2000. Urban Planning as an Urban Problem: The Reconstruction of Tokyo after the Great Kanto Earthquake. *Policy Science*（『政策科学』）7(3):

123-137.

Haque, C. Emidad. 2003. Perspectives of Natural Disasters in East and South Asia, and the Pacific States. *Natural Hazards* 49: 465-483.

Hardin, Garrett. 1968. The Tragedy of the Commons. *Science* 162(3859): 1243-1248.

Hastings, Sally Ann. 1995. *Neighborhood and Nation in Tokyo, 1905-1937*. Pittsburgh: University of Pittsburgh Press.

Hattori, Kumie. 2003. Reconstruction of Disaster and Recreation of Local Heritage. Presented at International Symposium on Asian Heritage, 22 August to 10 September, Malaysia.

Havens, Thomas. 1977. Japan's Enigmatic Election of 1928. *Modern Asian Studies* 2 (4): 543-555. Hawkins, Robert, and Maurer, Katherine. 2010. Bonding, Bridging, and Linking: How Social Capital Operated in New Orleans following Hurricane Katrina. *British Journal of Social Work* 40(6): 1777-1793.

Hayes, Alan; Gray, Matthew; and Edwards, Ben. 2008. Social Inclusion: Origins, Concepts, and Key Themes. Working paper, Social Inclusion Unit, Department of the Prime Minister and Cabinet, Australia.

Heath, Chris. 2006. 1 Block, 1 Year, 13 Houses. *GQ*, December, 341-354.

Hecht, Gabrielle. 1998. *The Radiance of France: Nuclear Power and National Identity after World War II*. Cambridge, MA: MIT Press.

HelpAge International. 2005. *The Impact of the Indian Ocean Tsunami on Older People: Issues and Recommendations*. London: HelpAge International.

Hirschman, Albert. 1970. *Exit, Voice, and Loyalty: Responses to Decline in Firms, Organizations, and States*. Cambridge, MA: Harvard University Press.

Ho, Daniel; Imai, Kosuke; King, Gary; and Stuart, Elizabeth. 2007. Matching as Nonparametric Preprocessing for Reducing Model Dependence in Parametric Causal Inference. *Political Analysis* 15: 199-236.

Horie, Kei; Maki, Norio; Kohiyama, Masayuki; Lu, Hengjian; Tanaka, Satoshi; Hashitera, Shin; Shigekawa, Kishie; and Hayashi, Haruo. 2003. Process of Housing Damage Assessment: The 1995 Hanshin-Awaji Earthquake Disaster Case. *Natural Hazards* 29:341-370.

Horne, Jed. 2005. Carving a Better City. *New Orleans Times-Picayune*, 13 November.

Horney, Jennifer; MacDonald, Pia; Willigen, Marieke Van; Berke, Philip; and Kaufman, Jay. 2010. Factors Associated with Risk of Evacuation Failure from Hurricane Isabel in North Carolina, 2003. *International Journal of Mass Emergencies and Disasters* 28(1): 33-58.

Horwich, George. 2000. Economic Lessons of the Kobe Earthquake. *Economic*

Development and Cultural Change 48(3): 521-542.

Horwitz, Steven. 2008. *Making Hurricane Response More Effective: Lessons from the Private Sector and the Coast Guard during Katrina*. Mercatus Policy Series. Policy Comment no. 17. Arlington, VA: Mercatus Center at George Mason University.

Hoyman, Michele. 2002. Prisons in N.C.: Are They a Rational Strategy for Rural Economic Development? *International Journal of Economic Development* 4, no. 1.

Hoyois, P.; Below, R.; Scheuren, J.-M.; and Guha-Sapir, D. 2007. *Annual Disaster Review: Numbers and Trends*. Brussels: Centre for Research on the Epidemiology of Disasters.

Human Rights Watch. 2007. Hidden Apartheid: Caste Discrimination against India's "Untouchables." Center for Human Rights and Global Justice 19(3), downloadable at http:// www.chrgj.org/docs/IndiaCERDShadowReport.pdf.

Hurlbert, Jeanne S.; Haines, Valerie A.; and Beggs, John J. 2000. Core Networks and Tie Activation: What Kinds of Routine Networks Allocate Resources in Nonroutine Situations? *American Sociological Review* 65(4): 598-618.

Hurley, Andrew. 1995. *Environmental Inequalities: Class, Race, and Industrial Pollution in Gary, Indiana, 1945-1980*. Chapel Hill: University of North Carolina Press.

Hutton, David. 2001. Psychosocial Aspects of Disaster Recovery: Integrating Communities into Disaster Planning and Policy Making. Paper 2, Institute for Catastrophic Loss Reduction, Toronto.

Hyogo Earthquake Memorial 21st Century Research Institute [HEM21]. 2009. *Joint Research on the Assessment Methodology for Recovery Community Development*. Kobe, Japan: United Nations Center for Regional Development.

兵庫県（2003）『災害復興公営住宅団地コミュニティ調査報告書』.

兵庫県県土整備部復興局復興推進課（2007）『復興モニター調査2006報告書』.

Ichiko, Taro and Nakabayashi, Itsuki. 2002. A Comparative study of Built-up Area Reconstruction Measure and Strategy among Earthquake Disasters of Hanshin Awaji (Japan), East Marmara(Turkey) and 921 Chi-chi (Taiwan), Proceedings of International Symposiumn on Urban Planning, B2-3-1.

池田浩敬（2004）「1999年トルココジャエリ地震及び1995年兵庫県南部地震における住宅復興対策に関する比較」中林一樹編『地震災害からの復旧・復興過程に関する日本・トルコ・台湾の国際比較研究』東京都立大学. 33-38.

Ikeda, Ken'ichi, and Richey, Sean. 2005. Japanese Network Capital: The Impact of Social Networks on Political Participation. *Political Behavior* 37(3): 239-260.

Imai, Kosuke. 2005. Do Get-Out-the-Vote Calls Reduce Turnout? The Importance of Statistical Methods for Field Experiments. *American Political Science Review* 99(2): 283-300.

International Collective in Support of Fishworkers [ICSF]. 2006. Regional Workshop on Post-tsunami Rehabilitation of Fishing Communities and Fisheries-Based Livelihoods. Chennai, India, 18-19 January.

乾亨（1998）「『参加』における『合意・決定』とはなにか」阪神淡路大震災復興に関する特別調査研究プロジェクト編『阪神淡路大震災総合研究論文集』立命館大学. 243-249.

Ishise, Hirokazu, and Sawada, Yasuyuki. 2006. Aggregate Returns to Social Capital. Working paper F-413, Center for International Research on the Japanese Economy.

Iuchi, Kanako. 2010. Redefining a Place to Live: Decisions, Planning Processes, and Outcomes of Resettlement after Disasters. PhD diss., University of Illinois at Urbana-Champaign.

Jacobs, Jane. (1961) 1992. *The Death and Life of Great American Cities*. New York: Vintage Books.

Jackman, Robert, and Miller, Ross. 1998. Social Capital and Politics. *Annual Review of Political Science*, 1: 47-73.

Jaeger, Paul; Shneiderman, Ben; Fleischmann, Kenneth; Preece, Jennifer; Qu, Yan; and Wu, Philip. 2007. Community Response Grids: E-Government, Social Networks, and Effective Emergency Management. *Telecommunications Policy* 31(10-11): 592-604.

Jakes, Pamela, ed. 2002. *Homeowners, Communities, and Wildfire: Science Findings from the National Fire Plan*. Proceedings of the Ninth International Symposium on Society and Resource Management Bloomington, Indiana, June 2-5. St. Paul, MN: Forest Service, US Department of Agriculture.

James, Charles D., and Cameron, Carol. 2002. *The Earthquake Engineering Online Archive: The 1923 Tokyo Earthquake and Fire*. National Information Service for Earthquake Engineering. http://nisee.berkeley.edu/kanto/tokyo1923.pdf.

Jimenez, Emmanuel, and Sawada, Yasuyuki. 1999. Do Community-Managed Schools Work? An Evaluation of El Salvador's EDUCO Program. *World Bank Economic Review* 13: 415-441.

Johnson, Craig. 2003. Decentralization in India: Poverty, Politics, and Panchayati Raj. Working paper 199, Department of Political Science, University of Guelph, Ontario.

Johnson, Laurie A. 2007. New Orleans' Recovery following Hurricane Katrina: Observations on Local Catastrophe Recovery Management. *Journal of Disaster*

Research 2(6): 517-529.

Joiner, Lottie. 2010. *New Orleans' "Black Mayberry" Looks for a Second Act.* New York: New York Times Student Journalism Institute.

Kage, Rieko. 2010a. Making Reconstruction Work: Civil Society and Information after War's End. *Comparative Political Studies* 43(2): 163-187.

――. 2010b. Rebuilding from War in Japan: Information and Coordination, 1945-55. Paper presented at the annual Association for Asian Studies conference, Philadelphia.

――. 2011. *Civic Engagement in Postwar Japan: The Revival of a Defeated Society.* New York: Cambridge University Press.

Kamel, Nabil, and Loukaitou-Sideris, Anastasia. 2004. Residential Assistance and Recovery following the Northridge Earthquake. *Urban Studies* 41(3): 533-562.

Kannan, Ramya. 2005. A Community on the Way to Recovery. *Hindu*, 25 December.

関東大震災80周年記念行事実行委員会（2004）『世界史としての関東大震災――アジア・国家・民衆』日本経済評論社.

Kapur, Akash. 2009. Letter from India: Changed Forever by Disaster. *New York Times*, 29 December.

柄谷有香・林春男・河田惠昭（2000）「生活再建指標から見た阪神淡路大震災後の神戸市の生活再建過程」第55回土木学会年次学術講演会講演概要集 4(180): 360-361.

Karlan, Dean. 2005. Using Experimental Economics to Measure Social Capital and Predict Financial Decisions. *American Economic Review* 95(5): 1688-1699.

Kasza, Gregory J. 1986. Democracy and the Founding of Japanese Public Radio. *Journal of Asian Studies* 45(4): 745-767.

Kates, R. W.; Colten, C. E.; Laska, S.; and Leatherman, S. P. 2006. Reconstruction of New Orleans after Hurricane Katrina: A Research Perspective. *Proceedings of the National Academy of Sciences* 103(40): 14653-14660.

Kates, Robert, and Pijawka, David. 1977. From Rubble to Monument: The Pace of Reconstruction. In J. Eugene Haas, Robert Kates, and Martyn Bowden, eds., *Reconstruction following Disaster*, 1-23. Cambridge, MA: MIT Press.

Katz, Bruce. 2006. The Material World: Concentrated Poverty in New Orleans and Other American Cities. *Chronicle of Higher Education*, 1 August.

Kaur, Naunidhi. 2003. Rebuilding Mutual Trust. *Frontline* 20(14): 5-18.

Keele, Luke. 2007. Social Capital and the Dynamics of Trust in Government. *American Journal of Political Science* 51(2): 241-254.

Keele, Luke, and Kelly, Nathan. 2005. Dynamic Models for Dynamic Theories: The Ins and Outs of Lagged Dependent Variables. *Political Analysis* 14(2): 186-205.

警視庁官房官統計編集『警視庁統計書』(各年度).

警視庁史編さん委員会 (1960)「警視庁大正編」.

Kilmer, Ryan P.; Gil-Rivas, Virginia; and MacDonald, Jacqueline. 2009. Implications of Major Disaster for Educators, Administrators, and School-Based Mental Health Professionals: Needs, Actions, and the Example of Mayfair Elementary. In Ryan P. Kilmer, Virginia Gil-Rivas, Richard G. Tedeschi, and Lawrence G. Calhoun, *Helping Families and Communities Recover from Disaster*, 167-191. Washington DC: American Psychological Association.

Kilmer, Ryan P.; Gil-Rivas, Virginia; Tedeschi, Richard G.; and Calhoun, Lawrence G., eds. 2009. *Helping Families and Communities Recover from Disaster*. Washington DC: American Psychological Association.

金原左門 (1994a)「近代世界の転換と大正デモクラシー」金原左門編『大正デモクラシー』吉川弘文館, 1-27.

金原左門編 (1994b)『大正デモクラシー』吉川弘文館.

Kimura, Reo. 2007. Recovery and Reconstruction Calendar. *Journal of Disaster Research* 2(6): 465-474.

King, Elizabeth M., and Orazem, Peter F. 1999. Evaluating Education Reforms: Four Cases in Developing Countries. *World Bank Economic Review* 13: 409-441.

King, Gary. 1995. Replication, Replication. *PS: Political Science and Politics* 28(3): 443-499.

―――. 1997. *A Solution to the Ecological Inference Problem*. Princeton, NJ: Princeton University Press.

King, Gary; Keohane, Robert; and Verba, Sidney. 1994. *Designing Social Inquiry: Scientific Inference in Qualitative Research*. Princeton, NJ: Princeton University Press.

King, Gary; Tomz, Michael; and Wittenberg, Jason. 2000. Making the Most of Statistical Analyses: Improving Interpretation and Presentation. *American Journal of Political Science* 44(2): 341-355.

King, Gary, and Zeng, Lanche. 2001. Logistic Regression in Rare Events Data. *Political Analysis* 9(2): 137-163.

King, Rita. 2009. Post-Katrina Profiteering: The New Big Easy. In Robert Bullard and Beverly Wright, eds. *Race, Place, and Environmental Justice* after *Hurricane Katrina*, 169-182. Philadelphia: Westview Press.

Kingston, Christopher. 2005. Social Capital and Corruption: Theory and Evidence from India.

Working paper, Amherst College.

Klein, Naomi. 2007. *The Shock Doctrine: The Rise of Disaster Capitalism*. Toronto:

Alfred A. Knopf.
Knack, Stephen. 2002. Social Capital and Quality of Government: Evidence from States. *American Journal of Political Science* 46(4): 772-785.
Knowles, Robin; Sasser, Diane D.; and Garrison, M. E. Betsy. 2009. Family Resilience and Resiliency following Hurricane Katrina. In Ryan P. Kilmer, Virginia Gil-Rivas, Richard G. Tedeschi, and Lawrence G. Calhoun, *Helping Families and Communities Recover from Disaster*, 97-115. Washington DC: American Psychological Association.
小林正泰（2006）「東大震災後の小学校建築──『復興小学校』の全容と東京市建築局による学校設計」東京大学大学院教育学研究科紀要. 46：21-30.
神戸市NPOデータベース. http://www.kobenpomap.com/photo/hojin/120080129130902.xls.
神戸市選挙管理委員会「各種選挙の投票率──結果など」http://www.city.kobe.jp/cityoffice/60/06.html.
神戸市総務局統計課『神戸市統計書』（1990-2005年）.
Koh, Howard, and Cadigan, Rebecca. 2008. Disaster Preparedness and Social Capital. In Ichiro Kawachi, S. V. Subramanian, and Daniel Kim, eds., *Social Capital and Health*, 273-285. New York: Springer.
Kohnert, Dirk. 2009. Review Article: New Nationalism and Development in Africa. *Africa Spectrum* 1: 111-123.
Kolbert, Elizabeth. 2006. Can Southern Louisiana Be Saved? *New Yorker*, February.
Kondo, Naoki; Minai, Junko; Imai, Himashi; and Yamagata, Zentaro. 2007. Engagement in a Cohesive Group and Higher-Level Functional Capacity in Older Adults in Japan: A Case of the Mujin. *Social Science and Medicine* 64: 2311-2323.
Kondo, Tamiyo. 2008. Planning for Post-disaster Recovery in New Orleans after Hurricane Katrina. Paper presented at International Symposium on City Planning, Tokyo.
小西砂千夫（1998）「公共財の私的供給システムとしての消防団の研究」『産研論集』25：13-27.
Krishna, Anirudh. 2001. Moving from the Stock of Social Capital to the Flow: The Role of Agency. *World Development* 29(6): 925-943.
——. 2002. *Active Social Capital: Tracing the Roots of Democracy and Development*. New York: Columbia University Press.
——. 2003. Understanding, Measuring, and Utilizing Social Capital: Clarifying Concepts and Presenting a Field Application from India. Working paper 28, CGIAR Systemwide Program on Collective Action and Property Rights, CAPRI,

Washington, DC.

——. 2007. How Does Social Capital Grow? A Seven-Year Study of Villages in India. *Journal of Politics* 69(4): 941-956.

——. 2008. Social Capital and Economic Development. In Dario Castiglione, Jan W. van Deth, and Guglielmo Wolleb, eds., *The Handbook of Social Capital*, 438-466. New York: Oxford University Press.

——. 2009. Can We Bank upon Social Capital? Comparing Levels across Seven Years in 61Villages of Rajasthan, India. Working paper, Duke University.

Kruks-Wisner, Gabrielle. 2011. Seeking the Local State: Gender, Caste, and the Pursuit of Public Services in Post-tsunami India. *World Development* 39(7): 1143-1154.

Krupa, Michelle. 2011. New Orleans Neighborhoods That Suffered Worst Flooding Lost Most Residents, Census Data Show. *New Orleans Times-Picayune*, 6 February.

Krupa, Michelle, and Coleman, Warner. 2006. Across South, Displaced Chime in with Own Ideas for Rebuilding New Orleans. *New Orleans Times-Picayune*, 3 December.

Kumar, Krishan. 1993. Civil Society: An Inquiry into the Usefulness of an Historical Term. *British Journal of Sociology* 44(3): 375-395.

Kumar, M. Suresh; Murhekar, Manoj; Hutin, Yvan; Subramanian, Thilagavathi; Ramachandran, Vidya; and Gupte, Mohan. 2007. Prevalence of Posttraumatic Stress Disorder in a Coastal Fishing Village in Tamil Nadu after the December 2004 Tsunami. *American Journal of Public Health* 97(1): 99-101.

Kunreuther, Howard. 2007. Catastrophe Insurance Challenges for the U.S. and Asia. Paper presented at Asian Catastrophe Insurance Innovation and Management, Kyoto University 3-4 December.

——. 2010. Long Term Contracts for Reducing Losses from Future Catastrophes. In Howard Kunreuther and Michael Useem, eds., *Learning from Catastrophes: Strategies for Reaction and Response*, 235-248. Saddle River, NJ: Wharton School.

Kunreuther, Howard, and Useem, Michael, eds. 2010. *Learning from Catastrophes: Strategies for Reaction and Response*. Saddle River, NJ: Wharton School.

Kweit, Mary, and Kweit, Robert. 2004. Citizen Participation and Citizen Evaluation in Disaster Recovery. *American Review of Public Administration* 34(4): 354-373.

——. 2006. A Tale of Two Disasters. *Publius: The Journal of Federalism* 36(3): 375-392. Lang, Robert. 2006. Measuring Katrina's Impact on the Gulf Megapolitan Area. In Eugenie Birch and Susan Wachter, eds., *Rebuilding Urban Places* after *Disaster: Lessons from Hurricane Katrina*, 89-102. Philadelphia:

University of Pennsylvania Press.

Lang, Robert, and Danielsen, Karen. 2006. Review Roundtable: Is New Orleans a Resilient City? *Journal of the American Planning Association* 72(2): 245-257.

Large, Stephen. 1972. *The Rise of Labor in Japan: The Yu͞aikai, 1912-19*. Tokyo: Sophia University Press.

LaRose, Greg. 2006. Asian Businesses Drive Eastern New Orleans Recovery. *New Orleans City Business*, 2 October.

Lee, Matthew, and Bartkowski, John. 2004. Love Thy Neighbor? Moral Communities, Civic Engagement, and Juvenile Homicide in Rural Areas. *Social Forces* 82(3): 1001-1035.

Lee, Matthew; Weil, Frederick; and Shihadeh, Edward. 2007. The FEMA Trailer Parks: Negative Perceptions and the Social Structure of Avoidance. *Sociological Spectrum* 27: 741-766.

Leong, Karen; Airriess, Christopher; Li, Wei; Chen, Angela; and Keith, Verna. 2007. Resilient History and the Rebuilding of a Community: The Vietnamese Community in New Orleans East. *Journal of American History* 94: 770-779.

Lesbirel, S. Hayden. 1998. *NIMBY Politics in Japan: Energy Siting and the Management of Environmental Conflict*. Ithaca, NY: Cornell University Press.

Levitt, Steven, and List, John. 2009. Field Experiments in Economics: The Past, the Present, and the Future. *European Economic Review* 53: 1-18.

Levy, Jonah. 1999. *Tocqueville's Revenge: State, Society, and Economy in Contemporary France*. Cambridge, MA: Harvard University Press.

Lewis, Michael. 1990. *Rioters and Citizens: Mass Protest in Imperial Japan*. Berkeley: University of California Press.

Leyden, Kevin. 2003. Social Capital and the Built Environment: The Importance of Walkable Neighborhoods. *American Journal of Public Health* 93(9): 1546-1551.

Lietaer, Bernard. 2004. Complementary Currencies in Japan Today: History, Originality and Relevance. *International Journal of Community Currency Research* 8: 1-23.

Lin, Nan. 2008. A Network Theory of Social Capital. In Dario Castiglione, Jan W. van Deth, and Guglielmo Wolleb, eds., *The Handbook of Social Capital*, 50-69. New York: Oxford University Press.

Lin, Shuyeu; Shaw, Daigee; and Ho, Ming-Chou. 2008. Why Are Flood and Landslide Victims Less Willing to Take Mitigation Measures Than the Public? *Natural Hazards* 44: 305-314.

Liu, Amy; Fellowes, Matt; and Mabanta, Mia. 2006. *A One-Year Review of Key Indicators of Recovery in Post-storm New Orleans*. Washington, DC: Brookings

Institution.

Liu, Baodong; Austin, Sharon D. Wright; and Orey, Byron D'Andrá. 2009. Church Attendance, Social Capital, and Black Voting Participation. *Social Science Quarterly* 90(3): 576-592.

Lochner, Kimberly; Kawachi, Ichiro; Brennan, Robert; and Buka, Stephen. 2003. Social Capital and Neighborhood Mortality Rates in Chicago. *Social Science and Medicine* 56: 1797-1805.

Logan, John. 2009. Unnatural Disaster: Social Impacts and Policy Choices after Katrina. In Robert Bullard and Beverly Wright, eds., *Race, Place, and Environmental Justice* after *Hurricane Katrina: Struggles to Rebuild, Reclaim, and Revitalize New Orleans and the Gulf Coast*, 249-264. Boulder, CO: Westview Press.

Long, J. Scott. 1997. *Regression Models for Categorical and Limited Dependent Variables*. Thousand Oaks, CA: Sage.

Louis, M. 2005. *Study on Discrimination and Exclusion in State Relief*. Madurai, India: People's Watch-Tamil Nadu.

Louisiana Family Recovery Corps. 2005. Louisiana Family Recovery Corps (home page). http://www.recoverycorps.org/.

Lovenheim, Peter. 2008. Won't You Be My Neighbor? *New York Times*, 23 June.

MacTavish, Katherine. 2006. We're Like the Wrong Side of the Tracks: Upscale Suburban Development, Social Inequality, and Rural Mobile Home Park Residence. Working paper 06-03, Rural Poverty Research Center of the University of Missouri.

Maeda, Kiyoshi. 2007. Twelve Years since the Great Hanshin Awaji Earthquake, a Disaster in an Aged Society. *Psychogeriatrics* 7: 41-43.

Maggi, Laura. 2006. Seven New Orleans Cops Indicted in Killings on Bridges. *New Orleans Times-Picayune*, 29 December.

Mahapatra, Anirban Das. 2005. Old Man and the Sea. *Telegraph* (Calcutta), 19 August. Maloney, William; Smith, Graham; and Stoker, Gerry. 2000. Social Capital and Urban Governance: Adding a More Contextualized "Top Down" Perspective. *Political Studies* 48: 802-820.

Marcelo, Ray. 2005. India Seeks Aid for Long-Term Rehabilitation. *Financial Times* (London), 12 January.

Martin, Max. 2005. A Voice for Vulnerable Groups in Tamil Nadu. *Forced Migration Review*, July, 44-45.

Mathbor, Golam. 2007. Enhancement of Community Preparedness for Natural Disasters: The Role for Social Work in Building Social Capital for Sustainable

Relief and Management. *International Social Work* 50(3): 357-369.

松田曜子・岡田憲夫・多々納裕一・梶谷義雄（2002）「時空間統計手法による阪神淡路大震災後の人口回復過程に関する分析」土木学会第57回年次学術講演会.

松尾尊兌（1990）『大正デモクラシーの群像』岩波書店.

Mattingly, Shirley. 2000. Public Support for Livelihood Reconstruction. In Committee for Global Assessment of Earthquake Countermeasures, Hyogo Prefectural Government, ed., *Assessment Reports of the Global Assessment of Earthquake Countermeasures*, vol. 4, *Support of Disaster Victims*, 179-186. Hyogo Prefecture: Hyogo Prefectural Government.

May, Peter. 1985. *Recovering from Catastrophes: Federal Disaster Relief Policy and Politics*. London: Greenwood Press.

McCreight, Robert. 2010. Resilience as a Goal and Standard in Emergency Management. *Journal of Homeland Security and Emergency Management* 7(1): 1-7.

McCulley, Russell. 2006. Is New Orleans Having a Mental Health Breakdown? *Time*, 1 August.

McKinley, Jesse. 2009. Celebrate a Quake? Why Shouldn't We? *San Francisco Journal*, 17 October.

McLaren, Lauren, and Baird, Vanessa. 2006. Of Time and Causality: A Simple Test of the Requirement of Social Capital in Making Democracy Work in Italy. *Politics Studies* 54: 889-897.

McQuaid, John, and Schleifstein, Mark. 2002. Washing Away. *New Orleans Times-Picayune*, 23-27 June.

Mehta, Neha. 2007. Great Indian Family's Mind Balm. *Hindustan Times*, 11 March.

Menon, Manju; Rodriguez, Sudarshan; and Sridhar, Aarthi. 2007. *Coastal Zone Management Notification '07—Better or Bitter Fare?* Bangalore: Post-tsunami Environment Initiative Project, Ashoka Trust for Research in Ecology and the Environment.

Menon, Sudha Venu. 2007. Grass Root Democracy and Empowerment of People: Evaluation of Panchayati Raj in India. MPRA Paper 3839, ICFAI Business School, Ahmedaba.

Mercks, Eva. 2007. Caste Cloud over Tsunami Relief and Rehabilitation. MA thesis, ISHSS, University of Amsterdam.

Mildenberg, David. 2011. Census Finds Hurricane Katrina Left New Orleans Richer, Whiter, Emptier. *Bloomberg News*, 4 February.

Miller, Kristen, and Simile, Catherine. 1992. They Could See the Stars from Their Beds: The Plight of the Rural Poor in the Aftermath of Hurricane Hugo. Paper presented at the annual meeting of the Society for Applied Anthopology, March, Memphis.

Mills, C. Wright. 1959. *The Sociological Imagination.* New York: Grove Press.

望月雅士（1993）『関東大震災研究を巡る諸論点——虐殺事件と復興論』歴史科学協議会編『歴史評論』521：74-83.

Moore, Melinda; Wermuth, Michael; Castaneda, Laura; Chandra, Anita; Noricks, Darcy; Resnick, Adam; Chu, Carolyn; and Burks, James. 2010. *Bridging the Gap: Developing* a Tool to Support Local Civilian and Military Disaster Preparedness. Santa Monica, CA: RAND Corporation.

Morrow, Betty. 2000. Stretching the Bonds: The Families of Andrew. In Walter Peacock, Betty Morrow, and Hugh Gladwin, eds., *Hurricane Andrew: Ethnicity, Gender, and the Sociology of Disasters,* 141-170. Miami: International Hurricane Center.

——. 2005. Recovery: What's Different, What's the Same? Paper presented at National Academies of Science Disaster Roundtable, 8 March.

Moyo, Dambisa. 2009. *Dead Aid: Why Aid Is Not Working and How There Is a Better Way for Africa.* New York: Farrar, Straus and Giroux.

Murakami, Suminao. 2000. Support for Home Reconstruction. In Committee for Global Assessment of Earthquake Countermeasures, Hyogo Prefectural Government, ed., *Assessment Reports of the Global Assessment of Earthquake Countermeasures,* vol. 4, *Support of Disaster Victims,* 219-250. Hyogo Prefecture: Hyogo Prefectural Government.

室崎益輝（1973）「関東大震災と都市計画」歴史科学協議会編『歴史評論』281：12-20.

Murosaki, Yoshiteru. 2007. The Great Hanshin Earthquake and Fire. *Journal of Disaster Research* 2(4): 298-302.

Murray, Brendan. 2006. Katrina's Damage to Bush's Standing Still Haunts His Presidency. *Bloomberg News,* 25 August.

Nagar, Na'ama, and Rethemeyer, R. Karl. 2007. Do Good Neighbors Make Good Terrorists? The Dark Side of Civil Society. Paper presented at annual meeting of the American Political Science Association, Chicago.

Naimushō Shakaikyoku (1926) *The Great Earthquake of 1923 in Japan.* Tokyo. Sanshusha.

Nakabayashi, Itsuki. 2004. Research Framework of International Comprehensive Studies. In Itsuki Nakabayshi, ed., *A Comparative Study of Urban Reconstruction Processes after Earthquakes in Turkey, Taiwan, and Japan,* 1-4. Tokyo: Graduate School of Urban Science, Tokyo Metropolitan University.

Nakagawa, Yuko, and Shaw, Rajib. 2004. Social Capital: A Missing Link to Disaster Recovery. *International Journal of Mass Emergencies and Disasters* 22(1): 5-34.

中島陽一郎（1973）『関東大震災——その実相と歴史的意義』雄山閣出版．

中邨章（1982）「震災復興の政治学——試論・帝都復興計画の消長」『政経論叢』50 (3)：295-388.

——. 2000. The Need and Development of Crisis Management in Japan's Public Administration: Lessons from the Kobe Earthquake. *Journal of Contingencies and Crisis Management* 8(1): 23-29.

Namboothri, Naveen;, Subramanian, Devi; Muthuraman, B.; Sridhar, Aarthi; Rodriguez, Sudarshan; and Shanker, Kartik. 2008. *Beyond the Tsunami: Coastal Sand Dunes of Tamil Nadu, India—an Overview*. Bangalore: UNDP/UNTRS, Chennai and ATREE.

Nance, Earthea. 2009. Making the Case for Community-Based Laboratories. In Robert Bullard and Beverly Wright, eds., *Race, Place, and Environmental Justice after Hurricane Katrina*, 153-166. Philadelphia: Westview Press.

Nandakumar, T. 2006. Community Radio for Fisherfolk Set to Take Off. *Hindu*, 26 April.

成田龍一（2007）『大正デモクラシー』岩波書店．

Natrajan, Balmurli. 2005. Caste, Class, and Community in India: An Ethnographic Approach. *Ethnology* 44(3): 227-241.

Navsarjan Trust and RFK Center for Justice and Human Rights. 2008. *Understanding Untouchability*. Washington, DC: Robert F. Kennedy Center for Justice and Human Rights.

Nel, Philip, and Righarts, Marjolein. 2008. Natural Disasters and the Risk of Violent Civil Conflict. *International Studies Quarterly* 52: 159-185.

Nelson, Rob, and Varney, James. 2005. Not in My Back Yard Cry Holding up FEMA trailers. *New Orleans Times-Picayune*, 26 December.

Nelson, Stephanie C. 2007. Small-Scale Aid's Contribution to Long Term Tsunami Recovery. *Carolina Papers on International Development*, no. 18.

Newman, Oscar. 1972. *Defensible Space: Crime Prevention through Urban Design*. New York: Macmillan.

——. 1996. *Creating Defensible Space*. Washington, DC: US Department of Housing and Urban Development, Office of Policy Development and Research.

New Orleans Health Disparities Initiative. 2007. *After Katrina: Rebuilding a Healthy New Orleans*. Washington, DC: Health Policy Institute of the Joint Center for Political and Economic Studies.

Newton, Kenneth. 2001. Trust, Social Capital, Civil Society, and Democracy.

International Political Science Review 22: 201-214.

Nidhiprabha, Bhanupong. 2007. *Adjustment and Recovery in Thailand Two Years after the Tsunami.* ADB Institute Discussion Paper 72. Tokyo: Asian Development Bank Institute.

Nigg, Joanne; Barnshaw, John; and Torres, Manuel. 2006. Hurricane Katrina and the Flooding of New Orleans: Emergent Issues in Sheltering and Temporary Housing. *Annals of the American Academy of Political and Social Science* 604: 113-128.

Nolte, Isabella, and Boenigk, Silke. 2011. Public-Private Partnership Performance in a Disaster Context: The Case of Haiti. *Public Administration Review.* Available at doi: 10.1111/j.1467-9299.2011.01950.x.Nordahl, Peter. 1995. New Fires in Kobe Challenge Rescuers. *Christian Science Monitor*, 20 January.

Nordlinger, Eric. 1981. *On the Autonomy of the Democratic State.* Cambridge, MA: Harvard University Press.

Norr, Kathleen. 1975. The Organization of Coastal Fishing in Tamil Nadu. *Ethnology* 14(4): 357-371.

Norris, Fran; Stevens, Susan; Pfefferbaum, Betty; Wyche, Karen; and Pfefferbaum, Rose. 2008. Community Resilience as a Metaphor, Theory, Set of Capacities, and Strategy for Disaster Readiness. *American Journal of Community Psychology* 41: 127-150.

Nossiter, Adam. 2007. With Regrets, New Orleans Is Left Behind. *New York Times*, 18 December.

Nossiter, Adam, and Eaton, Leslie. 2007. Violent Protest over Housing in New Orleans.

New York Times, 21 December.

大日方純夫（2000）『近代日本の警察と地域社会』筑摩書房.

Office of the Secretary-General's Special Envoy for Tsunami Recovery. 2005. *Tsunami Recovery: Taking Stock after 12 Months.* New York: United Nations.

Ogasawara, Haruno. 1999. Living with Natural Disasters: Narratives of the Great Kanto and Great Hanshin Earthquakes. PhD diss., Northwestern University.

小川益生（1973）『東京消失——関東大震災の秘録』広済堂出版.

Ohlemacher, Thomas. 1996. Bridging People and Protest: Social Relays of Protest Groups against Low-Flying Military Jets in West Germany. *Social Problems* 43 (2): 197-218.

Okuyama, Yasuhide. 2003. Economics of Natural Disasters: A Critical Review. Paper presented at the 50th North American Meeting, Regional Science Association International, 20-22 November, Philadelphia.

Oliver-Smith, Anthony, and Hoffman, Susanna. 1999. *The Angry Earth: Disaster in Anthropological Perspective*. New York: Routledge.

Olshansky, Robert. 2006. San Francisco, Kobe, New Orleans: Lessons for Rebuilding. *Social Policy* 36(2): 17-19.

Olshansky, Robert; Johnson, Laurie; and Topping, Kenneth. 2005. *Opportunity in Chaos: Rebuilding after the 1994 Northridge and 1995 Kobe Earthquakes*. Urbana-Champaign: University of Illinois Department of Urban and Regional Planning.

Olshansky, Robert; Kobayashi, Ikuo; and Ohnishi, Kazuyoshi. 2005. The Kobe Earthquake, Ten Years Later. *Planning* 71(9): 36.

Olson, Mancur. 1965. *The Logic of Collective Action: Public Goods and the Theory of Groups*. Cambridge, MA: Harvard University Press.

小野雅章(1998)「関東大震災と学校の復興——東京市の復興過程を事例として」『日本大学文理学部人文科学研究所研究紀要』(56):119-135.

大岡聡(2001)「戦間期都市の地域と政治——東京・「下町」を事例にして」『日本史研究』464:188-212.

Ordeshook, Peter. 1995. *Game Theory and Political Theory*. New York: Cambridge University Press.

Ostrom, Elinor. 1990. *Governing the Commons: The Evolution of Institutions for Collective Action*. New York: Cambridge University Press.

——. 2000. The Danger of Self-Evident Truths. *PS: Political Science and Politics* 33(1): 33-44.

Ouma, Emily, and Abdulai, Awudu. 2009. Contributions of Social Capital Theory in Predicting Collective Action Behavior among Livestock Keeping Communities in Kenya. Paper presented at the International Association of Agricultural Economists Conference, 16-22 August, Beijing.

Ovalle, David. 2010. Haiti Could Learn from Mexico's Earthquake Recovery. *Miami Herald*, 17 February.

Özerdem, Alpaslan, and Jacoby, Tim. 2006. *Disaster Management and Civil Society: Earthquake Relief in Japan, Turkey and India*. New York: I. B. Tauris.

Pais, Jeremy, and Elliott, James R. 2008. Places as Recovery Machines: Vulnerability and Neighborhood Change after Major Hurricanes. *Social Forces* 86(4): 1415-1453.

Paker, Hande. 2004. Social Aftershocks: Rent Seeking, State Failure, and State-Civil Society Relations in Turkey. PhD diss., McGill University.

Paruchuri, Srikanth. 2011. Natural Disasters, Community Distress and Church Foundings. Paper presented at the annual Academy of Management conference,

12-16 August, San Antonio, TX. Pastor, Manuel; Sadd, Jim; and Hipp, John. 2001. Which Came First? Toxic Facilities, Minority Move Up, and Environmental Justice. *Journal of Urban Affairs* 23(1): 1-21.

Paxton, Pamela. 2002. Social Capital and Democracy: An Interdependent Relationship. *American Sociological Review* 67(2): 254-277.

Peacock, Walter; Dash, Nicole; and Zhang, Yang. 2006. Sheltering and Housing Recovery following Disaster. In Havidán Rodríguez, Enrico L. Quarantelli, and Russell R. Dynes, eds., *Handbook of Disaster Research*, 258-274. New York: Springer.

Peacock, Walter, and Girard, Chris. 2000. Ethnic and Racial Inequalities in Hurricane Damage and Insurance Settlements. In Walter Peacock, Betty Morrow, and Hugh Gladwin, eds., *Hurricane Andrew: Ethnicity, Gender, and the Sociology of Disasters*, 171-190. Miami: International Hurricane Center.

Peacock, Walter; Morrow, Betty; and Gladwin, Hugh. 2000. *Hurricane Andrew: Ethnicity, Gender, and the Sociology of Disasters*. Miami: International Hurricane Center.

Peacock, Walter, and Ragsdale, Kathleen. 2000. Social Systems, Ecological Networks and Disasters. In Walter Peacock, Betty Morrow, and Hugh Gladwin, eds., *Hurricane Andrew: Ethnicity, Gender, and the Sociology of Disasters*, 20-35. Miami: International Hurricane Center.

Pekkanen, Robert. 2000. Japan's New Politics: The Case of the NPO Law. *Journal of Japanese Studies* 26(1): 111-146.

People's Watch. 2007. *Compounding Disaster: Conformability of Post-Natural Disaster Relief and Rehabilitation Process with Human Rights Standards*. Tamil Nadu; People's Watch.

Perrow, Charles. 2007. *The Next Catastrophe*. Princeton, NJ: Princeton University Press.

Pfefferbaum, Betty; Pfefferbaum, Rose L.; and Norris, Fran H. 2009. Community Resilience andWellness for Children Exposed to Hurricane Katrina. In Ryan P. Kilmer, Virginia Gil-Rivas, Richard G. Tedeschi, and Lawrence G. Calhoun, *Helping Families and Communities Recover from Disaster*, 265-288. Washington, DC: American Psychological Association.

Phillipps, Jeremy. 2008. Creating Modern Cityscapes and Modern Civilians: The Urban Planning Law and the 1927 Hikoso Fire Reconstruction in Kanazawa. *Japan Review* 20: 157-188.

Phillips, Brenda, and Jenkins, Pamela. 2009. The Roles of Faith-Based Organizations after Hurricane Katrina. In Ryan P. Kilmer, Virginia Gil-Rivas,

Richard G. Tedeschi, and Lawrence G. Calhoun, *Helping Families and Communities Recover from Disaster*, 215-238. Washington, DC: American Psychological Association.

Pilling, David. 2005. Tokyo Prepares for "the Big One." *Financial Times* (London), January 17, 10.

Pittman, Cassi. 2008. The Use of Social Capital in Borrower Decision-Making. Working paper, Joint Center for Housing Studies of Harvard University.

Pogrebin, Robin. 2007. Rebuilding New Orleans, Post-Katrina Style. *New York Times*, 6 November.

Poley, Lisa, and Stephenson, Max. 2007. Community and the Habits of Democratic Citizenship: An Investigation into Civic Engagement, Social Capital and Democratic Capacity-Building in U.S. Cohousing Neighborhoods. Paper presented at the 103rd annual meeting of the American Political Science Association, Chicago.

Polidori, Robert. 2006. Waste Land. *New Yorker*, 9 January.

Poortinga, Wouter. 2006. Social Relations or Social Capital? Individual and Community Health Effects of Bonding Social Capital. *Social Science Medicine* 63 (1): 255-270.

Portes, Alejandro. 1998. Social Capital: Its Origins and Applications in Modern Sociology. *Annual Review of Sociology* 24: 1-24.

Portes, Alejandro, and Vickstrom, Erik. 2011. Diversity, Social Capital, and Cohesion. *Annual Review of Sociology* 37: 461-479.

Praxis Institute for Participatory Practices. 2006. *Village Level People's Plans: Realities, Aspirations, Challenges*. New Delhi: Praxis Institute.

Pronyk, Paul M.; Harpham, Trudy; Busza, Joanna;. Phetla, Godfrey; Morison, Linda A.; Hargreaves, James R.; Kim, Julia C.; Watts, Charlotte H.; and Porter, John. 2008. Can Social Capital Be Intentionally Generated? A Randomized Trial from Rural South Africa. *Social Science and Medicine* 67: 1559-1570.

Putnam, Robert. 1993. *Making Democracy Work: Civic Traditions in Modern Italy*. Princeton, NJ: Princeton University Press.

——. 1995. Bowling Alone: America's Declining Social Capital. *Journal of Democracy* 6(1): 65-78.

——. 2000. *Bowling Alone: The Collapse and Revival of American Community*. New York: Simon and Schuster.

——. 2007. E Pluribus Unum: Diversity and Community in the Twenty-First Century. *Scandinavian Political Studies* 30(2): 137-174.

Pyles, Loretta. 2007. Research in Post-Katrina New Orleans: Recommendations from Community Organizations. Working paper, Tulane University September.

Quarantelli, Enrico L. 1999. The Disaster Recovery Process: What We Know and Do Not Know from Research. Preliminary Paper 286, University of Delaware Disaster Research Center.

Rabe-Hesketh, Sophia, and Everitt, Brian. 2007. *A Handbook of Statistical Analyses Using Stata*, 4th ed. New York: Chapman and Hall.

Rahn, Wendy, and Rudolph, Thomas. 2005. A Tale of Political Trust in American Cities. *Public Opinion Quarterly* 69(4): 530-560.

Ramachandran, Sanjeev. 2006. SIFFS Rehab of Tsunami Hit Fishermen Earns Laurels. *Business Standard*, 25 April.

Ramachandran, Thiru. 2010. *Backward Classes, Most Backward Classes, and Minorities*. Welfare Department Demand no. 9 Policy Note. Tamil Nadu: Government of Tamil Nadu.

Ramakumar, R. 2008. Contextualizing Disaster Studies: Socioeconomic Vulnerabilities in India. Paper presented at Researching Disasters Conference, Tata Institute, 4 February, Mumbai.

Reiter, Bernd. 2009. Civil Society and Democracy: Weimar Reconsidered. *Journal of Civil Society* 5(1): 21-34.

Reuter, Peter, and Truman, Edwin. 2004. *Chasing Dirty Money: The Fight against Money Laundering*. Washington, DC: Institute for International Economics.

Richardson, James. 2006. What's Needed for Post-Katrina Recovery. Working paper, Financial Services Roundtable.

Richey, Sean. 2007. Manufacturing Trust: Community Currencies and the Creation of Social Capital. *Political Behavior* 29: 69-88.

Roberts, Patrick. 2007. Was It the Plans, the Leaders, or the System? Hurricane Katrina and the Difficulty of Reform in the American Political System. Paper presented at the annual meeting of the American Political Science Association, Chicago.

Robertson, Campbell. 2010. On Anniversary of Katrina, Signs of Healing. *New York Times*, 27 August.

Robison, Lindon; Schmid, A. Allan; and Siles, Marcelo. 2002. Is Social Capital Really Capital? *Review of Social Economy* 60(1): 1-21.

Rodriguez, Havidan; Wachtendorf, Tricia; Kendra, James; and Trainor, Joseph. 2006. A Snapshot of the 2004 Indian Ocean Tsunami: Societal Impacts and Consequences. *Disaster Prevention and Management* 15(1): 163-177.

Rodriguez, Sudarshan. 2008. Push Out Fisherfolk, Make Room for Water Sports? *Tehelka*, 9 February, 53.

Rodriguez, Sudarshan; Balasubramanian, Gomathy; Shiny, M. P.; Mohanambigai, D.; and Jaiprakash, P. 2008. *Beyond the Tsunami: Community Perceptions of Resources, Policy and Development, Post-tsunami Interventions and Community Institutions.* Bangalore: UNDP/ UNTRS, Chennai and ATREE.

Rogers, Elizabeth S. Cousins, and Rogers, Walter. 1965. Riding the Nightmare Express: New Orleans' Betsy Hurricane-Flood. Photocopy. Available online at http://hurricanearchive.org/object/26649.

Rohe, William, and Basolo, Victoria. 1997. Long-Term Effects of Homeownership on the Self- Perceptions and Social Interaction of Low-Income Persons. *Environment and Behavior* 29(6): 793-819.

Roodman, David. 2007. The Anarchy of Numbers: Aid, Development, and Cross-Country Empirics. *World Bank Economic Review* 21(2): 255-277.

Rosenbaum, Paul R., and Rubin, Donald B. 1983. The Central Role of the Propensity Score in Observational Studies for Causal Effects. *Biometrika* 70(1): 41-55.

——. 1985. Constructing a Control Group Using Multivariate Matched Sampling Methods That Incorporate the Propensity Score. *American Statistician* 39(1): 33-38.

Rosenzweig, Mark, and Wolpin, Kenneth. 2000. Natural "Natural Experiment" in Economics. *Journal of Economic Literature* 38(4): 827-874.

Rosett, Richard N., and Nelson, Forrest D. 1975. Estimation of the Two-Limit Probit Regression Model. *Econometrica* 43(1): 141-146.

Rossi, Ino. 1993. *Community Reconstruction after an Earthquake: Dialectical Sociology in Action.* New York: Praeger.

Rovai, Eugenie. 1994. The Social Geography of Disaster Recovery: Differential Community Responses to the North Coast Earthquakes. *Association of Pacific Coast Geographers Yearbook* 56: 49-74.

Rubin, Claire, and Barbee, Daniel. 1985. Disaster Recovery and Hazard Mitigation: Bridging the Intergovernmental Gap. *Public Administration Review* 45: 57-63.

Rüdig, Wolfgang. 1994. Maintaining a Low Profile: The Anti-nuclear Movement and the British State. In Helena Flam, ed., *States and Anti-nuclear Movements*, 70-100. Edinburgh: Edinburgh University Press.

Rural Education and Development Society. 2006. *Tsunami: Competition, Conflict, and Cooperation.* Tamil Nadu: REDS.

Russell, Gordon. 2006. Inspiration for Rebuilding. *New Orleans Times-Picayune*, 5 December, 1.

桜井良樹（2002）「年代東京市における地域政治構造の変化」大西比呂志・梅田定宏

編『「大東京」空間の政治史——1920〜30年代』日本経済評論社.
Salagrama, Venkatesh. 2006a. *Trends in Poverty and Livelihoods in Coastal Fishing Communities of Orissa State, India*. Technical Paper 490. Rome: Food and Agriculture Organization of the United Nations.

——. 2006b. *Post-tsunami Rehabilitation of Fishing Communities and Fisheries Livelihoods in Tamil Nadu, Kerala, and Andra Pradesh*. Andra Pradesh: Integrated Coastal Management.

Santha, Sunil D. 2007a. Conflicts in Fish Trade: A Study among the Riverine Fishing Communities in Kerala, India. *International Sociological Bulletin*, no. 8: 22-35.

——. 2007b. State Interventions and Natural Resource Management: A Study on Social Interfaces in a Riverine Fisheries Setting in Kerala, India. *Natural Resources Forum* 31: 61-70.

Sanyika, Mtangulizi. 2009. Katrina and the Condition of Black New Orleans: The Struggle for Justice, Equity, and Democracy. In Robert Bullard and Beverly Wright, eds., *Race, Place, and Environmental Justice after Hurricane Katrina*, 87-111. Philadelphia: Westview Press.

Sarat, Austin, and Lezaun, Javier, eds. 2009. *Catastrophe: Law, Politics, and the Humanitarian Impulse*. Amherst: University of Massachusetts Press.

Savitch, H. V. 2007. *Cities in a Time of Terror: Space, Territory, and Local Resilience*. Armonk, NY: M. E. Sharpe.

Sawada, Yasuyuki. 2010. How Do Households Cope with Natural and Man-Made Disasters? Paper presented at Building Resilience Conference, 25 March, Purdue University.

Sawada, Yasuyuki; Ichimura, Hidehiko; and Shimizutani, Satoshi. 2008. The Economic Impacts of Earthquakes on Households: Evidence from Japan. Paper presented at Centre for Research on the Epidemiology of Disasters Workshop, 28 April.

Sawada, Yasuyuki; Sarath, Sanga; and Shoji, Masahiro. 2006. University of Tokyo-Tamil Nadu Agricultural University (UT-TNAU Dataset).

Sawada, Yasuyuki, and Shimizutani, Satoshi. 2007. Consumption Insurance and Risk-Coping Strategies under Non-separable Utility: Evidence from the Kobe Earthquake. Working paper F-512, CIRJE. Faculty of Economics, Tokyo University.

——. 2008. How Do People Cope with Natural Disasters? Evidence from the Great Hanshin-Awaji (Kobe) Earthquake in 1995. *Journal of Money, Credit and Banking* 40(2-3): 463-488. Schellong, Alexander. 2007. Increasing Social Capital for Disaster Response through Social Networking Services in Japanese Local Governments. Working paper 07-005, National Center for Digital Government.

Schencking, J. Charles. 2006. Catastrophe, Opportunism, Contestation: The Fractured Politics of Reconstructing Tokyo following the Great Kanto Earthquake of 1923. *Modern Asian Studies* 40(4): 833-873.

Schneider, Mark; Teske, Paul; Marschall, Melissa; Mintrom, Michael; and Roch, Christine. 1997. Institutional Arrangements and the Creation of Social Capital: The Effects of Public School Choice. *American Political Science Review* 91(1): 82-93.

Schneider, Saundra. 1990. FEMA, Federalism, Hugo, and 'Frisco. *Publius* 20(3): 97-115.

Schuller, Mark. 2008. Deconstructing the Disaster after the Disaster: Conceptualizing Disaster Capitalism. In Nandini Gunewardena and Mark Schuller, eds., *Capitalizing on Catastrophe: Neoliberal Strategies in Disaster Reconstruction*, 17-27. Lanham, MD, AltaMira Press.

Schuller, Tom; Baron, Stephen; and Field, John. 2000. Social Capital: A Review and a Critique. In Stephen Baron, John Field, and Tom Schuller, eds., *Social Capital: Critical Perspectives*, 1-38. Oxford: Oxford University Press.

Scott, James C. 1998. *Seeing Like a State: How Certain Schemes to Improve the Human Condition Have Failed*. New Haven, CT: Yale University Press.

Seidensticker, Edward. 1991. *Tokyo Rising: The City since the Great Earthquake*. Cambridge, MA: Harvard University Press.

関川千尋・櫻井真由美・宋美玉（2006）「高齢者集合住宅に関する研究——コレクティブハウジングの事例を通して」『京都教育大学紀要』109：85-98.

Serra, Renata. 2001. Social Capital: Meaningful and Measurable at the State Level? *Economic and Political Weekly* 36(8): 693-704.

——. 2004. "Putnam in India": Is Social Capital a Meaningful and Measurable Concept at the Indian State Level? In Dwaipayan Bhattacharyya, Niraja Gopal Jayal, Sudha Pai, and Bishnu N. Mohapatra, eds., *Interrogating Social Capital: The Indian Experience*, 259-295. New Delhi: Sage.

Shaji, K. A. 2008. Without Sight of Sea. *Tehelka* 19: 18-19.

Sharma, Pravesh. 2005. Livelihood Strategies in Coastal Tamil Nadu: Case Study of a Tsunami Affected Village in Cuddalore District. Paper presented at Livelihoods Workshop, Chennai, 15 September.

Shaw, Rajib. 2006. Indian Ocean Tsunami and Aftermath: Need for Environment-Disaster Synergy in the Reconstruction Process. *Disaster Prevention and Management* 15(1): 5-20.

Shaw, Rajib, and Goda, Katsuhiro. 2004. From Disaster to Sustainable Civil Society: The Kobe Experience. *Disasters* 28(1): 16-40.

Sherman, Daniel. 2006. Not Here, Not There, Not Anywhere: The Federal, State and Local Politics of Low-Level Radioactive Waste Disposal in the United States, 1979-1999. Paper presented at the 2006 Northeastern Political Science Association Conference, Boston.

Sheth, Alpa; Sanyal, Snigdha; Jaiswal, Arvind; and Gandhi, Prathibha. 2006. Effects of the December 2004 Indian Ocean Tsunami on the Indian Mainland. *Earthquake Spectra* 22(3): S435-S473.

Shibusawa, M. 1924. *A Description of the Damages Done by the Great Earthquake of Sept. 1, 1923 to the Electrical Installations in Japan*. Tokyo: Electrical Association of Japan.

Shrady, Nicholas. 2008. *The Last Day: Wrath, Ruin, and Reason in the Great Lisbon Earthquake of 1755*. New York: Viking.

Shrubsole, Dan. 1999. *Natural Disasters and Public Health Issues: A Review of the Literature with a Focus on the Recovery Period*. ICLR Research Paper Series 4. London: University of Western Ontario.

Siegel, David. 2009. Social Networks and Collective Action. *American Journal of Political Science* 53(1): 122-138.

Silberbauer, George. 2003. Structural and Personal Social Processes in Disaster. *Australian Journal of Emergency Management* 18(3): 29-36.

Simile, Catherine M. 1995. Disaster Settings and Mobilization for Contentious Collective Action: Case Studies of Hurricane Hugo and the Loma Prieta Earthquake. PhD diss., University of Delaware.

Simmel, Georg. (1908) 1950. *The Sociology of Georg Simmel*. Translated by Kurt Wolff. New York: Free Press.

Sinclair, Betsy; Hall, Thad; and Alvarez, R. Michael. 2009. Flooding the Vote: Hurricane Katrina and Voter Participation in New Orleans. Working paper 70, Voting Technology Project of Caltech.

Singer, Peter. 1972. Famine, Affluence, and Morality. *Philosophy and Public Affairs* 1: 229-243.

Sirianni, Carmen. 2009. *Investing in Democracy: Engaging Citizens in Collaborative Governance*. Washington, DC: Brookings Institution.

Siromony, P. Michael Vetha. 2006. Critical Gaps in Disaster Governance. In C. Raj Kumar and D. K. Srivastava, eds., *Tsunami and Disaster Management: Law and Governance*, 183-200. Hong Kong: Thomson, Sweet and Maxwell.

Skocpol, Theda. 1979. *States and Social Revolutions*. Cambridge: Cambridge

University Press. Small, Mario Luis. 2009. *Unanticipated Gains: Origins of Network Inequality in Everyday Life*. New York: Oxford University Press.

Smethurst, Richard J. 1986. *Agricultural Development and Tenancy Disputes in Japan, 1870-1940*. Princeton, NJ: Princeton University Press.

Smith, Gavin. 2011. *Planning for Post-Disaster Recovery: A Review of the United States Disaster Assistance Framework*. Washington, DC: Island Press.

Sobel, Joel. 2002. Can We Trust Social Capital? *Journal of Economic Literature* 40: 139-154.

Social Needs Education and Human Awareness, Law Trust and National Legal Services Authority. 2006. A Report of the Social Audit on Relief and Rehabilitation Interventions of Government of Tamil Nadu in Nagapattinam District, May 2005 to May 2006.

Solnit, Rebecca. 2009. *A Paradise Built in Hell: The Extraordinary Communities That Arise in Disaster*. New York: Viking.

Sorensen, Andre. 2007. Changing Governance of Shared Spaces: Machizukuri as Institutional Innovation. In Andre Sorensen and Carolin Funck, *Living Cities in Japan: Citizens' Movements, Machizukuri and Local Environments*, 56-90. London: Routledge.

South Asia Regional Knowledge Platform. 2005. Role of Panchayati Raj Institutions in Post- tsunami Reconstruction and Rehabilitation. Workshop Proceedings, 15 April.

Sridhar, Aarthi. 2005. *Statement on the CRZ Notification and Post-tsunami Rehabilitation in Tamil Nadu*. New Delhi: United Nations Development Programme.

Srinivas, M. N. 1987. *The Dominant Caste and Other Essays*. New Delhi: Oxford University Press.

Stallings, Robert, and Quarantelli, E. L. 1985. Emergent Citizen Groups and Emergency Management. *Public Administration Review* 45: 93-100.

State Relief Commissioner, Government of Tamil Nadu. 2005. *Tiding over Tsunami*. Tamil Nadu: Government of India.

Stein, Robert; Dueñas-Osorio, Leonardo; and Subramanian, Devika. 2010. Who Evacuates When Hurricanes Approach? The Role of Risk, Information, and Location. *Social Science Quarterly* 91(3): 816-834.

Steinberg, Ted. 2000. *Acts of God: The Unnatural History of Natural Disaster in America*. Oxford: Oxford University Press.

Stiglitz, Joseph E. 2000. Formal and Informal Institutions. In Partha Dasgupta and Ismail Serageldin, eds., *Social Capital: A Multifaceted Perspective*, 59-68.

Washington, DC: World Bank.
Streeck, Wolfgang, and Thelen, Kathleen, eds. 2005. *Beyond Continuity: Institutional Change in Advanced Political Economies*. Oxford: Oxford University Press.
菅磨志保（2007）「新しいコミュニティの形成と展開」浦野正樹・大矢根淳・吉川忠寛編『復興コミュニティ論入門』弘文堂．98-100．
Swaroop, Reddy. 1992. A Study of Long-Term Recovery of Three Communities in the Aftermath of Hurricane Hugo. PhD diss., Texas A&M University.
Sweet, Stephen. 1998. The Effect of a Natural Disaster on Social Cohesion: A Longitudinal Study. *International Journal of Mass Emergencies and Disasters* 16 (3): 321-331.
Syzerhans, Douglas. 2006. *Federal Disaster Programs and Hurricane Katrina*. New York: Nova Science Publishers.
Szreter, Simon. 2002. The State of Social Capital: Bringing Back in Power, Politics, and History. *Theory and Society* 31(5): 573-621.
Szreter, Simon, and Woolcock, Michael. 2004. Health by Association? Social Capital, Social Theory, and the Political Economy of Public Health. *International Journal of Epidemiology* 33(4): 650-667.
Taft-Morales, Maureen, and Margesson, Rhoda. 2010. *Haiti Earthquake: Crisis and Response*. Washington, DC: Congressional Research Service.
太平洋戦争研究会（2003）『関東大震災』河出書房新社．
Tajika, Eiji. 2000. Public Support for Livelihood Rebuilding. In Committee for Global Assessment of Earthquake Countermeasures, Hyogo Prefectural Government, ed., *Assessment Reports of the Global Assessment of Earthquake Countermeasures*, vol. 4, *Support of Disaster Victims*, 119-168. Hyogo Prefecture: Hyogo Prefectural Government.
Takahashi, Lois. 1998. *Homelessness, AIDS, and Stigmatization: The NIMBY Syndrome in the United States at the End of the Twentieth Century*. Oxford: Clarendon Press.
高橋正幸（2001）「仮設住宅入居者の実態調査」『震災調査の理論と実践——震災被害，生活再建，産業復興，住宅，健康』神戸都市問題研究所．
Takasaki, Yoshito. 2010. Natural Disasters and Informal Risk Sharing against Illness: Networks vs. Groups. Working paper, Tsukuba University Economics Department.
———. 2011. Targeting Cyclone Relief within the Village: Kinship, Sharing, and Capture. *Economic Development and Cultural Change* 59(2): 387-416.
高島正典・林春男（1999）「電力消費量時系列データを利用した復興状況の定量的把

握手法——阪神淡路大震災への適用」『自然災害科学』18(3): 355-367.

武村雅之（2003）『関東大震災—大東京圏の揺れを知る』鹿島出版会.

Tamanoi, Mariko. 2009. Suffragist Women, Corrupt Officials, and Waste Control in Prewar Japan. *Journal of Asian Studies* 68(3): 805-834.

田中傑（2006）『帝都復興と生活空間——関東大震災後の市街地形成の論理』東京大学出版会.

田中重好（2007）「スマトラ地震とコミュニティ」浦野正樹・大矢根淳・吉川忠寛編『復興コミュニティ論入門』弘文堂，235-244.

Tandon, Rajesh, and Mohanty, Ranjita. 2000. *Civil Society and Governance: A Research Study in India*. New Delhi: Society for Participatory Research in Asia.

Tanida, Noritoshi. 1996. What Happened to Elderly People in the Great Hanshin Earthquake. *British Medical Journal* 313(7065): 1133-1135.

Tarrow, Sidney. 1996. Making Social Science Work across Space and Time: A Critical Reflection on Robert Putnam's *Making Democracy Work*. *American Political Science Review* 90(2): 389-397.

Tata Institute of Social Sciences [TISS]. 2005. *The State and Civil Society in Disaster Response: An Analysis of the Tamil Nadu Tsunami Experience*. Mumbai: Tata Institute.

——. 2007. Case Study Follow-ups 2 Years after the Tsunami. Mumbai: Tata Institute. Tatsuki, Shigeo. 2008. The Role of Civil Society for Long-Term Life Recovery from a Megadisaster. Paper presented at the 2008 annual meeting of the American Political Science Association, 28-31 August, Boston.

——. 2009. Social Capital and Community Governance: Evidence from a Study of the Kobe Earthquake. Paper presented at the Association for Asian Studies Annual conference, 26-29 March, Chicago.

——. 2010. The Effects of Empowered Social Capital during the Disaster Recovery Period. Paper presented at the annual meeting of the Association for Asian Studies, 25-28 March, Philadelphia.

Tatsuki, Shigeo, and Hayashi, Haruo. 2000. Family System Adjustment and Adaptive Reconstruction of Social Reality among the 1995 Earthquake Survivors. *International Journal of Japanese Sociology* 9: 81-110.

——. 2002. Seven Critical Element Model of Life Recovery: General Linear Model Analyses of the 2001 Kobe Panel Survey Data. Paper presented at the second Workshop for Comparative Study on Urban Earthquake Disaster Management, 14-15 February, Kobe, Japan.

立木茂雄・林春男・矢守克也・野田隆・田村圭子・木村玲欧（2004）「阪神淡路大震災の長期的な生活復興過程のモデル化とその検証——2003年兵庫県復興調査データ

への構造方程式モデリング（SEM）の適用」『地域安全学会論文集』6：251-260.

———. 2005. Long-Term Life Recovery Processes of the Survivors of the 1995 Kobe Earthquake: Causal Modeling Analysis of the Hyogo Prefecture Life Recovery Panel Survey Data. Paper presented at the First International Conference on Urban Disaster Reduction, January 18-21, Kobe.

Taylor, Spencer. 2006. Insuring against Natural Catastrophe after Katrina. *Natural Resources and Environment Section of the American Bar Association*, Spring, 26-30.

Tedeschi, Gwendolyn Alexander. 2008. Overcoming Selection Bias in Microcredit Impact Assessments: A Case Study in Peru. *Journal of Development Studies* 44 (4): 504-518.

Teets, Jessica. 2009. Post-earthquake Relief and Reconstruction Efforts: The Emergence of Civil Society in China? *China Quarterly* 198 (June): 330-347.

Terry, Edith, and Hasegawa, Miharu. 1995. Kobe quake transforms Japanese into volunteers. *Christian Science Monitor*, 23 January.

Thakkar, Usha. 2004. Mohalla Committes of Mumbai. *Economic and Political Weekly* 7: 580-586.

Tierney, Kathleen. 2007. From the Margins to the Mainstream? Disaster Research at the Crossroads. *Annual Review of Sociology* 33: 503-525.

Tierney, Kathleen, and Goltz, James. 1997. Emergency Response: Lessons Learned from the Kobe Earthquake. Prelimary Paper 260, University of Delaware Disaster Research Center.

Tipton, Elise. 1991. *Japanese Police State: Tokkō in Interwar Japan*. Honolulu: University of Hawaii Press.

Tobin, Graham, and Montz, Burrell. 1997. *Natural Hazards: Explanation and Integration*. New York: Guilford Press.

Tocqueville, Alexis de. (1835) 2000. *Democracy in America*. Chicago: University of Chicago Press.

Tokyo Municipal Office (1930)『Tokyo, Capital of Japan: Reconstruction Work』Tokyo: Toppan.

東京市監査局統計課（1936）『選挙統計』.

Tomz, Michael, and Wittenberg, Jason. 1999. Interpreting and Presenting Statistical Results. Short course presented at the annual meeting of the American Political Science Association, September, Atlanta.

Tootle, Deborah. 2007. Disaster Recovery in Rural Communities: A Case Study of Southwest Louisiana. *Southern Rural Sociology* 22(2): 6-27.

辻勝次（2001）『災害過程と再生過程――阪神・淡路大震災の小叙事誌』晃洋書房．

Turner, Barry A. 1976. The Development of Disasters-a Sequence Model for the Analysis of the Origins of Disasters. *Sociological Review* 24: 753-774.

梅田厚（2003）『古地図・現代図で歩く明治大正東京散歩』人文社.

United Nations International Strategy for Disaster Reduction [UNISDR]. 2005. *Hyogo Framework for Action 2005-2015: Building the Resilience of Nations and Communities to Disasters*. Geneva: UNISDR.

United Nations Team for Recovery Support [UNTRS]. 2005. *Tsunami, One Year After: A Joint UN Report*-India. Chennai: United Nations.

United Nations Team for Tsunami Recovery Support [UNTRS]. 2007. *Tsunami: India-Three Years After*. Chennai: United Nations.

United Nations, World Bank, and Asian Development Bank. 2006. *Tsunami-India: Two Years After*. Chennai: United Nations.

United States Government Accountability Office [USGAO]. 1991. *Federal, State, and Local Responses to Natural Disasters Need Improvement*. Washington, DC: USGAO.

——. 2006. *Barriers to Mental Health Services for Children Persist in Greater New Orleans, Although Federal Grants Are Helping to Address Them*. Washington, DC: USGAO. Link: http://www.gao.gov/new.items/d09563.pdf.

——. 2007. *Preliminary Information on Rebuilding Efforts in the Gulf Coast*. Washington, DC: USGAO. Link: http://www.gao.gov/new.items/d07809r.pdf.

——. 2008a. *FEMA Should More Fully Assess Organizations' Mass Care Capabilities and Update the Red Cross Role in Catastrophic Events*. Washington, DC: USGAO. Link: www.gao.gov/cgi-bin/getrpt?GAO-08-823.

——. 2008b. *Federal Efforts Help States Prepare for and Respond to Psychological Consequences, but FEMA's Crisis Counseling Program Needs Improvements*. Washington, DC: USGAO. Link: http://www.gao.gov/new.items/d0822.pdf.

United States Small Business Administration (SBA). 2006. *Entrepreneurship: The Foundation for Economic Renewal in the Gulf Coast Region*. Proceedings of the 11 April Conference, New Orleans. Washington, DC: USSBA.

浦野正樹・大矢根淳・吉川忠寛（2007）『復興コミュニティ論入門』弘文堂.

Vale, Lawrence. 2006. Restoring Urban Viability. In Eugenie Birch and Susan Wachter, eds., *Rebuilding Urban Places after Disaster: Lessons from Hurricane Katrina*, 149-167. Philadelphia: University of Pennsylvania Press.

Vale, Lawrence, and Campanella, Thomas, eds. 2005. *The Resilient City: How Modern Cities Recover from Disaster*. New York: Oxford University Press.

Valelly, Richard M. 2004. What's Gone Right in the Study of What's Gone Wrong. *Chronicle of Higher Education* 50(32): B6-B8.

参考文献

van Biema, David, and Desmond, Edward W. 1995. When Kobe Died. *Time Magazine*, 30 January, 24.

Van Deth, Jan W. 2008. Measuring Social Capital. In Dario Castiglione, Jan W. van Deth, and Guglielmo Wolleb, eds., *The Handbook of Social Capital*, 150-176. New York: Oxford University Press.

Varney, James, and Carr, Martha. 2005. FEMA Drafting Trailer Park Map: Uptown, West Bank Sites on Initial List. *New Orleans Times-Picayune*, 26 October.

Varshney, Ashutosh. 2001. Ethnic Conflict and Civil Society: India and Beyond. *World Politics* 53 (3): 362-398.

Vaux, Tony, and Lund, Francie. 2003. Working Women and Security: Self Employed Women's Associations' Response to Crisis. *Journal of Human Development* 4(2): 265-287.

Verba, Sidney, and Nie, N. H. 1972. *Participation in America*. New York: Harper and Row.

Vivekanandan, Shri V. 2005. From the Margins to Centre Stage: Consequences of Tsunami 2004 for the Fisher Folk of Tamil Nadu. Presentation to Planning Commission of India, 18 October.

Vogel, Steve. 1996. *Freer Markets, More Rules: Regulatory Reform in Advanced Industrial Countries*. Ithaca, NY: Cornell University Press.

Wallace, Tina. 1997. New Development Agendas: Changes in UK NGO Policies and Procedures. *Review of African Political Economy* 24(71): 35-55.

Walsh, Edward J., and Warland, Rex H. 1983. Social Movement Involvement in the Wake of a Nuclear Accident: Activists and Free Riders in the TMI Area. *American Sociological Review* 48(6): 764-780.

Warner, Coleman. 2006. Census Tallies Katrina Changes, but the Changing New Orleans Area Is a Moving Target. *New Orleans Times-Picayune*, 7 June.

Warner, Coleman, and Darce, Keith. 2006. Locals Not Waiting to Be Told What to Do. *New Orleans Times-Picayune*, 13 March.

Waugh, William. 2006. The Political Costs of Failure in the Katrina and Rita Disasters. *Annals of the American Academy of Political and Social Science* 604: 10-25.

Webb, Gary; Tierney, Kathleen; and Dahlhamer, James. 2002. Predicting Long-Term Business Recovery from Disaster: A Comparison of the Loma Prieta Earthquake and Hurricane Andrew. *Environmental Hazards* 4(1): 45-58.

Webb, Sheila J. 2009. Investing in Human Capital and Healthy Rebuilding in the Aftermath of Hurricane Katrina. In Robert Bullard and Beverly Wright, eds.,

Race, Place, and Environmental Justice after Hurricane Katrina: Struggles to Rebuild, Reclaim, and Revitalize New Orleans and the Gulf Coast, 139-152. Boulder, CO: Westview Press.

Weber, Max. (1904) 1958. *The Protestant Ethic and the Spirit of Capitalism*. New York: Charles Scribner's Sons.

Weil, Frederick. 2010. The Rise of Community Engagement after Katrina. In *The New Orleans Index at Five*, 1-20. Washington, DC: Brookings Institution and Greater New Orleans Community Data Center.

Weil, Frederick; Shihadeh, Edward; and Lee, Matthew. 2006. The Burdens of Social Capital: How Socially-Involved People Dealt with Stress after Hurricane Katrina. Paper presented at annual meeting of the American Sociological Association, Montreal.

Weil, Rick. n.d. LSU Post-Katrina Studies of Community Resilience: Data Collection Methods and Results. Powerpoint presentation. Available at http://www.lsu.edu/fweil/Katrina Research.html.

West, Mark. 2005. *Law in Everyday Japan: Sex, Sumo, Suicide, and Statutes*. Chicago: University of Chicago Press.

Wetterberg, Anna. 2004. *Crisis, Social Ties, and Household Welfare: Testing Social Capital Theory with Evidence from Indonesia*. Washington, DC: World Bank.

Whelan, Robert, and Strong, Denise. 2009. In Robert Bullard and Beverly Wright, eds., *Race, Place, and Environmental Justice after Hurricane Katrina: Struggles to Rebuild, Reclaim, and Revitalize New Orleans and the Gulf Coast*, 183-203. Boulder, CO: Westview Press.

White, Connie; Plotnick, Linda; Kushma, Jane; Hiltz, Starr; and Turoff, Murray. 2009. An online social network for emergency management. *International Journal of Emergency Management* 6(3-4): 369-382.

White, Halbert. 1980. A Heteroskedasticity-Consistent Covariance Matrix Estimator and a Direct Test for Heteroskedasticity. *Econometrica* 48: 817-830.

Widestrom, Amy. 2008. Zoned Out: The Impact of Urban Renewal Policies on the Organizational Capacity of Voluntary Organizations in Inner-City Neighborhoods. Paper presented at the Policy History Conference, 29 May-1 June, St. Louis, MO.Wigand, Rolf; Crowston, Kevin; Sawyer, Steve; and Allbritton, Marcel. 2001. Information and Communication Technologies in the Real Estate Industry. Paper presented at Global Co-operation in the New Millennium the Ninth European Conference on Information Systems, Bled, Slovenia.

Williams, Jenny, and Sickles, Robin C. 2002. An Analysis of the Crime as Work Model: Evidence from the 1958 Philadelphia Birth Cohort Study. *Journal of*

Human Resources 37(3): 479-509.
Williamson, Thad. 2010. *Sprawl, Justice, and Citizenship: The Civic Costs of the American Way of Life*. New York: Oxford University Press.
Wilson, Charles. 2011. Five Years after Katrina, Teacher Tills Soil of Lower 9th Ward. *New York Times*, 15 January.
Wilson, Rick, and Stein, Robert. 2006. Katrina Evacuees in Houston: One Year Out. Working Paper, Rice University, Katrina Project.
Wood, Nathan; Burton, Christopher; and Cutter, Susan. 2010. Community Variations in Social Vulnerability to Cascadia-Related Tsunamis in the U. S. Pacific Northwest. *Natural Hazards* 52(2): 369-389.
Woolcock, Michael. 2002. Social Capital in Theory and Practice: Reducing Poverty by Building Partnerships between States, Markets and Civil Society. In *Social Capital and Poverty Reduction: Which Role for Civil Society Organizations and the State?* 20-44. France: UNESCO.
Woolcock, Michael, and Narayan, Deepa. 2000. Social Capital: Implications for Development Theory, Research, and Policy. *World Bank Research Observer* 15(2): 225-249.
Woolcock, Michael, and Radin, Elizabeth. 2008. A Relationship Approach to the Theory and Practices of Economic Development. In Dario Castiglione, Jan W. van Deth, and Guglielmo Wolleb, eds., *The Handbook of Social Capital*, 411-437. New York: Oxford University Press.
Wooldridge, Jeffrey. 2006. *Introductory Econometrics: A Modern Approach*. Mason, OH: Thomson Higher Education.
Worthington, Ian; Ram, Monder; and Jones, Trevor. 2006. Exploring Corporate Social Responsibility in the UK Asian Small Business Community. *Journal of Business Ethics* 67:201-217.
Wright, James; Rossi, Peter; Wright, Sonia; and Weber-Burdin, Eleanor. 1979. *After the CleanUp: Long-Range Effects of Natural Disasters*. Beverly Hills, CA: Sage.
Wu, Jie Yang. 2003. A Comparative Study of Housing Reconstruction after Two Major Earthquakes: The 1994 Northridge Earthquake in the United States and the 1999 Chi-Chi Earthquake in Taiwan. PhD diss., Texas A&M University.
Xie, Yu, and Manski, Charles. 1989. The Logit Model and Response-Based Samples. *Sociological Methods and Research* 17: 283-302.
山田操（1973）「京浜における都市問題の系譜―関東大震災と横浜復興」『人文研究神奈川大学人文学会誌』55：139-165.
山田昭次（1993）「関東大震災時の朝鮮人虐殺責任のゆくえ」『歴史評論』521：15-27.
Yamazaki, Masakazu. 1992. The Intellectual Community of the Showa Era. In

Carol Gluck and Stephen Graubard, eds., *Showa: The Japan of Hirohito*, 245-264. New York: W. W. Norton.

安田浩（1994）『大正デモクラシー史論——大衆民主主義体制への転形と限界』校倉書房.

Yasui, Etsuko. 2007. Community Vulnerability and Capacity in Post Disaster Recover: The Cases of Mano and Mikura Neighborhoods in the Wake of the 1995 Kobe Earthquake. PhD diss., University of British Columbia.

Yoshimune, Chie. 1999. Kobe Quake Victims Still Displaced. *Earth Island Journal*, Fall, 40.

吉村昭（2004）『関東大震災』文藝春秋.

Yunus, Muhammad. 2008. *Creating a World without Poverty: Social Business and the Future of Capitalism*. New York: PublicAffairs.

Zandi, Mark; Cochrane, Steven; Ksiazkiweicz, Fillip; and Sweet, Ryan. 2006. Restarting the Economy. In Eugenie Birch and Susan Wachter, eds., *Rebuilding Urban Places after Disaster: Lessons from Hurricane Katrina*, 103-116. Philadelphia: University of Pennsylvania Press.

Zhao, Yandong. 2010. Social Networks and Reduction of Risk in Disasters: An Example of Wenchuan Earthquake. Paper presented at the International Conference on Economic Stress, Human Capital, and Families in Asia, 3-4 June, Singapore.

Zhao, Yandong, and Dalen, Kristin. 2006. Natural Disasters and Social Capital: A Study in Western China. Paper presented at the International Disaster Reduction Conference, 27 August-1 September, Davos, Switzerland.

Zook, Mathhew; Graham, Mark; Shelton, Taylor; and Gorman, Sean. 2010. Volunteered Geographic Information and Crowdsourcing Disaster Relief: A Case Study of the Haitian Earthquake. *World Medical and Health Policy* 2(2): 9-33.

訳者あとがき

　本書の原著 *Building Resilience: Social Capital in Post-Disaster Recovery* を読みはじめた際の，訳者らの第一印象は，「災害とソーシャル・キャピタル」を巡る議論において，レジリエンスという概念を用いることにより，これまでとは異なる角度からソーシャル・キャピタル研究が進むのではないかという可能性と，ソーシャル・キャピタルを巡るより現実的かつ具体的な議論の展開がなしうるのではないかというものであった。

　訳者らはそれぞれソーシャル・キャピタル研究にこれまで取り組んできており，それぞれの分野における実証研究の成果から，災害直後や復旧・復興過程，あるいは災害に備える必要がある平時における災害サイクルの各フェーズにおいて，コミュニティがソーシャル・キャピタルを有することの重要性について十分理解しているところではあった。しかしその一方で，災害に関するソーシャル・キャピタル研究における，様々な課題を乗り越える必要をも強く感じてもいた。

　そのような時に本書に出会い，この本を翻訳し，出版することができれば，我が国における多くの研究者や実務者，さらには地域において人と人とのつながりに関心のある市民の皆さんらと，議論を行うためのよい材料になるのではないかと考え，翻訳作業に向けての話し合いを開始したのであった。また非常に偶然ではあったが，こうした話し合いを始めた，まさにその時に，原著者であるDaniel P. Aldrich氏が日本に滞在されていることを知り，本書でも度々登場する東京大学の鹿毛利枝子先生に紹介の労を取って頂き，東京で開催されるセミナーに出席中のAldrich氏と面談し，結果として翻訳出版に関して快諾を得ることができた。

　前置きが長くなったが，本書の翻訳出版が比較的早い展開を見せたことには理由があると考えられる。まず我が国においては東日本大震災に代表されるような巨大災害の発生があり，さらに世界各地においても同様の大規模災害が多

279

発する中で，自然災害に見舞われた人々や関係組織，機関の数も膨大なものとなっていくにつれ，災害対応のあり方を再検討する必要性が強く認識されるようになってきたことが考えられる。こうした再検討には様々なものが考えられるが，その一つがいわゆる災害リスクへの対応に対して，これまでともするとハード偏重であった考え方やアプローチとは異なる新たな考え方やアプローチであり，そうした点から，災害分野においても，ソーシャル・キャピタルと言ったいわば社会のソフト面への関心が高まってきたと考えられる。

たしかにこれまでもソーシャル・キャピタルを災害や復興と関連づけた議論や検証は，数多く見られたが，本書において示されたように，その理論的背景から実証的検証まで一貫した形での検討は，ソーシャル・キャピタルを軸とした災害分野における研究としては，まれなものであったといえよう。

もちろん本書に対する様々な批判はありえよう。そもそも批判はソーシャル・キャピタルの議論には付きものであると言ってさえ差し障りがないとも思われるのだが，そうした批判を受け入れながら議論を展開しようという姿勢が本書の中で見て取れることも事実である。訳者らは，近い将来に発生することが予測されている巨大災害をはじめ，日本各地で生じる様々な災害からの復興を目的として建設的に議論を行うのであれば，むしろその批判を元に何を克服すればさらに頑健な根拠を得て，そして近年求められているエビデンス・ベースド・ポリシーの構築を進めるとともに，地域での適用へとつなげていく必要があると考えている。

本書が具体的にどのような問題意識を持ち，どのようにして実証的な分析を行ったか，またその結果，得られた知見に基づいて現在の復興対策や関連する政策に対してどのような主張を行っているかに関して，以下で簡単に振り返ってみたい。まず本書の内容を要約して，原著者であるDaniel P. Aldrich氏の主張を整理し，それを踏まえ，本書の特徴とその貢献について説明を加えたい。

本書は7章構成であり，序文では彼自身のハリケーン・カトリーナによる被災体験をもとに，本書の研究取り組みへの問題意識を提示しており，また災害復興というテーマに対して彼が取った研究手法について述べている。その中で彼が特に主張しているのは，定量的な分析だけでなく，現地での実際の見聞を踏まえた定性的な分析も併せて行うという「ハイブリッドな研究手法」により

訳者あとがき

研究成果を導いているという点である。

　第1章では，災害復興とソーシャル・キャピタルを議論するにあたり，災害復興とレジリエンスについての基礎的な共通理解を図るために，用語の定義を行うとともに，これまでに指摘されてきた復興スピードを左右する要因に関する議論を整理している。定義については，災害を「平時の活動が損なわれ，コミュニティ一体に被害をもたらす恐れがあるような，あるいは大きな被害の原因となるような出来事」としているほか，復興を「移住もしくは一時避難していた被災者と新たに移り住んでくる人々によって，徐々に日常生活を取り戻していくことを通じて，人口が被災前の水準まで回復していくプロセス」，そしてレジリエンスを「連携した働きかけと協力し合って行う活動を通じて，災害などの危機を切り抜け，効果的で効率的な復興に取り組むための地域が持つ潜在能力」と定義している。

　またこれまでに議論されてきた影響要因として，ガバナンスの質，受け入れ支援額，被害の大きさ，地域の社会経済的な環境や人口動態，個人の社会経済的な地位や条件，人種やカーストなどによるマイノリティ，人口密度を挙げており，これらは本書全体を通じて分析に取り込まれている。さらにこれらに加えて，ソーシャル・キャピタルが重要な影響要因として挙げられている。ソーシャル・キャピタルについては，その存在が社会関係のあるネットワーク内のメンバー，もっと単純に言うのであれば，つながりのある人々の間に社会参加や法令遵守などの市民的規範が共有されたり，情報や知識が提供されたり，信頼関係の構築がなされるものとして説明されている。さらに，そのソーシャル・ネットワークは，Olsonが提起している集合行動問題を克服する機能あるいは力を持つものとして（本書ではソーシャル・ネットワークを通じて得られるものを社会的資源と呼んでいる），単なるつながりというだけでないことが強調されている。

　第2章は，これまでのソーシャル・キャピタル研究の系譜を数多くの文献を参照しながら整理し，ソーシャル・キャピタルがどのように災害復興の中で活用されうるかについて説明がなされている。様々な議論を踏まえた上で，本書では特に，「結束型」「橋渡し型」「連結型」の3つの形態のソーシャル・キャピタルの視点から分析を試みている。なお，本書ではソーシャル・キャピタル

をソーシャル・ネットワークとほぼ同義のものとして使うことが第1章で示されており、「ネットワーク」のあり方を重視した議論展開となっている。ソーシャル・キャピタルの定義について著者は、Linの「ネットワーク的視点を加味して、ソーシャル・キャピタルを結束型や橋渡し型、また連結型といったソーシャル・ネットワークを通して伝えられていく規範や情報に加えて利用することのできる資源」という考え方を援用しており、本書では、ソーシャル・キャピタルが価値観や物事などのメンバー間で共有されるものとして定義されている。

また、ほとんどの研究がソーシャル・キャピタルの正の影響に注目し、それらの実証的論拠に基づいて政策提言を行っていることに触れ、それだけではソーシャル・キャピタルが及ぼしうる負の影響を考慮しない（無視する）ことになり、被災者や政府・行政をミスリードする可能性があることが指摘されている。すなわち、3つの形態のソーシャル・キャピタルを分析の視点として用いることにより、ソーシャル・キャピタルが災害復興において集合行動問題を克服し、地域の人口回復に正の影響を与えるという美しいストーリーだけに光が当たりがちであったこれまでのソーシャル・キャピタル研究における、ある種の傾向に対して、実はそれと同時に、あるいはその裏側に、ソーシャル・キャピタルの存在が一部の人々にとってはむしろ負の影響を与えるものとなっている可能性があることを示唆するものとなっている。

第3章から第6章の4つの章では、こうした問題意識の基、4つの巨大災害について検証を行っている。本書で取り上げられている巨大災害は、1923年の関東大震災、1995年の阪神・淡路大震災、2004年のインド洋大津波による災害、そして2005年のハリケーン・カトリーナである。4つの巨大災害における復興過程においてソーシャル・キャピタルがどのような役割を果たしたかに関する検証においては、先行研究で指摘されてきた様々な要因も考慮されている。また分析手法としては、現地でのインタビュー調査、定性的・定量的研究のレビュー、そして利用可能なデータを収集し、地区単位での比較、そして時系列も加えたパネルデータを用いた計量分析などが用いられている。それぞれの章で得られた結論を基に、地域の復興に対し、どの形態のソーシャル・キャピタルがどのような影響を与えたかについて整理してみると次頁の表のようになる。

表　4つの災害事例におけるソーシャル・キャピタルの代理変数と復興への影響

章	災害事例 (分析対象地域)	発生年	分析単位	ソーシャル・キャピタルの代理変数	復興における正の側面	復興における負の側面
第3章	関東大震災 (東京市)	1923年	警察管轄区	政治的デモの回数(結束型)、市会議員選挙投票率(橋渡し型・連結型)	早い人口回復、高い人口増加率	在日朝鮮人への暴力
第4章	阪神・淡路大震災 (神戸市)	1995年	行政区	新設のNPO数(結束型)	早い人口回復、高い人口増加率	(有意な発見は得られず)
第5章	インド洋大津波 (インド・タルミナードゥ州)	2004年	集落・地区・個人	パンチャヤットや教区評議会の有無(結束型・連結型)、政府やNGOなど外部組織との接触の有無(連結型)、指定カースト民(橋渡し型)、政府やNGOなどの外部組織からの支援の受け入れの有無(連結型)、参加した葬儀数(結束型)、結婚式で渡した祝い金総額(結束型)	高い新築・修繕した家に住む世帯比率、短い避難民キャンプでの滞在日数、外部からの支援を受ける資格を持つ家族の高い受援比率、受援金額	ダリット等の社会の周辺部にいる人々への支援の分配からの排除
第6章	ハリケーン・カトリーナ (アメリカ・ニューオーリンズ)	2005年	ZIPコード単位地区	大統領選挙投票率(結束型・市民活動規範)	(結束が強く、市民参加規範の高いコミュニティにおけるトレーラーパークやトレーラーハウスの非設置)	結束が弱く、市民活動規範の低いコミュニティへのトレーラーパークやトレーラーハウスのより多い配置、全体の復興スピードの低下

　終章となる第7章においては、災害復興に関連する政策形成においてソーシャル・キャピタルが加味されるべき必要性が強く主張されている。そのポイントは大きく次の5つである。第1に、復興政策や計画において、物的インフラばかりに注目するのではなく、社会的インフラ(すなわちソーシャル・キャピ

283

タル）に着目するべきであるとする点。第2に，結束型ソーシャル・キャピタルを毀損しないようにコミュニティを維持することが必要であり，そのことが高いレジリエンスの基礎であるとする点。第3に，強固すぎる結束型ソーシャル・キャピタルがそのつながりに属さない人々をコミュニティから排除してしまう恐れがあるため，それを認識した上で支援の仕組みを考えなければならない点。第4に，連結型ソーシャル・キャピタルを持たず，さらに政府やNGOなどの外部救援組織への経路を持たない人々に対するエンパワメントや機会の提供による支援を行う必要がある点。そして第5に，中央集権によるトップダウン型の復興計画だけでは地域の意向を十分に反映できないことから，地域住民の参加による計画作りを可能とする仕組みづくりを実現する点などである。

　以上が，本書の概要であるが，最後に，本書の意義についてまとめたい。彼の意欲的かつ精力的な研究が災害研究に対してソーシャル・キャピタルの観点から学術的貢献を行っていることは間違いないが，それはまたソーシャル・キャピタル研究に対しても新たな貢献をなしうるものであると考えられる。ソーシャル・キャピタルという概念を専門家のみならず，一般の人々にまで認知させたという意味で，非常に大きな貢献をなしえたソーシャル・キャピタル研究と言えば，おそらく多くの人がRobert D. Putnamの*Making Democracy Work: Civic Traditions in Modern Italy*（1993）を思い浮かべるであろう。Putnamの研究に代表されるこれまでの多くのソーシャル・キャピタル研究の一つの特徴は，豊富なソーシャル・キャピタルを保持する個人や地域は，プラスの影響を受けるというもので，それは言わば，ソーシャル・キャピタルはなんらかの基準点から個人や地域をよりプラスの方向に動かす重要な要因として捉えられてきた。一方，本書においては，災害後の復興に焦点が当てられているため，平時の状態ではなく被害を受けた衰退している状態，いわばマイナスの状態を，いかに基準点の置かれる状態に戻すことができるかという点に焦点があり，その中でソーシャル・キャピタルの重要性に着目するものであるといえる。さらには，こうしたマイナスの状態に平時において位置づけられている差別を受けている人々や地域においては，災害が発生した際には，いわゆる結束型ソーシャル・キャピタルによって，よりマイナスの状態へと落ち込んで行ってしまうという，ソーシャル・キャピタルに関する複雑な状況をも指摘し

ている。

　本書は，マイナスの状態から正常時の基準点へと個人や地域が立ち戻る，いわばレジリエンスの状態を，ソーシャル・キャピタルと関連づけて検討を行っている点に，他の研究においてはこれまで見出すことができなかった，独自性があるといえる。さらに，こうした状態を検証するために，多くのデータを集めて集約し，時系列データを構築し，因果関係の分析を試みることによって，マイナス状態におかれた人々や地域が正常時の基準点に立ち返ることが可能な地域，あるいは立ち返ることのできない地域を特定することを試みており，こうした点は，その学術的な意義に留まらず，政策的含意を有していると考えられる。さらには，彼自身何度も本文中で言及している点であるが，現地に幾度も足を運び，そこに住む人々，そこで活動する人々にインタビューを自ら行うことで，本書を「ウェットな」研究にしているだけでなく，説得力を持った研究に仕立て上げているともいえる。

　本書においては，こうした新たな視座や膨大な作業がなされてきたにせよ，やはり残されている課題が存在すると考えられる。一つは，ソーシャル・キャピタルを捉えるための分析単位としての地域や地区のサイズに関する課題である。この分析単位の設定に関しては，彼自身が「マクロレベルのデータ（国，州や都道府県，あるいは市町村）では，メゾレベルやミクロレベルで見られる傾向を覆い隠してしまう可能性がある」と指摘しており，本書においては分析単位を地区や集落といった相対的に小さな分析単位で検証を行うことが試みられている。

　ただし，神戸市の事例などにおいては，分析単位が「区」とされている。神戸市は政令指定都市であり，その全9区はそれぞれに区役所を持ち，区単位の行政施策を実施するだけの規模がある。したがって，本書において検討された他の事例の分析単位に比べれば圧倒的に規模が大きい。また神戸市全体で150万人以上が居住しており，全9区それぞれの人口規模には差があるものの，1つの区を1つの分析単位としてしまうことにより，覆い隠されてしまうより小さな対象である分析単位におけるソーシャル・キャピタルの傾向が存在することは否定できないと考える。

　ただし，分析単位の妥当性や適切性といった課題は，単純なものではなく，

データの制約はもとより，分析課題の特性などと複雑に絡み合う問題であり，最終的には具体的な検討課題がどのようなものであるかという点が重要であると考える。そうした意味で，本書における試みは，仮説検証という点では最大限に効果的な分析を行っているといえるであろう。先にも述べた通り，この課題を克服するのは極めて難しい。訳者らもレジリエンスを高めるための施策を検討するために小さな地区単位（町丁目単位）での分析に取り組んでいるが，データ収集といった点においてでさえ，非常に様々な困難が存在するのは確かである。しかし，ソーシャル・キャピタルの視点から減災体制の構築を検討する上では避けては通れない課題であると考えられる。

　もう一つの大きな課題は，本書と類似の問題意識や関心から，災害とその復興過程におけるソーシャル・キャピタルの関係性を適切に把握することを目指すのであれば，甚大な災害を社会に引き起こす自然現象の発生前と発生後において，ソーシャル・キャピタルを含む災害発生地域の様々なデータを収集し，その変化と関係性に関する検証を行う必要がある。しかし事前に災害が生じることを正確に予測して調査するということは不可能であり，また事後に調査をすることは，2011年3月11日の東北地方太平洋沖地震により発生した津波の被害を受けた被災地のように住居地域そのものが喪失してしまうという状況においては，居住していた方々を特定してその後に調査を実施することはほとんど不可能であり，さらに，被災直後に生活復興に直接関わる調査以外の調査を実施することは，研究倫理の面から考えて望ましいものではないといえる。

　したがって，予め広範囲かつ様々な地域のソーシャル・キャピタルに関するデータを蓄積し，それに基づいたいわば地域レジリエンスに関する知見を蓄積していくことも，耐震や免震などの物理的な対応とは異なる面からの来るべき災害に対しての備えとして，政策立案者や市民はもとより，研究者に求められる課題であると考える。

　最後に，原著の翻訳に関しては，明治学院大学法学部の鍛冶智也先生にご相談させていただきご助言を得たこと，この場を借りてお礼申し上げます。また鍛冶先生のご同僚であられる明治学院大学法学部の西村万里子先生にも，ご助言いただきましたことについて，この場をお借りしてお礼申し上げます。また本書を刊行するにあたり，ミネルヴァ書房の音田潔さんには編集過程で大変お

訳者あとがき

世話になりましたことに感謝申し上げます。訳者らは，研究者だけでなくこのソーシャル・キャピタルという話題に関心を持ちうる市民の方々の理解を得られるよう，わかりやすい翻訳を心がけました。本書が日本における災害復興とソーシャル・キャピタル，ひいては地域のレジリエンスについて議論する機会を提供できる一冊となることを期待する次第です。

  2015年1月

藤澤由和

石田　祐

索　引

あ　行

アウトカースト　132
アフロバロメーター　57
アメリカ公民権法　142
アメリカ国際開発庁　219
アメリカ農務省　218
新たな政策　200
新たなプログラム　219
安定性　8
イタリアの地震　5
因果のメカニズム　49
インターネットを活用した仕組み　214
インド　18
　──YMCA同盟　168
　──の海岸線の村　27
　──女性自営業者連盟　168, 217
　──洋大津波　1, 26, 29, 123
インフォーマルな保険　17, 65
インフォーマルな法秩序　130
ウエストバージニア州のアパラチア一帯で起こった洪水　45
受ける支援量　157
エージェンシー・スラック　51
沿岸開発規制区域に基づく政策　203
沿岸警備隊　175

か　行

外部組織とのつながり　134, 143
外部の支援組織との連絡手段　143
壊滅的な被害　126
格差　169
火災　79, 104
カースト　29, 124, 158
　──制度　18
　──に属する住民　129
仮設住宅　10, 119, 206, 207
仮想空間のコミュニティ　214
家族構成　143, 196
家族のネットワーク　197
活動家　183
カトリック　129
カーネル法　92
観光ホテル　204
関東大震災　viii, 7, 18, 80, 98
　──からの復興　28
　──後の東京　73, 82
管理手法とリーダーシップ能力を向上させるための研修プログラム　211
危機カウンセリング支援トレーニングプログラム　205
企業怠慢　→エージェンシー・スラック
救援活動　103
救助・支援の輪　72
救世軍　206
教区の評議会　129, 130
協調行動　69, 73
共同作用的視点　44
巨額の財政的支援　12
巨大災害　3
規律の遵守に関する規範　53
緊急事象データベース　5
近傍法　92
金融支援　82
近隣住民　65
グジャラート地震　140
国の災害復興計画　206
クラブ財　99

289

グループ外の人々の生活再建　18
経済資本　83, 85
警視庁　83
携帯端末　214
結束型ソーシャル・キャピタル　29, 44, 45, 98, 173, 196, 217
　　——と呼ぶものがもたらした悲劇的な側面　28
減災・復興計画　210
建設待機期間　201
公共悪　177, 181
公共財　18
公共社会の安全　209
公式声明の無視　203
構造的な影響　4
行動に対する期待水準　57
合理的で利己的な人々　50
国際支援　138
国連津波復興支援チーム　206
個人間の協力　56
個人レベルのデータ　109
後藤新平　79, 201
孤独死　10, 119, 206
コミュニケーションのための技術　214
コミュニタリアン的な世界観　75
コミュニタリアン的視点　44
コミュニティ　2, 3, 20, 27, 212
　　——・アクション・プログラム（イラク）　219
　　——からの退出　69
　　——単位でのソーシャル・キャピタル　43
コモンズの悲劇　50, 52

さ 行

災害後の復旧・復興　105
災害資本主義　202
災害情報の掲示板　78
災害神話　73
災害対応ボランティア組織連合　206

災害による損失　6
災害の定義　3
災害復興のスピード　97
　　——を説明する6つの要因　19
災害復興のすべての段階　25
災害復興のための政策提言　30
災害復興のプログラム　199
災害前に記録されていたデータ　185
最近傍法　92
サイクロン（バングラデシュ）　5
サイクロン・ナルギス　5
再建　201, 207
　　——計画　111
再建支援の拒否　204
在日朝鮮人に対する暴動　74
在日朝鮮人への攻撃行動　97
最尤法　162
笹山幸俊　111
サンフランシスコ地震　14
自衛隊　103
　　——への派遣要請　10
支援額　11
支援獲得量　157
支援の受け取り家族比率　151
支援のリスト　196
支援の輪からの疎外　125, 132
支援へのアクセス　26
支援を巡る競合相手　217
市が作成する計画　201
時系列・横断面のデータによる分析　89
資源の手配　68
死傷者数　126
施設の候補地　37
事前に計画していた対策　175
清水光久　105
市民活動の規範　174
市民参加　8
市民社会　185
　　——団体　57

索　引

市民的規範　58
市民的美徳　41
市民の社会貢献意識　56
地元ボランティア　218
社会儀礼や式典への定期的な参加　162
社会経済的条件　110
社会経済的状態　158
　　——が悪い人　14
社会経済的立場　157
社会経済的な資源　109
社会経済的な状態　14
社会システムの不全　3
社会的インフラ　64, 73
社会的資源　2
　　——を表す指標　196
社会的弱者　22
社会的脆弱性　64
社会の絆　205
社会紛争　58
ジャック・オ・ランタン・シンドローム　67
集合行動　107
　　——問題　18, 68, 85
集合住宅　119
囚人のジレンマ　50, 51
住民間の結束　214
取捨選択的な政治　15
上意下達の災害復興計画　205
商業的利益　205
　　——の提供　54
諸外国からの支援　82, 104, 138, 139
人口回復　8, 69, 87, 171
人口減少　105
人口増加　77, 113, 195
　　——率　117, 195
人口動態的な特性　156, 157
人口変動　7, 87, 112, 196
人口密度　16, 110
人災　3
震災後の人口増加　28

震災による神戸市の被害　103
震災の利用　80
震災復興の成果　107
人種が問題であるという議論　15
親族・家族間の相互支援　134
人的資本　83, 84
信頼関係　55
信頼ゲーム　58
スマトラ島沖地震　1
生活再建の力　196
性差別　62
政治的デモの回数　86
政治腐敗　58
脆弱性　4
脆弱な人々　6
精神面での復興　5
生態学的推定問題　156
制度的視点　44
政府・NGOからの組織的な支援　65
政府が拠出した被災地支援金　202
政府からの支援　27, 103
政府の対応　26
政府の中央集権政策　200
政府の強さ　26
世界価値観調査　57
世界銀行　209
　　——が行ったソーシャル・キャピタルに関するアンケート調査　161
赤十字　206
　　——国際委員会の行動規範　142
設置場所の決定　179, 181
セント・ヘレンズ山の噴火　11
葬儀への参列　164
総合的社会調査　57
創造的破壊　4
組織怠慢　56
組織的な差別　155
組織の充実　120
ソーシャル・キャピタル　vi, 2, 8, 16, 17, 20,

291

27, 56, 60, 98, 109, 158, 167, 197, 199, 200, 208
　　――がもたらしうる負の側面　216
　　――に対する指標　17
　　――の水準　73
　　――の水準の変化の測定　112
　　――の測定　56, 111
　　――の測定指標　59
　　――の地域レベルでの測定　49
　　――の定義　48
　　――の変化　75
　　――の役割の検証　23
　　――の量　91
　　――を高めるための実験的取り組み　212
　　――を高めるための政策　214
　　――を捉える指標　87
　　――を測る尺度　58
　　――を表す指標　28
　　――研究の歴史　38
　　――水準の測定結果　20
ソーシャル・ネットワーキング・サービス　37
ソーシャル・ネットワーク　2, 48, 54, 118, 167
損害の大きさ　82

た　行

大規模商業施設　204
大規模な請負契約　202
大惨事の発生機序　21
退出　18
大標本データ　196
代理変数　17
高い水準のソーシャル・キャピタル　69
他者中心的な行動　57
タタ研究所　217
ただ乗り　→フリーライド
タミル・ナードゥ州　viii, 1, 18, 26, 29, 72, 124, 156
タム・ジャン・ラグーン（インド）　66

ダリット　123, 129, 132, 137, 140, 144, 153, 196, 217
　　――の政治団体　132
短期的な復興　12
地域内外の豊富なつながり　49
地域経済における末端の位置　133
地域施設　212
地域住民　104
地域単位でのソーシャル・キャピタル　57
地域通貨　212
地域の再建　71
地域の生活水準の向上　173
地域の組織　213
地域の伝統的な社会慣行　13
地域のネットワーク　205
地域の復興　7
地域レベルでのソーシャル・キャピタル　28
知識のスピルオーバー　5
中央集権による復興政策の計画　200
中短期的な復興　26
長期債券の新規発行　79
長期入居型住宅　207
チリ地震　74
地理情報システム（GIS）と国勢調査のデータを組み合わせた地図　211
追跡調査　7, 11
つながりも持たない被災者　18
つながりを持ち続ける　208
津波後の復興　203
津波による被害の状況　158
津波被害からの復興　128
津波被災者に対する金融支援　137
強い差別　18
堤防の決壊　175
定量的データ　196
データの入れ替え　92
デモの回数　94
テューレーン大学コミュニティ組織研究プロジェクト　219

索　引

テント生活　119
東京の急速な復興　78
東京の再編　89
唐山地震　23
統治　19
　　──の良し悪し　9
投票率　78, 85-87, 93, 94, 183
道路・交通機関の整備状況　144
道路住宅復興プログラム　203
トップダウン型の命令系統による災害対応　200
トービットモデル　146, 161
トレーラーパーク　178
　　──の設置場所　184, 186, 189, 190

な 行

内因性　4
ナッシュ均衡　58
ニカラグア　211
2011年3月11日　vi
日本の東北地方　vi
「日本流の」交渉スタイル　24
ニューオーリンズ　26, 67, 69, 72, 198
　　──の社会経済的な環境　15
　　──の被災者　207
　　──の復興　173
　　──市の再建計画担当者　202
　　──統合復興計画　203
　　──動物園　175
ネットワーク的視点　44
濃尾地震　80

は 行

ハイチ　198, 215
　　──での震災　68
　　──の地震　215
「ハイブリッド型」のアプローチ　viii
橋渡し型ソーシャル・キャピタル　29, 44, 46, 217

パーソン・ファインダー（Person Finder）　215
パネル修正標準誤差による時系列モデル　115
ハリケーン・アンドリュー　11, 12, 16, 65, 73, 175
ハリケーン・カトリーナ　vi, 1, 10, 18, 26
　　──による被害からの復興　176
　　──後のニューオーリンズ　16, 29, 60, 74, 75
ハリケーン・カミール　175
ハリケーン・ベッツィー　175
ハリケーン・リタ　69
半径マッチング法　92
阪神・淡路大震災　4, 7, 10, 17, 26, 68, 69, 71, 101, 102, 206
　　──からの復興　120
バンダ・アチェでの震災　69
パンチャヤット　18, 123, 129, 130, 169
反発の起こりそうな地域　192
被害状況に関するデータ　84
被害の大きさ　13, 82, 84, 108, 109
被害の程度　81
被害を緩和するための取り組み　209
比較分析によるアプローチ　22
東日本大震災　206
被災者　17
　　──が持つネットワーク　205
　　──への救援　81
被災地域の包括的な情報　168
被災直後　26
非政治的なプロセス　142
1つだけのネットワークしか持たない場合　67
人とのつながり　5
人々の「感じ方」　57
避難計画　207
避難所　206
兵庫行動枠組　8

293

ビレッジ・デ・レスト　1, 24, 27, 69, 171, 198, 207
貧困者層　15
復興　12, 101, 125, 135, 197
　——スピード　13, 20, 72, 81, 102, 131, 135
　——成果　158
　——政策　13
　——に関する最も単純な定義　7
　——の研究　24
　——を表す指標　112
ブッシュ政権　10
物的インフラ　118, 166, 208, 209
負の影響　20, 62
負の外部性　29, 199
負の作用　27
負の二項分布回帰分析　147
負の二項分布回帰モデル　146
不平等　72
富裕層の居住区　14
フリーライダー　183
フリーライド　50, 56
プレイス・ウィンステン (Prais-winsten) 法を用いた回帰分析　115
文化特有の反応　24
分散拡大要因　187
分析の単位　20
平常時と災害時におけるソーシャル・キャピタルの働き　65
包括的な再建計画　203
防御可能な住空間　213
法令遵守　56
補助金の受給資格　153
ポツダムを襲ったアイスストーム（氷嵐）　74

ま　行

マイナス面の影響　72
マイノリティ　15
マクロレベル　21, 56
マーシャル・プラン　12
マナグア地震　8, 12
マハラノビス距離マッチング法　92
マルマラ地震　5
ミクロレベル　21
南アフリカ　211
民間部門　209
民族・人種による差別　144
民族多様性　26
村山富市　10
メキシコ地震　23, 68
メゾレベル　21
メンバーからの追放　131
諸刃の剣　18

や　行

有害な化学物質　178
豊かな家庭　143
ユーロバロメーター　57
弱い紐帯　39

ら　行

ライフサイクルのイベント　163
陸軍工兵隊　175, 202
リスボン　74, 209
立地条件　143
略奪　74
ルイジアナ州復興局　203
歴史的な大火災　79
レジリエンス　vii, 6, 9, 30, 101, 166
　——の象徴　8
レッド川の洪水　68
連結型ソーシャル・キャピタル　44, 47, 134, 151, 158, 196, 217
連邦緊急事態管理庁　10, 202
労働者層　14
ロウワー・ナインス・ワード　1, 27, 171
ロマ・プリータ地震　12, 218

294

欧　文

Actin Aid　170
ADLモデル（Autoregressive Distributede Lag model）　113
Architecture for Humanity　219
Batt, Jay　178
Big Easy　1, 171
Bourdieu, Pierre　40, 48
Bowling Alone　42
Brig New Orleans Back Commission　202
Brown, Michael　10
Carter, Jimmy　11
CCP　→危機カウンセリング支援トレーニングプログラム
Clarify　95
Clarkson, Jacquelyn　192
Coleman, James　40
Democracy in America　38
FEMA　→連邦緊急事態管理庁
──のトレーラーハウス　18, 20, 29, 72, 173, 197
Global Green　219
Google　215
Granovetter, Mark　39
GSS　→総合的社会調査
Habits of the Heart　39
Hanifan, Lyda J　38
Hardin, Garrett　50
Harvard University Dataverse　ix
Hobbes, Thomas　49
Homeowners, Communities, and Wildfire　218
Human Rights Watch　140
IDPキャンプ　140
　──での滞在日数　140
Interuniversity Consortium for Political and Social Research　ix
IT技術　214
Kids with Cameras, Architecture for Humanity　219
Landrieu, Mary　70
Louisiana Family Recovery Corps　218
Making Democracy Work　41
Mercy Corps　219
Morrell, Cynthia Hedge　177
Nagin, Ray　10, 178
Neighborhood Partnership Network　215
NPN　→Neighborhood Partnership Network
NPO　111, 115, 116, 120, 196
Obama, Barack　8
Olson, Mancur　49
OLS回帰モデル　187
Paradise Built in Hell　73
Putnam, Robert　40
Roots of Music　219
Scott, James C　200
Seattle Neighborhoods Actively Prepare　218
SNAP　→Seattle Neighborhoods Actively Prepare
SNS　→ソーシャル・ネットワーキング・サービス
Solnit, Rebecca　73
Szreter, Simon　61
The Resilient City　23
Tocqerville, de Alexis　38
UNOP　→ニューオーリンズ統合復興計画
USAID　→アメリカ国際開発庁
Vien Nguyen　172
VIF　→分散拡大要因
Woolcock, Michael　61

訳者紹介

石田　祐（いしだ・ゆう）
　1978年生まれ。
　2007年　大阪大学大学院国際公共政策研究科博士後期課程単位修得退学。博士（国際公共政策）。
　現　在　国立高等専門学校機構明石工業高等専門学校准教授。
　主　著　『公共経営学入門』（共著）大阪大学出版会，2015年（近刊）。
　　　　　『ソーシャル・キャピタルの潜在力』（共著）日本評論社，2008年。
　　　　　『選挙の経済学——投票者はなぜ愚策を選ぶのか』（共訳）日経BP社，2009年。

藤澤由和（ふじさわ・よしかず）
　1968年生まれ。
　2005年　早稲田大学大学院文学研究科社会学専攻博士後期課程単位取得後退学。
　現　在　静岡県立大学経営情報イノベーション研究科公共政策系准教授，東京医科大学医療安全管理学講座客員教授。
　主　著　Social capital and perceived health in Japan: An ecological and multilevel analysis.（共著）SSM, 69：500-505, 2009.
　　　　　Social Capital and Mental Health in Japan: A Multilevel Analysis.（共著）PLOS ONE, 5(10)：e13214, 2010.
　　　　　『ソーシャル・キャピタルと健康』（共監訳）日本評論社，2008年。

　　　　　災害復興におけるソーシャル・キャピタル
　　　　　　　　　の役割とは何か
　　　　　　　——地域再建とレジリエンスの構築——

　　　　　2015年4月30日　初版第1刷発行　　　〈検印省略〉

　　　　　　　　　　　　　　　　　　　　　定価はカバーに
　　　　　　　　　　　　　　　　　　　　　表示しています

　　　　　　　　　　　　　　石　田　　　祐
　　　　　訳　　者
　　　　　　　　　　　　　　藤　澤　由　和
　　　　　発行者　　　　　　杉　田　啓　三
　　　　　印刷者　　　　　　藤　森　英　夫

　　　　　発行所　株式会社　ミネルヴァ書房
　　　　　　　　607-8494　京都市山科区日ノ岡堤谷町1
　　　　　　　　　　　　　電話代表（075）581-5191
　　　　　　　　　　　　　振替口座　01020-0-8076

　　© 石田祐・藤澤由和，2015　　　　　　亜細亜印刷・新生製本

　　　　　　　ISBN978-4-623-07266-8
　　　　　　　　Printed in Japan

ソーシャル・キャピタル 「きずな」の科学とは何か
稲葉陽二・大守隆・金光淳・近藤克則ほか 著

四六判／264頁／本体2800円

流動化する民主主義
──先進8カ国におけるソーシャル・キャピタル──
ロバート・D・パットナム 編著／猪口孝 訳

A5判／466頁／本体4800円

ソーシャル・キャピタル
──社会構造と行為の理論──
ナン・リン 著　筒井淳也・石田光規・桜井政成ほか 訳

A5判／392頁／本体3600円

ソーシャル・キャピタルのフロンティア
──その到達点と可能性──
稲葉陽二・大守隆・近藤克則・宮田加久子ほか 編

A5判／262頁／本体3500円

ソーシャルデザインで社会的孤立を防ぐ
──政策連携と公私協働──
藤本健太郎 編著

A5判／272頁／本体3200円

──────ミネルヴァ書房──────
http://www.minervashobo.co.jp/